국가
사회학적 연구

국가
사회학적 연구

· 프란츠 오펜하이머 지음 | 이상률 옮김 ·

DEM DEUTSCHEN VOLKE

이책

이 작은 책은 전에 "새로운 전망Neuen Rundschau"에 발표한 논문을 확대한 원고로서 1909년에 처음 출판되었다. 이 책은 정말로 출세했는데, 독일에서만 그런 것이 아니었다. 영어, 불어, 세르비아어 번역판들이 저자의 허가를 받아 나왔다. 미국에서 인쇄된 1914년의 영어판은 더군다나 1922년에 두 번째 판을 찍었다. 나의 허가 없이 헝가리어판이 나왔으며, 내가 알기로는 전체로든 부분적으로든 일본어, 러시아어, 히브리어, 이디시어Yiddisch[1]로도 번역판이 나왔다. 어쨌든 헝가리의 출판사만이 나에게 증정본을 한 권 보내주겠다고 약속하였다.

그동안 작지만 근본적으로 중요한 변화가 있었다. 그것은 소위 경제사관에 대한 나의 입장이 완전히 바뀌었다는 것이다. 하지만 이 변화를 제외하면 최근의 1923년 독일어판 역시 바뀐 것이 거의 없다. 나중에도 예전 텍스트의 — 말의 본래 의미대로 — 대부분을 나

1　중부 및 동부 유럽 출신의 유대인들이 사용하는 언어로 고지 독일어에 히브리어, 슬라브어 등이 섞여서 만들어졌다. (역자 주)

의《사회학 체계System der Soziologie》에, 특히 그 책의 제2부 즉 1926년에 나온《국가》에 삽입했을 때, 나는 그 텍스트에서 무언가 바꾸어야 할 이유를 찾지 못했다. 나의 기본적인 견해는 확고하다. 그뿐만 아니라 그 해 9월 취리히에서 열린 독일사회학회의 마지막 대회 날에는 독일의 지도적인 민속학자들로부터 거의 전폭적으로 인정받았다: 나에게는 연역법의 작업능력에 대한 새로운 증거였다. 왜냐하면 1898년 내가《대토지 재산과 사회문제Großgrundeigentum und soziale Frage》에서 기본적인 생각을 처음 표명했을 당시, 나의 민족학 지식은 대단히 가벼웠기 때문이다. 내 기억으로는, 나는 율리우스 리페르트Julius Lippert[2]의《인류의 문화사Kulturgeschichte der Menschheit》외에 민족지학과 민족학에 대해서 아는 것이 전혀 없었다. 나는 나중에 루트비히 굼플로비치Ludwig Gumplowicz[3]를 분명히 따랐지만, 그 당시에는 그의 저작들을 결코 알지 못했다. 그 노대가는 내가 나중에 그와 가까워졌을 때 나에게 상당히 화를 냈다. 나는 나중에 연구한 큰 분야 전체에서도 완전히 독학자였다!

방금 말한 것처럼 이 작은 책의 대부분이 큰 판의《국가》에 수용되었기 때문에, 요전 판이 다 떨어져 가는 지금 나에게는 다음과 같은 문제가 매우 진지하게 제기되었다: 나는 책을 다시 한 번 옛 형태

---

2 독일의 역사학자(1839-1909). (역자 주)
3 폴란드 출신의 유대인으로 오스트리아 사회학자이자 법학자(1838-1909). (역자 주)

로 출판해야 하는가? 나는 여러 가지 이유에서 그렇게 하기로 결정하였다: 860쪽 분량의 큰 판은 많은 독서 대중에게 너무 무겁기 때문이다. 그리고 그 큰 판은 적어도 오늘날의 많은 독일 독자에게는 유감스럽게도 너무 비싸기 때문이다. 게다가 작은 판《국가》의 몇몇 부분이 나의《사회학 체계》두 번째 부분에 들어가지 않고 첫 번째 부분, 즉《일반사회학allgemeine Soziologie》에 들어갔기 때문이다. 마지막으로는 또한 (교과서로 널리 알려진《사회학 체계》제3부《순수경제와 정치경제의 이론Theorie der reinen und politischen ökonomie》과 제3판에서 완전히 새로 개정한 작은 책《가치와 자본이윤Wert und Kapitalprofit》을 제외하면) 내가 예전의 거의 모든 저작을 전혀 바꾸지 않고 언제나 다시 출간한 것과 똑같은 이유에서다: 이 예전 저작들이 부분적으로는 나의 나중 연구에 의해 시대에 뒤떨어졌지만, 이 예전 저작들을 참조하는 독자들은 저자의 발전 계보를 추적하기 위해 일반적으로 원판 텍스트를 갖고 싶어 할 것이기 때문이다.

따라서 지금도 옛 원문은 거의 그대로 다시 출간되었다. 국가이론에 대해 서두를 장식하는 절의 첫 번째 단락만은 큰 판과 관련해서 새롭게 꾸몄다.

강력한 대상에 깊이 파고들어가고 싶은 독자는 큰 판의《국가》에 몰두할 수밖에 없을 것이다. 그는 여기서 250쪽 분량으로 고대 그리스부터 최근에 이르기까지 국가이론을 정신사적으로 서술한 것을 볼 것이다. 게다가 그는 고대의 도시국가들을 황폐하게 만든 엄청난 국가적 질병이 어떻게 번져나갔는가에 대해 상세히 서술한 것도 볼 것이다. 그리고 발전된 봉건국가의 뒤를 이은 국가 형태들(봉토국가, 신분제 국가, 절대국가와 근대적인 입헌국가)에 대한 상세한 서술이 있다. 마지막으로는 미래의 "계급 없는 사회"에 대해 자세한 부분까지 아주 폭넓게 서술한 것을 볼 것이다. 내가 옳게 보고 있다면, 사회발전의 경향은 "계급 없는 사회"로 나아간다. 이 개요에서는 모든 것이 암시적으로만 서술될 수 있을 뿐이다.

따라서 이 작은 책이 다시 한 번 출간된다면, 이 책 자체와 저자가 기존의 많은 친구들 외에, 새로운 친구들도 얻을 수 있는지 알 수 있을 것이다.

프랑크푸르트 암 마인, 1928년 11월 1일
프란츠 오펜하이머

차례

서론

a) 국가이론

이 논문은 역사상의 국가에 대해서만 말한다. 동물국가에 대해서는 말하지 않는다. 동물국가는 동물학이나 동물심리학에 해당되기 때문이다. 소위 선사시대의 "국가"에 대해서도 말하지 않는다. 그것은 선사학先史學과 민족학이 다루어야 한다. 빌헬름 분트[1]는 이 "부족 조직"에 대해 말한다: "그것은 결코 아직 형성되지 않은 불완전한 국가 질서가 아니다. 그것은 완전히 다른 어떤 것이다."[2] 게다가 이 논문은 국가들(이것들은 역사학의 대상이다)에 대해서는 말하지 않고,

---

1 독일의 심리학자 겸 생리학자이자 철학자(1832–1920). "근대 심리학의 아버지"로 일컬어지고 있으며, 민족심리학도 연구해 비교심리학과 문화인류학의 발전에도 기여하였다. (역자 주)
2 Wilhelm Wundt, Elemente der Völkerpsychologie, Leipzig 1912, p. 301. (원 주)

국가에 대해 말한다: 이 논문은 국가를 그것이 발생해 근대의 입헌국가로까지 발전한 **일반적인** 사회현상으로 다룰 것이다. 그리고 이 논문은 그 외에 국가의 장래 발전에 대해서 근거 있는 예언을 얻으려고 시도할 것이다. 말하자면 이 논문은 국가를 **사회학자** 관점에서 고찰한다. 철학자 관점에서 고찰하지 않는다. 왜냐하면 철학자는 국가란 어떻게 존재해야 하는가에만 관심이 있기 때문이다. 그렇지만 과거와 현재의 국가, 즉 역사상의 국가는 예를 들면 피히테Johann Gottlieb Fichte[3]가 말한 것처럼 "깨달은 자와는 아무 상관이 없다"고 말한다. 또한 국가를 법률가 관점에서 고찰하지 않는다. 왜냐하면 법률가는 외적인 **형식**에만 관심이 있기 때문이다. 반면에 사회학자는 내용, 즉 국가 사회의 **생활**을 이해하려고 한다.

  이런 이유에서 모든 국법학Staatsrechtslehre[4]은 우리의 고찰에서 처음으로 제외된다. 그런데 본래의 국가이론들을 빠르게 훑어보면, 우리는 마찬가지로 그것들로부터도 국가의 발생, 본질, 목적에 대한 설명을 기대할 수 없다는 것을 알 수 있다. 그 이론들은 극단적으로 생각할 수 있는 모든 경향을 나타낸다. 루소는 국가가 사회계약에

---

3 독일 고전철학의 대표자 중 한 사람(1762–1814). 나폴레옹 군대 점령하의 베를린 학사원에서 연속적인 애국강연("독일국민에게 고함", 1807년 말–1808년 초)을 하였다. (역자 주)
4 19세기 독일에서 발달한 학문으로 국가의 성질 및 활동, 국가와 국민 간의 관계 등을 순전히 법률학 관점에서 연구하였다. (역자 주)

서 생겨났다고 보지만, 캐리Henry Charles Carey[5]는 강도 무리에서 생겨났다고 본다. 플라톤과 마르크스주의자들은 국가에 전능함을 부여해, 정치와 경제의 모든 문제에서 국가를 시민의 절대적인 지배자로 삼는다. 플라톤은 심지어 국가가 시민들의 성관계마저도 규제하기를 바란다. 반면에 자유주의는 국가에게 "야경꾼 국가" 역할만 하라고 강요한다. 그리고 아나키즘은 국가를 완전히 없애버리려고 한다. 그러므로 이 배타적인 학설들 중간에 서서 국가에 대해 만족할 만한 견해에 도달하려는 시도는 희망이 없다.

국가이론들 간의 이 화해할 수 없는 불일치는 그 이론들 중 어느 것도 사회학 관점에서 생겨나지 않았다는 사실로 설명된다. 국가는 보편사의 대상이므로, 국가의 본질은 포괄적인 보편사적 고찰을 통해서만 인식될 수 있다. 우리는 어떤 성질들이 국가라는 개념 자체에 본질적으로 속하는지 물어야 한다. 그리고 우리가 아마도 과거와 현재의 모든 국가를 그것들이 모두 어떤 성질을 갖고 있는지에 유의해서 고찰할 때에만, 우리는 그 물음에 대한 대답을 찾을 수 있다. 큰 국가도 있고 작은 국가도 있다. 엄격하게 중앙집권화된 국가도 있고 느슨하게 조정되는 국가도 있다. 군주국가, 귀족국가, 금권정치국가, 민주주의국가가 있다. 어느 인종이든 다 국민이다. 문명이 낮은

---

5 미국의 경제학자(1793–1879). 링컨 대통령의 수석 경제보좌관. 정식교육을 받지 못했지만 1822년부터 경제학, 임금, 이자, 화폐, 노예제도, 저작권에 이르기까지 다양한 주제의 논문들을 많이 발표해 유명하였다. (역자 주)

국민도 있고 문명이 높은 국민도 있다. 또한 주로 농업으로 먹고 사는 국민도 있고, 공업으로 먹고 사는 국민도 있으며, 상업으로 먹고 사는 국민도 있다. 따라서 국가의 본질이 그 크기에서도, 그 영토나 거주자에 대한 강제력의 정도에서도, 그 헌법에서도, 그 문화단계나 기술에서도 기인할 수 없다는 것은 분명하다.

예전의 국가철학 체계들은 그러한 포괄적인 추상화를 시도하였다. 그래서 오늘날에도 아주 자주 가르치는 결론, 즉 국가의 본질이 보호기관이라는 결론(외부적으로는 국경 수비, 내부적으로는 권리 보호가 국가의 생성 및 존재 근거ratio fiendi et essendi라는 결론)에 도달하였다. 따라서 그로티우스Hugo Grotius[6]는 말한다: "국가란 자유로운 인간들의 완전한 결합체이다. 이들은 권리 보호와 이익 때문에 연대하였다." 실제로 이 직관은 올바른 핵심을 지녔다. 그러나 완전하지 않다. 그것은 모든 국가에 공통된 한 가지 중요한 특징을 간과하였다. 과거의 또는 역사상의 모든 국가, 국가라고 불리기에 조금도 부족함이 없는 모든 국가, 특히 높은 수준의 권력, 크기, 부를 지녔기 때문에 세계사적으로 중요해진 모든 국가는 **계급국가**Klassenstaat였거나 계급국가이다. 말하자면 권리와 수입이 달라 서로 위나 아래에 있는 계층들이나 계급들의 위계집단이다.

6　네덜란드의 법학자로서 국제법의 아버지라 불린다(1583-1645). 중세의 신학으로부터 국가와 법을 해방시키는 데 공헌하였다. (역자 주)

우리의 논의는 이 특징이 국가의 가장 중요한 성격, 결정적인 성격, **일차적인** 성격이라는 사실을 보여줄 것이다. 국가의 발생과 본질은 그러한 성격에서만 알 수 있기 때문이다. 우리의 논의는 말하자면 내부적으로나 외부적으로 국가의 보호기능을 **이차적인** — 즉 자신들의 지배권 및 수입권을 위해 상위계급이 떠맡은 — 의무로 이해해야 한다는 점을 명백히 할 것이다. 국가는 보호기능을 위해 생겨난 것이 아니다. 반대로 이미 존재하는 국가를 위해 보호기능이 생겨났다.

이렇게 해서 우리는 이미 지금까지의 국가이론들이 서로 아주 다르다는 우연적인 사실에 대한 설명을 얻었다. 그것들은 모두 **계급이론이다!** 그러나 계급이론은 연구하는 지성의 산물이 아니라 욕망하는 의지의 산물이다. 그 이론은 논증을 이용해 진실을 규명하지 않는다. 그것은 논증을 무기로 사용해 물질적인 이익을 위한 투쟁에 나선다. 그러므로 그것은 과학이 아니다. 과학을 흉내 낸 것이다. 국가를 이해하면 국가이론들의 본질을 잘 알 수 있을 것이다. 그러나 국가이론들을 이해한다고 해서 국가의 본질을 알 수 있는 것은 결코 아니다.

그러므로 우선 국가에 대한 계급이론들을 짧게 개관하면서 국가가 어떤 것이 **아닌지**를 확인해보자:

국가는 플라톤이 생각한 것처럼 "결합 욕구"에서 생겨나지 않았다. 아리스토텔레스가 그에게 대답한 것처럼, 국가는 결코 "자연의 구성물"이 아니다. 그리고 국가는 본질적으로는 안시용Charles Ancillon[7]이 설명한 것과는 달리 "언어와 똑같은 기원"을 갖고 있지 않다. 그는 "인간이 자신의 생각과 감정을 전하고 싶은 욕구와 능력에서 언어가 저절로 만들어졌거나 생겨난 것처럼, 국가도 역시 함께 있고 싶은 욕구와 충동에서 발달되었다"고 가정했는데, 이는 전혀 옳지 않다. 국가는 또한 "다수의 가족과 이들의 공유물로 이루어진, 주권에 의한 정당한 통치"(보댕Jean Bodin[8])도 아니다. 국가는 또한 홉스나 그 이후의 다른 많은 사람들이 생각한 것처럼 "만인에 대한 만인의 투쟁"을 끝장내기 위해 생겨난 것도 아니다. 국가는 또한 루소보다 훨씬 앞서서 이미 그로티우스, 스피노자, 로크가 믿게 하려고 한 것처럼 "사회계약"의 결과도 아니다. 국가는 아마도 "한 국민에서 영원히 한결같이 진행되는 순전히 인간적인 것의 형성이라는 고귀한 목적을 위한 수단"일 것이라고 피히테는 주장하였다. 그러나 국가는 결코 그런 목적을 지니지 않았다. 국가는 그런 목적을 위해 생겨나지 않았으며, 그런 목적을 위해서도 유지되지 않을 것이다. 국가는 또한 셸링Friedrich Wilhelm Schelling[9]이 주장한 것처럼 "절대자"도 아

---

7 프랑스의 법학자이자 외교관(1659-1715). (역자 주)
8 프랑스의 정치사상가(1530-1594). 《국가에 관한 6권의 책》(1576)을 통해 근대 국가론과 주권론을 보편적 법률의 원리에 기초해 이론화하였다. 특히 자연법을 기반으로 해서 군주제를 주장하였다. (역자 주)
9 피히테, 헤겔과 함께 독일 관념론을 대표하는 철학자(1775-1854). (역자 주)

니고, 헤겔이 분명하면서도 아름답게 주장한 것처럼 "인륜적 이념의 현실태, 즉 스스로 생각하고 알며 또 자신이 아는 것을 수행하는 명백하면서도 자명한 실질적인 의지로서의 인륜정신"도 아니다. 슈탈Friedrich Julius Stahl[10]은 국가를 "인간 공동체의 도덕적인 왕국, 더 깊게 고찰하면 신적인 제도"라고 불렀는데, 우리는 그에게도 동의할 수 없다. 키케로Marcus Tullius Cicero[11]는 "국가가 법으로 정해진 사회가 아니라면 국가란 무엇인가?"라고 물었는데, 우리는 또한 그에게도 동의할 수 없다. 사비니Friedrich Carl von Savigny[12]는 "국가의 발생을 일종의 법제정, 대체적으로 법제정의 최고단계"로 보았으며 국가 자체를 "민족의 육체적 발현"으로 정의하였는데, 우리는 그에게는 더더욱 동의할 수 없다. 그와 비슷하게 블룬칠리Johann Kaspar Bluntschli[13]도 국가를 "민족의 인격화[화신]"라고 언명함으로써 국가나 사회 또는 이 둘의 그 어떤 혼합물도 "초유기체"라고 말하는 일련의 이론가들의 길을 열었다. 이 견해 역시 헨리 메인 경Sir Henry Maine[14]의 주장과 마찬가지

---

10 독일의 정치학자이자 법철학자(1802–1861). 왕권신수설을 주장한 보수적인 사상가로 국가와 법은 신의 뜻에서 기인하는 것이라고 주장하였다. (역자 주)

11 고대 로마의 정치가이자 저술가(기원전 106–기원전 43). 웅변가로도 뛰어난 재능을 발휘하였다. (역자 주)

12 독일의 법학자(1779–1861). 역사법학의 창시자로 로마법 연구를 통해 민법학과 국제사법학에 큰 기여를 하였다. (역자 주)

13 스위스의 법학자이자 정치가(1808–1881). 취리히, 뮌헨, 하이델베르크의 각 대학에서 교수를 지냈으며, 스위스에 국제법연구소를 세워 총재가 되었다. 전문분야는 사법, 국제법, 국가학 등 광범위하며, 특히 국가학 분야의 "국가유기체설"로 유명하다. (역자 주)

로 오래갈 수 없다.　헨리 메인은 국가가 가족에서 중간항들(씨족, 일가와 부족)을 거쳐 발전했다고 주장하였다. 국가는 또한 법학자 옐리네크Georg Jellinek[15]가 추측한 것과 같은 "연합단체"도 아니다. 노련한 뵈머Heinrich Böhmer[16]는 진실에 상당히 접근하였다. 그는 "최초 왕국들의 기원과 계보를 검토하면 결국 강탈이 정치권력의 기반이었다는 사실이 드러날 것이다"라고 말했기 때문이다. 그렇지만 캐리는 오류에 빠졌다. 그는 국가가 같은 민족 동료들의 지배자라고 자칭한 한 강도무리에 의해 세워졌다고 보았기 때문이다. 이러한 설명들 중 많은 것에는 어느 정도 부분적인 진실이 들어있다. 그렇지만 어느 것도 아주 만족스럽지 않다. 그리고 대부분의 것들은 완전히 틀렸다.

b) 사회학적 국가 개념

그렇다면 사회학 개념으로서의 국가란 무엇인가? 이미 이 말의 역사가 우리에게 그것을 말해준다. 국가라는 말은 르네상스 시대의 이

14　영국의 법제사가이자 비교법학자(1822-1888). 독일 역사법학파의 영향을 받아 법학 연구에 관한 역사적 방법과 비교 방법을 제창하였다. 저서 《고대법》(1861)에서 "신분에서 계약으로"라는 말로 인류사회의 진화과정을 표현하였다. (역자 주)

15　19세기 독일의 대표적인 공법학자(1851-1911). 사회학과 법학의 두 측면에서 국가론을 체계화하였다. (역자 주)

16　독일의 신학자이자 교회사가(1869-1927). (역자 주)

탈리아어에서 생겨났다. 그곳에서는 그 말이 대개 힘으로 집권한 군주와 그의 추종자 무리를 가리켰다: "지배자들과 그 추종자 무리가 로 스타토$_{lo\ stato}$라고 불린다. 그러므로 이 이름이 한 지역에 있는 모든 것의 의미를 차지했을 것이다"라고 부르크하르트$_{Jakob\ Burckhardt}$[17]는 말한다. 그러므로 "국가, 그것은 곧 짐이다"라는 교만한 말을 한 루이 14세는 그 자신이 예감한 것보다 더 깊은 의미에서 옳았다. 우리나라의 말 "영주의 수행원[가신]$_{Hofstaat}$"에는 그 오래된 의미가 아직도 강하게 살아있다.

이것이 "국가가 나타났을 때 따른 법칙"이며, 지금도 국가는 그 법칙을 따른다. 국가는 그 발생 면에서 보면 완전히 그리고 초기의 존재단계에서 그 성격 면에서 보면 거의 완전히 어느 한 승리한 인간집단이 패배한 인간집단에게 강요한 사회제도이다. 이때 이 사회제도의 단 하나의 목적은 패배한 인간집단에 대한 승리한 인간집단의 지배를 법으로 정하고 이 지배를 내부의 반란이나 외부의 공격으로부터 지키는 것이다. 그리고 지배의 최종 목적은 승자가 패배자를 경제적으로 착취하는 것 이외에 다른 어떤 것도 아니었다.

세계사의 어떤 원시"국가"도 다르게 발생하지 않았다[18]; 믿을 만한

---

17 스위스의 역사가(1818–1897). 대표작 《이탈리아 르네상스의 문화》(1860)는 르네상스시대 연구에 결정적인 명저로서 "르네상스"라는 말을 널리 퍼뜨렸다. (역자 주)

18 "분업과 농업의 최초 흔적들이 그러한 경제적 착취와 일치하지 않는 민족, 노동의 부담은 한쪽 사람들에게 주어지고 그 열매가 다른 쪽 사람들에게 돌아가지 않는 민족, 달리 말하면 분업

전승傳承이 다르게 보고하는 곳에서는, 다만 이미 완전히 발달한 두 개의 원시국가가 더 복잡한 조직으로 융합된 것일 뿐이다. 아니면 기껏해야 늑대로부터 보호받기 위해 곰을 왕의 자리에 앉힌 양들의 우화의 인간적인 변종이다. 그러나 이 경우에도 국가의 형식과 내용은 바로 직접적으로 형성된 "늑대국가"의 경우와 완전히 똑같다.

우리가 젊었을 때 배운 약간의 역사 지식은 이미 이 일반적인 주장을 증명하기에 충분하다. 어디에서나 호전적인 미개부족은 덜 호전적인 민족의 영토를 침략해 귀족으로 자처하며 자신들의 국가를 세운다. 메소포타미아에서는 침략의 물결이 계속 이어졌으며, 국가가 계속해서 생겨났다: 바빌로니아인, 아모리인, 아시리아인, 아랍인, 메디아인, 페르시아인, 마케도니아인, 파르티아인, 몽골인, 셀주크족, 타타르인, 투르크족; 나일 강에서는 힉소스족, 누비아인, 페르시아인, 그리스인, 아랍인, 투르크족; 그리스에서는 도리스 국가들이 전형적인 특징이다; 이탈리아에서는 로마인, 동고트족, 랑고바르드족, 프랑크인, 노르만인; 스페인에서는 카르타고인, 로마인, 서고트족, 아랍인; 갈리아에서는 로마인, 프랑크인, 부르고뉴인, 노르만인; 영국에서는 색슨족, 노르만인.[19] 호전적인 미개부족들의 연이은

이 한쪽 사람들이 다른 쪽 사람들에게 복종하는 형태로 형성되지 않은 민족을 역사는 우리에게 제시할 수 없다."(Rodbertus-Jagetzow, Beleuchtung der sozialen Frage. 2. Aufl. Berlin 1890. p. 124.) (원 주)

19 아모리인Amorite: 서西셈족의 일파, 아무루인이라고도 한다. 원래 시리아 지중해 연안의 가

물결이 인도를 넘어 인도양의 섬들에까지 쏟아졌으며, 중국에도 흘러들어갔다. 유럽의 식민지에서는 예를 들면 남아메리카나 멕시코처

나안 주변에서 유목민 생활을 하였으나, 기원전 3000년 초부터 유프라테스 강 중류지역에 정착해 수메르 문화의 색채가 농후한 문명을 발달시켰다. 그 후 바빌로니아에 들어가 상업활동 등에 종사했으며, 기원전 2100년에는 바빌로니아에 아메르 왕조를 세웠다.

메디아인Meder: 메디아는 현재의 이란 북서부에 있었던 고대 국가와 고대 이란인을 부르는 이름이다. 아시리아가 멸망한 후 기원전 11세기 전반 무렵에 메디아 왕국을 세웠다.

파르티아인Parther: 파르티아는 오늘날의 이란 북동부에 해당하는 고대 지역이다. 파르티아 제국의 전성기에는 이란 전 지역뿐만 아니라 오늘날의 아르메니아를 비롯해 이라크, 그루지아, 터키 동부, 아프가니스탄, 파키스탄, 쿠웨이트, 바레인, 카타르까지 세력권에 넣었다.

셀주크족Seldschucken: 11세기 중반부터 오늘날의 터키, 레반트, 페르시아부터 아프가니스탄, 투르크 메니스탄 등 중동지역에 이르기까지 광대한 왕국을 세웠던 투르크계 민족.

타타르족Tataren: 우랄 산맥 서쪽, 볼가 강과 그 지류인 카마 강 유역에 사는 투르크어계의 종족.

힉소스족Hyksos: 나일 강 동부의 델타 유역을 점령한 민족. 힉소스족은 기원전 17세기에 들어서 세력을 확장했으며, 고대 이집트의 중왕조 때 108년 간 이집트를 통치했다(기원전 1648년–1540년 추정).

누비아인Nubier: 수단과 이집트 접경지역에 있는 민족으로 고대에는 독립된 왕국을 세웠었다.

도리스 국가들Dorierstaaten: 기원전 20세기에서 15세기 무렵에 도리스인들이 그리스 반도를 남하해 세운 국가들(스파르타, 코린토스 등의 폴리스).

동고트족Ostgoten: 게르만인에 속하는 고트족의 한 분파. 1세기 경에는 비스와 강(폴란드) 하류지방에 거주했지만, 2–3세기에 흑해 북서해안에 정주한 한 무리가 동고트족을 형성하였다. 이들은 자주 로마 영토를 침입하였다.

랑고바르드족Langobarden: 고대 게르만족의 한 갈래로 롬바르드족이라고도 불린다. 568년 이탈리아에 랑고바르드 왕국을 세워 774년 프랑크 왕국에 멸망될 때까지 이탈리아 북부를 지배했다.

프랑크족Franken: 민족 대이동기에 갈리아를 중심으로 부족국가 연합을 형성한 게르만족의 일파. 그 국가가 프랑크 왕국이다.

카르타고인Karthager: 카르타고는 현재 튀니지 일대에 있었던 페니키아인 계열의 고대 도시로 고대 로마인들이 그렇게 불렀다. 지중해를 사이에 두고 로마와 패권 다툼을 벌였다.

서고트족Westgoten: 게르만족의 일파인 고트족 가운데 본향인 스칸디나비아 반도를 떠나 다뉴브 강 북쪽 기슭에 이주해 살던 한 분파. 410년 로마를 침공해 함락시켰으며 갈리아와 히스파니아에 이르는 거대한 왕국을 세웠다.

부르고뉴인Burgunder: 부르고뉴는 프랑스 동부의 오래 된 주이다. 부르고뉴라는 말은 동게르만인의 일파인 부르군트족에서 유래되었다. 부르군트족은 5세기에 프랑스 동부의 손 강과 론 강 유역에 정착해 부르군트 왕국을 세웠다. (역자 주)

럼 정주한 인구 요소만 발견된 곳에서는 어디에서나 유형이 똑같았다. 그러나 그런 요소가 없고 돌아다니는 사냥꾼들만을 만나게 되는 곳에서는 그들을 없앨 수는 있어도 복종시킬 수 없기 때문에, 정복자들은 강제노동을 시켜 착취할 수 있는 많은 사람들을 멀리서 수입해 어려움을 헤쳐 나갔다: 노예무역이다!

유럽의 식민지들만은 겉으로는 하나의 예외를 이룬다. 그곳에서는 정주한 원주민들이 모자라 노예 수입으로 보충하는 것이 더 이상 허용되지 않기 때문이다. 이 식민지들 중의 하나인 미국은 세계사에서 가장 강력한 국가 구성체 중 하나이다. 이곳에서는 그 예외가 이런 식으로 설명된다. 즉 강제노동을 시켜 착취할 수 있는 많은 사람들이 그런 원시국가들이나 그보다 높은 발전단계에 있는 국가들(거주 이전의 자유는 지녔지만 착취가 너무 심한 국가들)로부터의 대대적인 이민을 통해 **저절로 수입된다**는 것이다. 그러므로 이곳에는 말하자면 외국의 전염병 발생원으로부터 "국가라는 병"의 멀리서의 전염이 있다. 그러나 그러한 식민지들 중 이민이(많은 이주 비용을 요구하는 엄청나게 먼 거리 때문이든 이주 제한 때문이든 간에) 매우 적은 곳에서는 국가 발전의 최종 목적지에 접근하고 있다. 우리는 이미 오늘날에는 이것이 필연적이라고 인정할 수 있다. 그렇지만 그 최종상태를 가리키는 학술용어가 우리에게는 아직 없다. 여기에서 또 다시 발전의 변증법에서 양의 변화가 질의 변화로 바뀌었다: 옛 형식이 새로운 내용으로 가득 찼다. 우리는 아직도 "국가"를 갖고 있다. 그것이 외적인 권력 수단을 통해 거대한 인간집단의 사회적인 공동생활을 엄격하게 규제하는 것을 의미하는 한에서는 말이다. 그러나 그것은 더 이상 옛날 의미에서의 "국가"가 아니다. 그것은 더 이상 어느 한 사회집단이 다른 집단을 정치적으로 지배하고 경제적으로 착취하는 수단이 아니다. 그것은 더 이상 "계급국가"가 아니라, 마치 실제로 "사회계약"을 통해 통합된 것처럼 보이는 상태이다. 오스트레일리아 식민지들은 이 단계에 매우 가까이 있다. 뉴질랜드에서는 그 단계에 거의 도달했다.

역사상의 국가들 또는 — 똑같은 것이지만 — 사회학적 의미에서의 "국가"의 기원과 본질에 대해 공동의 합의를 얻지 못하는 한, 이 가장 앞서 나간 공동체들에 대해서 새로운 이름을 붙이려는 것은 쓸데없는 짓일 것이다. 모든 저항에도 불구하고 사람들은 특히 개념의 유익한 혼란을 위해 그것들을 계속해서 "국가"라고 부를 것이다. 이 고찰에서는 새로운 개념을 얻을 수 있는 하나의 방편을 갖기 위해 우리는 그것들을 "자유 시민사회Freibürgerschaften"라고 부를 것이다.

과거와 현재의 국가들에 대한 간추린 개관은 — 지면이 허용한다면 — 부당하게도 "세계사"라고 하는 것에 포함되지 않은 국가들에 대해 민족학이 우리에게 제공하는 사실들을 검토해 더 보충되어야 할 것이다. 바로 이 점에 대해서는 여기에서도 우리의 일반적인 규칙이 예외를 허용하지 않는다는 것만은 확신해도 될 것이다. 말레이군도에서도 "거대한 사회학 실험실 아프리카"에서도, 요컨대 이 지구에서 부족들의 발전이 높은 형태에 도달한 곳에서는 어디서나, 한 인간집단이 다른 인간집단을 굴복시켜서 "국가"가 생겨났다. 국가의 존재이유, 그 "충분한 근거"는 굴복한 자들을 경제적으로 착취하는 것이었으며 지금도 그렇다.

그러나 이 고찰에서 우리가 방금 행한 피상적인 개관은 기본적인 명제의 증거로 사용될 수 있다. 우리가 이 명제를 갖게 된 것은 — 개척자의 이름을 대면 — 누구보다도 그라츠Graz[20]의 헌법학자이자 사회학자인 루트비히 굼플로비치 덕분이다. 이 피상적인 개관은 또한 우리에게 "국가"가 인류의 고난의 발걸음에서 나아간 길을 짧은 플래시 속에서 즉시 비춰줄 수 있을 것이다. 그리고 우리는 그 길에서 지금 국가의 뒤를 따라, 즉 원시 정복국가에서 수많은 변화를 거쳐 자유 시민사회로 나갈 것이다.

---

20 오스트리아 제2의 도시로 슈타이어마르크 주의 주도이다. 굼플로비치는 1893년부터 1909년까지 그라츠대학교에 교수로 있었다. (역자 주)

I. 국가의 발생

단 하나의 힘이 모든 생명을 움직인다. 단 하나의 힘이 생명을 단세포(태고의 대양大洋에 떠다니는 단백질 덩어리)에서 척추동물(인간)로까지 발달시켰다. 이 힘은 "생명 보전"본능(리페르트Julius Lippert)인데, 이것은 다시 "배고픔과 성욕"으로 갈라진다. 이때부터 "철학" 즉 똑바로 걷는 자의 원인 욕구가 힘의 유희에 개입해 "배고픔이나 성욕과 함께 인간세계라는 구성물을 유지한다." 물론 철학 즉 쇼펜하우어의 "표상"은 근원적으로 그가 "의지"라고 부르는 생명 보전의 산물 이외에 다른 것이 아니다. 그것은 세계에서 올바른 방향을 찾는 기관이며, 생존투쟁에서 하나의 무기이다. 그럼에도 불구하고 우리는 원인 욕구가 독립된 사회적인 힘, 즉 사회학적 발전과정의 공동형성자라는 사실을 인정할 것이다. 이 본능은 처음에는 또 인간사회의 시작 단계에서는 엄청난 힘을 갖고 종종 매우 기이한 "미신" 관념에서 작용한다. 불완전한 관찰로부터의 완전히 논리적인 추론에 근거해서 이 미신은 공기와 물, 땅과 불, 동물과 식물이 한 무리의 좋은 정령이나 나쁜 정령으로 가득차 있다고 믿는다. 아주 늦게야 비로소(즉 소수의 민족들만이 도달한 빛나는 근대에야 비로소) 원인을 알고 싶은 충동의 어린 딸(즉 과학)이 사실들을 완전히 관찰한 끝에 얻은 논리적인 성과로서 생겨났다. 이제 과학에는 다음과 같은 과제가 주어진다. 그 과제란 무수히 많은 경로를 통해 인간의 정신 전체에 널리 뿌리박은 미신을 근절하는 것이다.

생명 보전이라는 원초적인 본능에서 생겨난 인간의 이 세 가지 주요 본능(즉 자기보존 본능, 종種보존 본능, 원인 욕구)의 창조물로서 **사회**가 생겨난다. 그리고 이 사회에서는 모든 것을 지배하는 제3의 새로운 충동 즉 모든 사회적 사건의 진정한 원동력이 생겨난다. 그것은 사회적으로 큰 영향력, 어쩌면 최고의 영향력을 향한 충동이다.

이미 일리아스Ilias[1]가 "언제나 우월함을 추구하고 다른 사람들을 압도하고 싶어 한다"고 말한 바 있는 이 충동은 드문 경우에, 특히 사회의 높은 단계에서 직접 만족될 수 있다. 즉 과학, 예술, 시민의 덕을 실행함으로써 또한 시합에서 몸의 유능함을 수행함으로써 만족될 수 있다. 그러나 일반적으로 충동은 그 전에 특정한 중간목표를 달성하지 않고서는 최종 목표에 도달할 수 없다. 이 중간목표는

---

1 고대 그리스의 시인 호메로스(기원전800(?)–기원전750)가 쓴 대서사시. (역자 주)

부富이다. 왜냐하면 부는 권력을 주기 때문이다. 아니 부는 오히려 권력이기 때문이다. 이 부라는 말은 그 전부터 인간을 마음대로 다루는 것을 뜻한다. 반면에 **풍요**는 사물을 마음대로 사용하는 것을 뜻한다.

사회화된 인간은 거의 이러한 이유만으로 부를 추구한다. 거의 그러한 이유만으로 말이다. 왜냐하면 부자라면 당연히 그는 "배고픔과 성욕", 심지어는 그의 원인 욕구마저 풍부하면서도 고상한 수단으로 채울 수 있기 때문이다. 그러나 인간의 최종 목표가 막대한 향락을 위한 재화 획득이라고 생각한다면, 이것은 그에게 굴욕을 주고 명예를 훼손하는 견해이다. 재화 획득은 하나의 중간목표일 뿐이다. 말하자면 훨씬 더 고상한 진정한 최종목표, 즉 사회적인 영향력을 얻기 위한 수단에 불과하다.

물론 재화 획득은 중간목표이다. 이 말은 거의 모든 정치나 경제가 **처음에는** 재화 획득을 향해 달려간다는 것을 의미한다. 가령 많은 철도 노선이 큰 접속역들을 지나가는 것처럼 말이다. 그렇기 때문에 역사에 대한 사회학적 고찰(이것은 사회심리학적 고찰을 의미한다!)은 경제사관을 일시적으로 이용하는 방식으로만 행해질 수 있다. 즉 재화 획득 방법들의 점진적인 발달을 추적하는 방식으로만 행해질 수 있다. 이때 그 사회학적 고찰이 잊어서는 안 되는 것은 중요한 것은 오직 수단이지 최종목표가 아니라는 사실이다.

a) 정치수단과 경제수단

인간은 어디에서나 생명 보전이라는 똑같은 본능 때문에 움직인다. 이때 인간이 필요한 욕구충족 수단을 얻는 방법은 두 가지가 있는데, 이 두 방법은 근본적으로 대립한다: 노동과 약탈, 즉 자신이 노동하는 것과 다른 사람의 노동을 강제로 탈취하는 것. "약탈! 강제로 탈취하는 것!" 이 두 표현은 우리에게 범죄와 감옥을 생각나게 한다. 우리는 바로 소유물의 불가침성에 기초해서 문화가 발달한 시대에 살기 때문이다. 원시적인 생활조건에서는 땅이나 바다에서의 약탈이 바로 전쟁(이것은 실로 매우 오랫동안 조직화된 대량약탈에 불과한 것이기도 했다)과 마찬가지로 아주 존경받는 직업이었다고 우리가 확신할 때에도, 그러한 울림은 여전히 남아있다. 이러한 이유에서 또 앞으로의 연구를 위해 간결하면서도 분명하고 뚜렷하게 서로 대비되는 용어들을 가질 필요가 있다. 이 매우 중요한 대조를 위해 나는 자신이 직접 노동하는 것 그리고 자신의 노동과 다른 사람의 노동을 등가로 교환하는 것은 욕구충족의 "경제수단ökonomische Mittel"이라고 부르고, 다른 사람의 노동을 보상 없이 차지하는 것은 욕구충족의 "정치수단politische Mittel"이라고 부르자고 제안하였다.

이것은 결코 새로운 생각이 아니다. 그 전부터 역사철학자들은 대립을 느꼈으며 그것을 공식화하려고 했다. 그러나 그 공식들 중 어느 것도 완전히 끝까지 숙고하지 않았다. 즐길 수 있는 경제재화의 획득이라는 **동일한 목적**이 달성될 수 있는 방법에서만 대립이 있다고 분명하게 인식해 설명한 공식은 어디에도 없다. 그런데 바로 이것이 중요하다. 칼 마르크스 같은 수준 높은 사상가에게서도 볼 수 있는 것처럼 경제목적과 경제수단을 엄격하게 구분하지 않으면 혼란에 빠질 수밖에 없다. [마르크스의] 위대한 이론을 결국 진실로부터 아주 멀리 딴 곳으로 데려간 모든 오류는 근본적으로 경제욕구 충족의 목적과 그 수단을 분명하게 구분하지 않은 것에 기인한다. 따라서 마르크스는 노예제도를 "경제범주"라고 불렀고, 폭력을 "경제능력"이라고 불렀다. 반쪽짜리 진실은 전체가 진실인 것보다 더 위험하다. 왜냐하면 반쪽짜리 진실은 찾아내기가 더 어렵고 잘못된 추론을 거의 피할 수 없기 때문이다.

똑같은 목적을 위한 두 수단을 분명하게 구분하는 것은 우리가 혼란을 피하는 데 도움을 줄 것이다. 그러한 구분은 우리가 국가의 발생, 본질 및 목적을 이해하는 데 열쇠가 될 것이다. 그리고 오늘날까지의 모든 세계사란 국가의 역사 이외에 다른 것이 아니기 때문에, 그 구분은 세계사를 이해하는 데에도 열쇠가 될 것이다. 오늘날까지, 즉 우리와 우리의 오만한 문화에 이르기까지 모든 세계사는 — 우리가 역경을 이겨내고 자유 시민사회에 도달할 때까지 — 한 가지 내용만 갖고 있으며 또 한 가지 내용만을 가질 것이다: 그것은 경제수단과 정치수단 간의 투쟁이다.

b) 국가 없는 민족(수렵민과 경작민)

국가는 정치수단의 조직이다. 그러므로 경제수단이 욕구 충족 대상들을 어느 정도 만들어냈고 전쟁을 통한 약탈로 그것들을 얻을 수 있을 때만, 국가가 생겨날 수 있다. 따라서 원시수렵민들은 국가가 없다. 그리고 높은 수준의 수렵민들도 인접 지역에서 발달된 경제조직을 발견하고는 그것을 굴복시킬 수 있을 때에만 국가를 형성하는 데 성공할 수 있다. 그러나 원시수렵민들은 전적으로 실제적인 무정부 상태에서 산다.

그로쎄Ernst Große[2]는 원시수렵민들에 대해 일반적으로 다음과 같이 서술한다:

"본질적인 재산 차이가 없기 때문에 신분 차이를 발생시킬 수 있는 주요 원인이 없다. 일반적으로 부족 내의 모든 성인 남자들은 동등한 권리를 갖고 있다. 노인들은 풍부한 경험 덕분에 어느 정도 권위가 있다. 그러나 누구도 그들에게 복종할 의무가 있다고는 느끼지 않는다. 추장들이 인정받는 곳에서도 — 보토쿠도족, 중앙캘리포니아 인디언족, 베다족, 민코피족의 경우에서처럼[3] — 그들의 힘은 대

---

2 Große, Fromen der Familie, Freiburg u. Leipzig 1896. p. 39. (원주)

3 보토쿠도족Botokuden: 브라질 동부에 거주하는 아메리카 인디언 종족.
베다족Wedda: 스리랑카 동부에 거주하는 원주민.
민코피족Mincopie: 인도 벵골만 동부의 안다만 제도에 사는 원주민. (역자 주)

단히 작다. 추장은 나머지 사람들의 의지에 거슬러서 자신이 원하는 바를 관철할 방법이 없다. 게다가 대부분의 수렵민 부족들은 일반적으로 추장이 없다. 남성 사회 전체가 여전히 미분화된 동질적인 덩어리를 이루고 있으며, 이들 중에서는 주술적인 힘을 갖고 있다고 여겨지는 개인들만이 두드러진다."

따라서 여기에는 그 어떤 국가학의 의미에서도 "국가성Staatlichkeit"의 암시가 거의 없다. 하물며 올바른 "사회학적 국가 개념"의 의미에서는 말할 것도 없다.

원시경작민들의 사회조직은 수렵인 무리와 마찬가지로 "국가"와의 유사성이 거의 없다. 괭이로 땅을 가는 농민이 자유롭게 사는 곳에는 아직 국가가 없다. 쟁기는 이미 언제나 국가, 말하자면 굴복한 노예들에 의해 영위되는 대규모 경제에만 있는 높은 경제형태의 특징이다.[4] 경작민들은 서로 떨어져 살거나 몇몇 농가가 마을을 이루며 널리 흩어져 산다. 구역이나 경작지의 경계 때문에 싸우기도 한다. 그들은 기껏해야 느슨한 서약공동체에서 산다. 이 공동체는 혈통, 언어, 종교가 같다는 의식으로 만들어진 유대감을 통해서만 느슨하게 결합되어 있다. 모이는 경우는 드물다. 그들은 아마도 일 년에 한 번 모여 유명한 조상이나 부족신에 대해 공동의 축제를 거행할 것이다. 전체를 지배하는 하나의 권위는 존재하지 않는다. 마을이나 (경

---

4 Ratzel, Völkerkunde, 2. Aufl. Leipzig u. Wien 1894/5. Ⅱ, p. 372. (원주)

우에 따라서는) 일정한 구역의 몇몇 우두머리들은 실로 개인적인 특성에 따라, 말하자면 그들에게 있다고 여겨지는 주술력에 따라 어느 정도의 영향력을 제한된 범위 안에서 갖고 있다. 쿠노Heinrich Wilhelm Carl Cunow[5]가 잉카 제국이 침입하기 전의 페루 경작자들을 기술한 바와 같이, 구세계와 신세계 어디에서나 원시농민들은 이런 상태에 있었다: "서로 반목하는 독립된 많은 부족들이 제멋대로 공존하고 있었다. 이 부족들은 또 다시 친척관계에 의해 결합된 다소 독립적인 지역단체들로 분열되었다."

이러한 사회상태에서는 공격하기 위한 호전적인 조직의 성립을 거의 생각할 수 없다. 공동방어를 위해 일정한 구역이나 부족을 동원하는 것은 이미 매우 어렵다. 농민은 그가 재배하는 식물처럼 움직이지 않으며 땅에 고정되어 있다. 농민을 그의 일 때문에 사실상 "경작지에 묶여 있다." 그가 법적으로 자유롭게 이동할 수 있을 때에도 그렇다. 게다가 대체로 농민층만이 사는 지역에서 약탈 행각은 어떤 목적을 지닐 수 있겠는가? 농민은 농민에게서 그 자신이 이미 갖고 있지 않은 것을 빼앗을 수 없다. 농사지을 수 있는 땅이 너무 많은 사회에서는, 모든 농민이 그가 필요한 만큼만 경작한다. 필요한 것보다 더 많은 것은 그에게는 쓸모없는 것이 될 것이며, 그것의 획득은 헛수고일 것이다. 그가 수확한 곡물을 오랫동안 보존할 수 있다 하

---

5 Die soziale Verfassung des Inkareichs, Stuttgart 1896, p. 51. (원주)

더라도 그렇다. 그러나 원시시대 상황에서는 그 수확한 곡물이 날씨의 영향 때문에 또는 개미나 그와 비슷한 것들 때문에 빨리 못쓰게 된다. 그렇지만 라첼Friedrich Ratzel[6]에 따르면, 중앙아프리카의 경작자는 그의 수확물 중 잉여부분을 최대한 빨리 맥주로 만들어야 한다. 그래야 그 잉여부분을 잃어버리지 않는다!

이 모든 이유에서 원시농민에게는 수렵민과 목동을 특징짓는 호전적인 공격정신이 전혀 없다: 전쟁은 그에겐 어떤 이익도 가져다줄 수 없다. 그리고 이 평화적인 성향이 더욱 강화되는 것은 그의 일 자체가 그를 호전적으로 만들지 않기 때문이다. 근육이 강하고 인내심이 있어도, 그는 움직임이 느리며 결정할 때 머뭇거린다. 반면에 수렵민과 목동은 일을 통해 신속함과 빠른 실행력을 갖추게 된다. 따라서 원시농민은 대개 수렵민이나 목동보다 부드러운 기질을 갖고 있다.[7] 요컨대: 농업 지역의 경제적 및 사회적 조건에서는 더 높은 형

---

6 독일의 지리학자(1844–1904). 환경결정론을 주장하였다. (역자 주)

7 이 심리적인 차이는 종종 분명하게 나타나지만, 절대적인 규칙이 아니다. 그로쎄(Formen der Familie, p. 137)는 이렇게 말한다: "몇몇 문화사가들은 농민들이 평화를 사랑하는 사람이라고 주장하면서, 이들을 호전적인 유목민과 대립시킨다. 물론 농민들의 경제형태에 대해서는 목축에 대해 주장할 수 있는 것(즉 목축의 성질이 전쟁에 적합한 자질을 길러주며 전쟁할 마음을 갖게 한다는 것)을 주장할 수 없다. 그럼에도 불구하고 일반적으로 볼 수 있는 매우 호전적이고 잔인한 민족들 중 다수는 바로 이 문화영역에 있다. [뉴기니아 북동쪽의] 비스마르크 제도의 야만식인종들, 살기등등한 비티안들Vitianer[피지 원주민들은 "피지안Fijan"이록 불리기 전에 "위대한 사람"이라는 뜻을 지닌 "비티안Vitian"이라고 불렸다]. 다호메족Dahome[서남아프리카에 사는 부족]과 아샨티족Ashanti[가나의 중앙부 일대에 사는 종족]의 인간학살자들, 이들은 모두 "평화적인" 농업에 종사한다. 그리고 모든 농민들이 그토록 나쁘지는 않더라도, 대부분의 농민들이 부드럽다는 것은 적어도 의심해 볼 만한 문제인 것 같다." (원주)

태의 통합으로 나아가는 분화가 없으며, 전쟁을 통해 이웃 사람들을 굴복시키고 싶은 충동도 그럴 가능성도 존재하지 않는다. 따라서 "국가"가 생겨날 수 없고, 또한 그러한 것이 생겨난 적도 없다. 외부로부터 즉 다른 방식으로 길러진 인간집단들로부터 자극이 오지 않았다면, 원시농민은 결코 국가를 생각해내지 못했을 것이다.

c) 국가 이전의 민족들(목축민과 바이킹)

반면에 **목축민 부족**에게는 ─ 이들이 고립되어 있다 하더라도 ─ 국가를 형성하는 데 유리한 일련의 요소들이 있다. 실제로 **앞서 나간 목축민**들은 이미 국가를 거의 완전무결하게 발전시켰다. 이 국가 개념을 현대적인 의미에서 완전히 채우는 마지막 특징, 즉 명확하게 한정된 국가 영토에의 정주定住를 제외한다면 말이다.

그 요소들 중의 하나가 경제요소이다. 경제외적인 폭력의 개입이 없어도 목축민 생활에서는 어쨌든 재산과 소득의 아주 큰 분화가 생길 수 있다. 처음에는 가축 수에서 완전한 평등이 있었다고 가정하더라도, 얼마 지나지 않아 어떤 사람은 더 부자가 될 것이고 또 어떤 사람은 더 가난해질 것이다. 특히 영리한 사육사는 그의 가축 무리가 빨리 자라는 것을 볼 것이고, 특히 주의 깊은 파수꾼이나 용감한 수렵민은 그의 가축 무리를 맹수들이 잡아먹지 못하게 더 잘 보호할 것이다. 행운도 한 몫 한다: 어떤 사람은 특히 좋은 목초지와 깨끗한 물웅덩이를 발견하는 반면에, 또 어떤 사람은 전염병, 눈보라 또는 뜨거운 모래바람 때문에 전재산을 잃어버린다.

　재산의 차이는 어디에서나 계급의 차이를 만들어 낸다. 가난해진 목축민은 부자 밑에서 고용살이를 하지 않을 수 없다. 따라서 그는 부자 밑에 들어가 그 부자에게 의존하게 된다. 이것은 구세계의 세 대륙 모두에서, 즉 목축민들이 사는 곳이면 어디에서나 우리에게 보고되는 현상이다. 마이첸August Meitzen[8]은 노르웨이의 유목민 라프족[9]에 대해 보고한다: "가족당 300마리면 넉넉했다. 백 마리밖에 없는 사람은 가축 수가 1000마리나 되는 부자들에게 고용되지 않을 수 없다." 그리고 같은 보고자는 중앙아시아 유목민에 대해 말한다: "한 가족이 안락하게 살려면 300마리의 가축이 필요하다. 100마리는 가난이다. 그러면 빚을 지게 된다. 노예는 주인의 땅을 갈아야 한다."[10] 라첼[11]은 아프리카의 호텐토트족[12]에 대해 일종의 "탁신託身 Commendatio"을 보고한다: "가진 것이 아무것도 없는 사람은 부잣집에

8　August Meitzen, Siedlung und Agrarwesen der Westgermanen usw. Berlin 1895. I, P. 273. (원주)

9　라프족Lapp: 노르웨이, 스웨덴, 핀란드 북부와 러시아 콜라반도 등 라플란드에 사는 소수민족. (역자 주)

10　Ibid., 1, ch. Ⅰ. p. 138. (원주)

11　Ratzel, op. cit., 1, ch. Ⅰ, p. 702. (원주)

12　호텐토트족Hottentotten: 아프리카 남부에 사는 코이코이족(남아프리카 공화국의 원주민). 호텐토트는 백인들이 붙여준 이름으로 "열등하다"는 뜻을 갖고 있다. (역자 주)

고용되려고 하였다. 그의 유일한 목적은 가축을 소유하는 것이었다."

라블레이에Emile Louis Victor de Laveleye[13]는 아일랜드에도 똑같은 일이 있었다고 보고한다. 게다가 그는 봉건제도의 기원과 이름이 부유한 부족 구성원이 가난한 구성원에게 가축을 빌려주는 것에서 유래했다고 본다. 그에 따르면 fee-od(가축 소유)가 최초의 봉토였다. 이 봉토로 부자는 가난한 자를 "자신의 부하"로 삼았다. 그가 빚을 갚을 때까지 그렇게 했다.

이미 평화적인 목축민 사회에서조차 이러한 경제 분화가 일어날 수 있었으며, 그 다음에는 사회분화가 가부장제와 결합된 제사장직에 의해 얼마나 촉진될 수 있었는지는 여기에서는 그 윤곽만 서술할 수밖에 없다. 그 당시의 최연장자는 씨족 동료들의 미신을 교묘하게 이용해 자신의 가축 소유를 늘릴 수 있었다.

그럼에도 불구하고 이 분화는 정치수단이 작용하지 않는 한 매우 보잘 것 없는 한계 안에 머물렀다. 숙련된 솜씨와 유능함은 확실하게 계승되지 않는다. 하나의 천막에서 많은 상속인들이 자라고 행운이 변덕스러우면, 가장 많았던 가축들이 분산된다. 오늘날에도 스웨덴의 라프족에서 가장 부유한 사람이 순식간에 정부 도움을 받아야 할 정도로 완전히 가난해졌다. 이 모든 원인들이 사회경제적 평등이라는 처음 상태를 언제나 다시 대충 만들어내는 쪽으로 작용한

---

13 벨기에 경제학자(1822-1892). (역자 주)

다.[14] "유목민이 평화적이고 원시적이며 순수할수록, 뚜렷한 재산 차이는 그만큼 적다. 차이담분지[15]에 사는 몽골인들의 나이 많은 지배자가 공물(한 줌의 담배, 설탕 한 조각, 25코페이카)을 받을 때 나타낸 기쁨은 감동적이다.[16]

정치수단에 의해서야 비로소 이 평등이 지속적으로 또 강력하게 파괴된다: "전쟁이 행해지고 약탈이 이루어지는 곳에는 더 큰 불평등이 있다. 이 불평등은 노예, 여자, 무기, 좋은 혈통의 탈 수 있는 동물[말, 낙타 등]의 소유에서 나타난다."[17]

노예 소유! 유목민은 노예제도의 창시자이다. 이렇게 해서 그들은 국가의 맹아, 즉 인간에 의한 인간의 최초 관리를 만들어냈다.

수렵민도 전쟁을 수행해 포로를 만든다. 그러나 수렵민은 포로들을 노예로 삼지 않고, 그들을 죽이거나 부족의 일원으로 받아들인다. 노예들을 무엇에 쓰겠는가? 게다가 사냥감은 곡물보다 저장하거나 "자본화하기"가 훨씬 더 어렵다. 인간을 노동력으로 만들어야겠다는 생각은 재산의 한 계통, 즉 **자본**이 형성된 경제단계에서야 비로

---

14 여기에 다음과 같은 것이 결정적으로 추가된다. 즉 이런 사회에서는 어디에서나 부자는 여론에 밀려서 넉넉하게, 때로는 몰락할 정도로까지 엄청나게 많이 선물을 주지 않을 수 없다는 것이다. (원주)

15 차이담Tsaidam분지: 중국 서부의 칭하이성靑海省 서북부에 있는 분지. 중국에서 가장 높은 곳에 위치한 분지이다. (역자 주)

16 Ratzel, 1, ch. Ⅱ, p. 555. (원주)

17 Ratzel, 1, ch. Ⅱ, p. 555. (원주)

소 생겨날 수 있었다. 자본은 종속된 노동력의 도움을 받아야만 사용될 수 있기 때문이다.

목축단계에 가야 비로소 이 상태에 도달한다. 외부의 도움이 없다면 한 가족의 힘으로는 매우 제한된 크기의 가축 무리만을 유지하거나 그것을 적(동물이든 인간이든)으로부터 보호할 뿐이다. 정치수단이 개입하기 전에는, 앞서 언급한 가난한 씨족 동료나 외부 부족에서 도망친 자들의 보조적인 도움이 매우 드물게 있을 뿐이다. 이들은 어디에서나 가축의 대소유자에게 충성하는 예속된 피보호자로 있다.[18] 어떤 경우에는 가난한 목축민족 전체가 부유한 목축민족을 반≠자발적으로 섬긴다; "민족들 모두가 그들의 재산에 따른 지위를 서로 받아들인다. 따라서 매우 가난한 퉁구스족은 축치족의 거주지 근처에 살려고 애쓴다.[19] 왜냐하면 그들은 순록이 많은 축치족에서 목동으로 일하기 때문이다. 그러면 그들은 순록으로 그 대가를 받는다. 그리고 우랄 지방의 사모예드족이 시르앤족에게 정복당한 것은[20]

---

18 예를 들면, 라첼(Ratzel, 1, ch. Ⅱ, p. 214)에 따르면 오밤보족Ovambo[남서 아프리카 북부에 거주하는 원주민 부족]에서는 그들이 부분적으로 "노예 위치에 있는 것 같다." 또한 라벨레이에에 따르면 고대 아일랜드에서도 그러했다(그런 사람들은 푸이디르Fuidhirs라고 불리었다). (원주)

19 퉁구스족Tungusen: 동부 시베리아, 중국 등지에 분포하는 몽골계의 종족
축치족Tschuktschen: 시베리아 동북부의 축치 반도를 중심으로 해서 살고 있는 소수민족. (역자 주)

20 사모예드족Samojeden: 북부 시베리아의 유목민.
시르앤족Sirjäner: 우랄 산맥 서쪽에 거주하는 소수민족. (역자 주)

목초지의 점차적인 강탈을 통해 일어났다.[21]

그러나 이미 국가와 아주 비슷한 방금 언급한 경우를 제외하면, 아마도 부족에 남아있는 "자본 없는" 몇몇 구성원들은 아주 큰 가축 무리를 지키기에 충분하지 않을 것이다. 게다가 일 자체가 가축들을 나누게 한다. 왜냐하면 스위스 알프스 사람들이 말하는 것처럼, 하나의 목초지에 가축들을 "너무 많이 밀어 넣으면" 손해 보기 때문이다. 돌보는 가축 모두를 잃어버릴 가능성은 그것들을 여러 목초지에 분산시키는 정도에 따라 줄어든다. 전염병, 폭풍우 등은 그 일부만 없애버리기 때문이다. 외부의 적도 그 가축 모두를 단번에 빼앗아 갈 수 없기 때문이다. 따라서 예를 들면 헤레로족Herero[22]에서는 "조금이라도 잘 사는 모든 가축 소유자는 주된 주거지 외에도 언제나 몇 개의 목초지를 갖고 있어야 한다. 이곳에 대한 감독은 동생들이나 가까이 사는 친척이 맡고, 동생이나 친척이 없는 경우에는 예전에 노예로 있었던 믿을 만한 사람들이 맡는다."[23]

따라서 발달한 유목민은 전쟁 때 잡은 적을 살려둔다: 그 적을 목초지 노예로 이용할 수 있다. 스키타이족skythen[24]의 한 종교 관습에

---

21 Ratzel, 1. ch. Ⅰ, p. 648. (원주)

22 남서아프리카의 토착민으로 대부분은 나미비아에 살고 있다. (역자 주)

23 Ratzel, 1. ch. Ⅱ, p. 99. (원주)

24 기원전 6세기-기원전 3세기 경 남부 러시아의 초원 지대에서 활약한 최초의 기마 유목민족. (역자 주)

서는 죽이는 것에서 노예로 삼는 것으로의 이행을 아직도 관찰할 수 있다: 그들은 포로가 된 적 100명당 한 명씩을 그들의 기념장소에서 제물로 바쳤다. 이 사실을 보고하는 리페르트는[25] 그것에서 "제한의 시작"을 보았는데 , "그 이유는 포로가 된 적이 목축민족에게 분명히 노예로서 가치를 지녔기 때문이다."

노예들이 목축민 부족에 편입되면서 국가는 본질적인 요소들을 — 일정한 영토에 정주했다는 것을 제외하면 — 모두 갖추었다. 국가는 지배라는 **형식**과 인간노동력의 경제적 약탈이라는 **내용**을 가졌다.

이제는 경제 분화와 사회계급 형성이 완전히 다른 속도로 진전될 수 있다. 우두머리들의 가축은 지혜롭게 분산되었으며 무장한 많은 노예에 의해 자유민들의 가축보다 더 잘 관리되었다. 따라서 그들의 가축은 일반적으로 고스란히 유지되고, 전리품에서의 더 큰 몫으로 인해 평범한 자유민들의 가축보다 더 빨리 늘어난다. 부자는 그가 전쟁터에 보낸(자유롭지 못한!) 전사들의 수에 따라 자기 몫을 챙기기 때문이다. 제사장직도 계속 함께 작용한다. 이렇게 해서 갈라진 틈이 점점 커지면서 전에는 평등했던 씨족 동료들을 분열시킨다. 마침내 진정한 귀족, 즉 부유한 가부장들의 부유한 후손들이 평범한 자유민들과 대립한다. "북아메리카 인디언들은 조직이 아주 발전했음

---

25 Lippert, Kulturgeschichte der Menschheit, Stuttgart 1886, Ⅱ, p. 302. (원주)

에도 불구하고 귀족제도와 노예제도를 만들어내지 못했다.[26] 이로 인해 그들의 조직은 본질적으로 구세계의 조직과 구분된다. 귀족제도와 노예제도는 모두 가축을 사육하는 민족들의 가부장제를 기반으로 해서야 비로소 생겨났다."[27]

그러므로 발전한 목축민족들에게는 세 개의 상이한 계급으로의 사회적 구분이 있다: 귀족(성서의 표현으로는 부족장들), 평범한 자유민들 그리고 노예. 몸젠Theodor Mommsen에 따르면,[28] 특히 "모든 인도 게르만 민족은 노예제도를 법적 제도로 갖고 있다." 그리고 아리안어족, 아시아와 아프리카의 셈족(마사이족, 와후마족 등), 그리고 몽골족에 해당되는 것은 함족에도 해당된다.[29] 사하라 사막의 플베족[30]에서는 "사회가 군주, 족장, 평민, 노예로 나누어진다."[31] 그리고 노예제도가 법적으로 존재하는 곳에는 어디에서나 당연한 것처럼 호바족[32]

---

26 리페르트의 이 진술은 전혀 옳지 않다. 수준 높은 조직을 갖추고 정주한 북서아메리카의 수렵민들과 어부들은 귀족과 노예 둘 다 갖고 있다. (원주)

27 Lippert, 1. ch. Ⅱ, p. 522. (원주)

28 Römische Geschichte, 6. Auf. Berlin 1874. Ⅰ, p. 17. (원주)

29 아리안어족Arier: 인도 유럽 어족(역사시대 이래 인도에서 유럽에 걸친 지역에서 쓰는 어족).
셈족Semiten: 세계 3대 어족의 하나인 셈어를 사용하는 여러 민족에 대한 범칭.
마사이족Masai: 아프리카 동부 케냐와 탄자니아 경계의 초원에 사는 부족.
와후마족Wahuma: 아프리카 동부 우간다에 사는 목축 유목민족.
함족Hamiten: 아프리카 북동부에 사는 사람들로 큰 키와 폭이 좁은 코, 갈색 피부를 지니고 낙타, 양, 염소 등을 키우며 산다. (역자 주)

30 풀베족Fulbe: 중앙아프리카 북부지역의 지배적인 종족으로 유목민 생활을 한다. (역자 주)

31 Ratzel, 1. ch.Ⅱ, p. 518. (원주)

32 호바족Hova: 마다가스카르섬 중부의 원주민. (역자 주)

과 그들의 폴리네시아 친척, 즉 "바다 유목인"에게도 노예제도가 존재한다.[33] 인간의 심리는 피부색이나 인종에 상관없이 어디서나 동일한 상황에서는 동일한 방식으로 작용한다.

이렇게 해서 목축민은 전쟁으로 생계를 유지하는 것에 그리고 노예로 삼은 노동력으로서의 인간 관리에 점차 익숙해진다. 그러므로 우리가 인정해야 하는 것은 목축민의 생활방식 전체가 "정치수단"을 점점 더 많이 이용하는 쪽으로 나아갈 수밖에 없다는 사실이다.

목축민은 원시수렵민보다 육체적으로 더 강하다. 그리고 그는 이 원시수렵민 못지않게 기민하고 단호하다. 원시수렵민의 식량 조달은 너무 불규칙하기 때문에, 그는 키나 힘에서 최대한으로 성장할 수 없었을 것이다. 그러나 목축민은 자신이 기르는 가축 무리의 우유를 언제든지 마실 수 있고 또 자신이 원하는 만큼 자주 육식을 하기 때문에, 그는 거의 어디에서나 "거인"으로 자란다. 이것은 아리아인의 기마 유목민에게서 볼 수 있으며, 마찬가지로 아시아나 아프리카의 소 목축민, 예를 들면 줄루족[34]에게서도 볼 수 있다. 게다가 목축민 부족은 수렵민 무리보다 그 구성원 수가 더 많다. 이는 성인들이 일정한 지역에서 훨씬 더 많은 식량을 얻을 수 있기 때문만이 아니다. 무엇보다도 가축의 젖을 마음대로 사용할 수 있는 것은 엄마의 수유

---

33 Ratzel, 1, ch. Ⅱ, p. 425. (원주)

34 줄루족Sulu: 아프리카 원주민의 하나로 주로 남아프리카 공화국에 살고 있다. (역자 주)

기간을 단축시키고 출산수를 늘리며 더 많은 아이들을 키울 수 있게 해주기 때문이기도 하다. 따라서 구세계의 목초지와 초원지대는 주기적으로 홍수가 날 때 밖으로 솟아 나온 무궁무진한 저수지, 즉 "만민의 질vaginae gentium"이 되었다.

게다가 무장한 전사들은 수렵민보다 목축민에게 훨씬 더 많았다. 개개의 목축민이 수렵민보다 힘이 더 세었다. 전체적으로 목축민들은 적어도 수렵민 무리만큼은 이동성이 있었다. 그들 중에서도 낙타나 말을 타는 사람은 매우 기동력이 있었다! 그리고 상당히 많은 이 우수한 개인들의 힘은 하나의 조직에 의해 결합되는데, 그것은 노예를 소유하고 지배하는 것에 익숙한 가부장의 지휘 하에 있는 조직이다. 이 조직은 수렵 단계의 젊은 전사들이 한 우두머리에게 충성을 맹세한 느슨한 조직과는 거의 비교할 수 없을 정도로 강력하게 결합되어 있다. 그것은 이미 생존조건에 의해 준비되고 형성된 조직이다.

수렵민은 말하자면 혼자서 사냥하거나 소집단으로 사냥할 때가 가장 유리하다. 그러나 목축민은 큰 대열에서 움직일 때 가장 유리하다. 큰 대열에서 개인이 가장 잘 보호되기 때문이다. 이 큰 대열은 확실히 열을 지어 이동 중인 군대이며, 휴식 장소는 확실히 야영지가 된다. 이렇게 해서 전술 훈련, 엄격한 질서, 확고한 규율의 연습이 아주 자연스럽게 이루어진다. 라첼은 이렇게 말한다[35]: "아주 오

---

35 Ratzel, 1, ch.Ⅱ, p. 545. (원주)

래 전부터 똑같은 천막 배열을 유목민 생활이 규율적인 힘에 포함시켜도 아마도 잘못 생각한 것은 아닐 것이다. 모든 사람과 모든 사물이 여기에서는 오래 전부터 정해진 고정된 자리를 갖고 있다. 따라서 출발하거나 철거할 때, 새로 배치하거나 설치할 때 신속함과 순서가 있다. 누군가가 명령이나 아주 절박한 이유 없이 자신의 위치를 바꾼다는 것은 아직 들어본 적이 없다. 천막과 그 모든 내용물을 한 시간 안에 싸 실을 수 있는 것은 오직 이 확고한 질서 덕분이다."

바로 이 질서는 아주 오래 전부터 전해졌다. 그리고 사냥이나 전쟁 또는 평화적인 이동을 할 때 그 효능이 입증되었는데, 이제는 목축민 부족의 호전적인 이동도 지배한다. 이렇게 해서 그들은 직업적인 전사가 된다. "국가"가 고도의 강력한 조직을 만들지 않는 한 이들을 제압할 수 없다. 목축민과 전사가 동일한 개념이 된다. 라첼이 중앙아시아 유목민에 대해 말한 것은[36] 모든 유목민에게 해당된다: "목축인으로서의 유목민은 경제 개념이고, 전사로서의 유목민은 정치 개념이다. 그는 어떤 행위에서든 전사와 약탈자의 행위로 쉽게 넘어간다. 생활의 모든 것이 그에게는 평화적인 측면과 호전적인 측면, 정직한 측면과 약탈적인 측면을 갖고 있다. 상황에 따라 이런 측면을 드러내기도 하고 저런 측면을 드러내기도 한다. 고기잡이와 항해조차 동東카스피해 투르크족에게서는 해적질로 변했다 … 겉보기에

---

36 Ratzel, 1. ch.Ⅱ, p. 390/1. (원주)

는 평화적인 목축민의 일이 전쟁을 유발한다. 목축민의 지팡이는 무기가 된다. 말들이 목초지에서 튼튼해져 돌아오고 두 번째 양털 깎기가 끝나는 가을에는, 유목민은 그때까지 미룬 복수나 약탈의 원정이 어느 것이었는지를 곰곰이 생각한다(바란타Baranta[타타르어]는 문자 그대로 가축을 벌다, 가축을 약탈하다를 뜻한다). 이것은 자위권의 표현이다. 이 자위권은 권리를 다툴 때나 명예훼손 문제로 싸울 때, 또 유혈복수를 할 때 적이 가진 것 중에서 가장 가치 있는 것, 즉 그의 가축 무리에서 보복과 증거를 찾는다. 바란타에 참여하지 않은 젊은이들은 먼저 바티르Batir[영웅]라는 이름을 얻어야 한다. 그래야 명예와 존경을 얻을 수 있다. 모험의 즐거움에 소유의 기쁨이 추가된다. 이렇게 해서 복수하는 사람, 영웅, 약탈자라는 일련의 삼중적인 퇴행단계가 전개된다.”

해양 유목민 즉 “바이킹”의 경우도 육지 유목민의 경우와 사정은 완전히 비슷하다. 세계사의 가장 중요한 경우에서 해양 유목민은 바다로 간 육지 유목민에 지나지 않기 때문에, 더더욱 그렇다.

우리는 방금 무수히 많은 사실들 중의 하나를 언급하였는데 이 사실들은 목축민이 말이나 “사막의 배”대신에 “바다의 말”을 약탈전에 이용하는 데 오래 생각하지 않았다는 것을 보여준다. 그 한 가지 사실은 동카스피해의 투르크족과 관계있다.[37] 스키타이족은 또 하나

---

37 Ratzel, 1, ch. Ⅱ, p. 390/1. (원주)

의 예를 제공한다: "그들이 바다 위를 달리는 기술을 이웃 사람들에 게서 배우는 순간부터, 이 이동하는 목축민들 — 호메로스는 이들을 '존경받는 마부, 우유 먹는 사람, 재산이 없는 사람, 가장 정직한 사람들'(일리아스, XⅢ. 3)이라고 부른다 — 은 그들의 발트 제국이나 스칸디나비아의 형제들과 마찬가지로 용감한 항해자가 된다. 스트라본Strabon[38]은 이렇게 한탄한다(Cas. p. 301): 감히 바다로 나간 뒤부터, 그들은 해상 약탈을 행하고 외국부족들을 죽이면서 더 나빠졌다. 많은 부족들과 교류하면서, 그들은 그 부족들의 소매업과 방탕에 참가한다."[39]

페니키아인들이 실제로 "셈족"이었다면, 그들은 육지"베두인족"에서 해양"베두인족", 즉 호전적인 약탈자로의 변화를 보여주는 또 하나의 예를 제공하는데, 이 예는 세계사에서 대단히 중요하다. 지중해 주위의 부유한 나라들을 소아시아 해안으로부터, 달마티아 해안 [크로아티아 남서부 아드리아 해의 연안지방]으로부터 또는 북아프리카 해안으로부터 약탈하는 수많은 민족들 대부분의 경우에는 아마도 그러할 것이다. 이 약탈은 우리가 이집트의 기념비에서 볼 수 있는 것처럼 (이집트에서는 그리스인들이 들어오는 것이 허용되지 않았다)[40]

---

38 고대 그리스의 철학자 겸 자연학자로 지리학의 아버지라고 불린다(기원전 64년 경-기원전 23년 경). (역자 주)

39 Lippert, 1. ch. Ⅰ, p. 471.(원주)

40 I. M. Kulischer, Zur Entwicklungsgeschte des Kapitalzinses, Jahrbücher für

아주 오래 전부터 오늘날(리프족[41]의 해적들)에 이르기까지 계속되고 있다. 북아프리카의 "무어인들"은 ― 이들은 본래 아랍인과 베르베르인의 혼혈로서 육지 유목민이었다 ― 아마도 이 변화 중에서 가장 유명한 예일 것이다.

그렇지만 해양 유목민, 즉 해양 약탈자들은 목축민이라는 중간 단계를 거치지 않고서도 어업민족에서 직접 발달할 수 있다. 우리는 방금 목축민들이 경작민보다 더 우월한 원인을 알게 되었다: 무리의 인구수가 상대적으로 더 많고, 일을 하면서 개개인은 용기와 빠른 결단력을 갖게 되었으며 무리 전체는 엄격한 규율을 갖추게 되었다. 이 모든 것은 바다 옆에 사는 어민들에게도 해당된다.

풍부한 어장은 북서 인디언들(틀링깃족 등)이 보여주는 것처럼 높은 인구밀도를 가능하게 한다; 풍부한 어장은 또한 노예 소유를 가능하게 한다. 노예는 고기잡이에서 그가 먹는 비용보다 더 많이 벌기 때문이다. 우리는 여기에서(북아메리카 인디언 중에서는 유일하게) 노예제가 하나의 제도로 발전한 것을 볼 수 있다. 따라서 자유민들 사이에서도 지속적인 경제적 차이가 있다. 이 경제적 차이는 목축민들의 경우와 비슷하게 일종의 금권정치를 초래한다. 노예들에 대한 명령은 그곳에서와 마찬가지로 여기에서도 지배 습관을 만들어

National- Ökonomie und Statistik, Ⅲ. folge, 18. Bd. Jena 1899. p. 318. ("약탈자들 그리고 자기 고향에 먹을 것이 없을 때는 외국을 탐하는 자들'이라고 스트라본은 말한다). (원주)

41   리프족Rif: 모로코의 북부 산악지대에 사는 베르베르족의 한 부족. (역자 주)

낼 뿐만 아니라 "정치수단"의 사용을 좋아하게 만든다. 그리고 그곳에서와 마찬가지로 여기에서도 이러한 소망에는 직업(여기에서는 항해)이 형성하는 엄격한 규율이 유용하다. "공동어장의 큰 이점 중의 하나는 선원들에게 주입된 엄격한 규율이다. 선원들은 큰 고기잡이배에서 우두머리 한 사람을 뽑아 그에게 무조건 복종해야 한다. 모든 성공은 복종에 달려있기 때문이다. 배의 관리는 그 후 국가의 관리를 용이하게 한다. 솔로몬Solomon제도[42] 섬사람들처럼 보통 완전히 야만인으로 간주되는 민족의 생활에서는 의심할 바 없이 힘을 결합시키는 단 하나의 요소가 항해이다."[43] 북서 인디언들이 그들의 구세계 동료들처럼 매우 유명한 해양 약탈자가 되지 않았다면, 이는 그들이 도달할 수 있는 인접 지역에서 풍부한 고급문화가 펼쳐지지 못했다는 사실에 기인한다: 그렇지만 높은 수준의 모든 어민들은 해적행위를 한다.

이러한 이유에서 바이킹은 목축민들과 똑같이 정치수단을 그들의 경제적 삶의 기초로 선택한다. 바이킹도 그들처럼 대대적으로 국가의 창시자가 되었다. 우리는 앞으로 그들이 세운 "해양국가"로서의 국가를 목축인들에 의해 (그리고 신세계에서는 수렵민들에 의해) 세워진 "육지국가"와 구분할 것이다. 해양국가에 대해서는 나중에 **발달된**

---

42 오세아니아 남태평양의 파푸아뉴기니 동쪽에 있는 섬들. (역자 주)

43 Ratzel, 1. ch. I. p. 123. (원주)

정복국가에 대해 말할 때 자세하게 다룰 것이다. 우선은 국가의 발생과 원시 정복국가를 다루어야 하는 만큼, 우리는 본질적으로 다음과 같은 이유에서 육지국가의 고찰로 만족하고 해양국가는 제쳐놓아야 한다. 해양국가가 모든 근본적인 점에서는 육지국가와 똑같은 특징과 똑같은 발전을 나타내지만, 그 발전의 전형적인 진행과정은 육지국가의 경우처럼 분명하게 인식할 수 없기 때문이다.

d) 국가의 발생

목축민들은 수렵민 무리와 가끔 충돌한다. 이 수렵민 무리는 그 숫자나 개개 전사의 가치에서 목축민과는 비교할 수 없을 정도로 약하기 때문에, 그들은 그 충격을 당연히 견딜 수 없다. 그들은 초원지대와 산악지방으로 피한다. 목축민들은 그곳까지 그들을 쫓아가고 싶어 하지 않거나 쫓아갈 수 없다. 가축은 그곳에서 목초지를 찾지 못하기 때문이다. 또는 수렵민 무리는 일종의 고객관계로 목축민들에게 간다. 이것은 특히 아프리카에서는 빈번하게 일어났으며 아주 오래 전부터 있었던 현상이다. 이미 힉소스족과 함께 그처럼 의존하는 수렵민들이 나일 지방에 스며들었다. 그렇지만 수렵민들은 경우에 따라서는 보호에 대한 대가로 사냥한 것 중에서 적은 일부를 지불하며, 정찰과 경비에 동참한다. 그러나 수렵민들은 "실제적인 아나키스트"이기 때문에 규칙적인 노동의 강요를 받아들이기 보다는 오히려 자신들을 몰살하도록 내버려둔다. 따라서 그러한 접촉에서는 결코 "국가"가 생겨나지 않았다.

농민들 역시 훈련되지 않은 개인 전사들로 이루어져 있기 때문에 규율이 없는 지역 방위로는 호전적인 목축민들과의 충돌을 결국 견디지 못한다. 비록 농민들이 훨씬 더 많은 숫자로 싸운다하더라도 말이다. 그러나 그들은 도망치지 못한다. 왜냐하면 땅에 묶여 있기 때문이다. 그리고 농민들은 규칙적인 노동에 이미 익숙해 있다. 그들은 남아서 복종하며 승리자에게 세금을 낸다: 이것이 구세계에서 육지국가의 발생이다!

방목하는 큰 동물들 즉 소, 말, 낙타가 본래 없었던 신세계에서는, 목축민들을 대신해서 수렵민들이 무기를 능숙하게 다루는 솜씨와 군사규율 때문에 언제나 경작민보다 훨씬 더 우위에 있었다. "구세계에서는 목축민족과 경작민족 간의 대립이 문화를 만들어냈다. 반면에 신세계에서는 이리저리 이동하는 부족들과 정착한 부족들 사이에 대립이 있었다. 이란과 투란[44]처럼, 북부에서 밀려들어온 야만인 무리들은 (이들의 군사조직은 고도로 발달하였다[45]) 경작에 몰두하

---

44 투란Turan: 시베리아 남쪽 지역으로 동부는 삼림으로 덮여 있고 서부는 분지지대이다. (역자 주)

45 Ratzel, 1, ch. 1, p. 591. (원주)

는 톨텍인[46]들과 싸웠다.

이것은 페루나 멕시코뿐만 아니라 아메리카 대륙 전체에도 해당된다. 인간의 본성은 어디에서나 똑같으며 아주 상이한 경제적 지리적 조건하에서도 일정하다는 견해에 대한 강력한 증거이다. 기회가 주어지고 권력을 잡은 곳에서는, 인간은 경제수단보다 정치수단을 더 선호한다. 아마도 인간만 그런 것이 아닐 것이다: 마테를링크Maurice Maeterlinck[47]의 "꿀벌의 생활Leben der Bienen"에 따르면, 힘든 노동으로 꿀을 얻기보다 외부의 꿀벌 통에서 꿀을 훔친 경험을 한 번 한 꿀벌들은 그때부터 "경제수단"을 버린다고 한다. 일벌에서 도둑벌이 된다.

신세계에서 형성된 국가들은 세계사의 큰 흐름에서 어떤 중요성도 얻지 못했는데, 이런 국가들을 제쳐놓는다면, 우리는 경작민과 목축민 간의 대립, 일꾼과 약탈자 간의 대립, 평지[저지]와 초원지대 간의 대립을 모든 역사의 원동력으로, 즉 모든 국가의 발생 이유로 간주해야 한다. 사회학을 지리적인 관점에서 파악한 라첼은 그것을 적절하게 표현한다: "우리가 이제부터 부족뿐만 아니라 국가, 심지어는 강력한 국가도 상대한다는 사실은 유목주의가 정착 문화와 순전히 파괴적으로 대립하지 않는다는 것을 우리에게 상기시킨다. 유목민들의 호전적인 성격에는 국가를 만들어내는 큰 힘이 있다. 이 힘

---

46 톨텍인Toltek: 멕시코 남부지역의 원주민. (역자 주)
47 벨기에의 시인이자 극작가(1862-1949). 1911년 노벨문학상을 받았다. (역자 주)

은 유목민 왕조나 유목민 군대가 지배한 아시아의 큰 국가들 (예를 들면 투르크족이 지배한 페르시아, 몽고족과 만주족이 정복하고 통치한 중국, 몽골 제국과 인도의 라지푸트족[48]의 국가)보다 아마도 수단의 외곽지대에서 더 분명하게 나타날 것이다. 그곳에서는 처음에는 적대적이었지만 나중에는 생산적으로 함께 작용한 통합된 요소들의 융합이 아직도 크게 진척되지 못했기 때문이다. 유목민들이 문화를 촉진시키는 자극의 큰 효과가 평화적인 문화활동에서 생겨나지 않고 호전적인 성향으로 인해 평화적인 문화활동을 처음에는 저지하고 사실상 해칠 때 생겨난다는 사실은 여기 유목민족과 농업민족의 경계에서 가장 분명하게 나타난다. 그 자극의 힘은 자리를 잡았다가 쉽게 뿔뿔이 흩어지는 민족들을 강력하게 묶는 유목민들의 능력에 있다. 그렇다고 해서 그들이 그때 그들의 피지배자들로부터 많이 배울 수 없는 것은 아니다 … 그렇지만 이 부지런하고 솜씨 있는 민족들이 갖지 못했고 가질 수 없는 것은 지배하겠다는 의지와 힘, 호전적인 정신, 행정질서와 복종시키는 것에 대한 감각이다. 이러한 이유에서, 사막에서 태어난 수단의 지배자들은 그들의 흑인민족들을 지배하였다. 만주족이 중국인을 지배한 것처럼 말이다. 이것은 팀북투

---

48 라지푸트족Radschputen: 그리스인과 이란인 등의 혼혈로 된 아리아족으로 인더스 강 남쪽 지방 일대에 산다. 5세기 중엽 중앙아시아에서 인도 서북부에 침입한 후 인도화하여 왕조를 세우기도 하였다. (역자 주)

Timbuktu[49]에서 북경까지 타당한 법칙에 따라 일어난다. 이 법칙에 따르면, 유리한 국가 형성은 넓은 초원지대가 경계선 역할을 하는 비옥한 경작지에서 생겨난다. 그곳에서는 정착민족들의 수준 높은 물질문화가 힘이 넘치고 지배 능력이 있으며 호전적인 초원지대 주민들에 의해 강제로 합병된다.[50]

목축민 부족이나 바다 유목민이 한 농업민족을 굴복시켜 국가가 생겨난 때 여섯 단계가 구분될 수 있다. 우리가 그 여섯 단계를 이하에서 서술한다고 해서 실제의 역사적 발전이 각각의 경우마다 계단 하나하나 모두를 기어 올라갔을 것이라고 생각해서는 안 된다. 그렇지만 여기 있는 것은 순전히 이론적인 구성물이 아니다. 세계사와 민족학은 각각의 단계에 대해서 대단히 많은 예를 제공한다. 분명히 그 단계들을 모두 거쳐 간 나라들이 있다. 그러나 그 단계들 중에서 하나 또는 그 이상을 건너뛴 나라들이 더 많다.

첫 번째 단계는 약탈과 국경 전쟁에서의 살해이다: 전쟁이 끝없이 펼쳐지기 때문에 평화도 휴전도 없다. 남자들은 맞아 죽고, 아이들과 여자들은 끌려가고, 가축은 약탈당하고 집은 불탔다! 침략자들이 머리에 피 흘리며 쫓겨나도, 그들은 점점 더 강한 무리를 지어 다시 온다. 그들은 유혈복수의 의무감으로 똘똘 뭉쳐 있다. 이따금 농

---

49 아프리카 서부 말리Mali의 중부지방에 위치한 도시로 13세기부터 16세기까지 서아프리카 지방의 종교, 문화, 경제의 중심지 역할을 하였다. (역자 주)

50 Ratzel, 1, ch. Ⅱ, p. 370. (원주)

민집단은 힘을 낸다. 즉 모여서 향토 방위를 한다. 또한 그들이 어쩌면 달아나는 적들을 잡거나 그 적들에게 한동안 다시 돌아올 생각을 하지 못하게 하는 데 한 번쯤은 성공할지도 모른다. 그러나 동원이 너무 느리고, 사막에서의 급식이 농민부대에게는 너무 어렵다. 이 농민부대는 적처럼 그들의 식량 공급원 즉 가축 무리를 데려 가지 않기 때문이다. (특히 규율이 잘 잡혀 있으며 수적으로도 우세했고 보급부대와 보급 철도도 갖추었고 배후에는 독일 제국의 수백만 군인이 있었는데도 독일인들이 얼마 안 되는 목축민 전사들을 사로잡는 데 얼마나 큰 어려움을 겪어야 했는지를 우리는 남서아프리카에서 볼 수 있었다). 마지막으로, 농민군은 편협한 애향심이 강하며, 전쟁터에 나와 있는 동안 밭은 황폐해진다. 그러므로 그러한 경우에서도 결국 숫자는 적어도 잘 짜여있고 기동력이 있는 군대가 숫자는 더 많아도 분산되어 있는 군중을 거의 언제나 이긴다. 표범이 들소들을 이기는 것처럼 말이다.

이것이 국가 형성의 첫 번째 단계이다. 아주 특징적인 다음의 예가 보여 주는 것처럼, 국가 형성이 수백 년 동안, 어쩌면 수천 년 동안 거기에 머물러 있을 수 있다: "한 투르크멘 부족의 모든 목초지 영토는 예전에는 약탈 지역이라고 부를 수 있는 넓은 지대와 인접하였다. 호라산의 북부와 동부 전체는 페르시아인들의 것이었다기 보다는 투르크멘인, 요무드족, 괵클렌족, 인접한 초원지대의 그 밖의 부족들의 것이었다.[51] 페르시아인들의 지배는 명목상의 것에 불과했다. 마찬가지로 히바에서 부하라에 이르기까지 국경선이 테킨즈족의 약탈 대상이 되었다.[52] 그 밖의 투르크멘 부족들에게 강제로 또는 뇌물을 주어 완충 역할을 하게 하는 데 성공할 때까지는 그랬다. 중앙아시아의 초원지대를 가로질러 동아시아와 서아시아를 연결하는 일련의 오아시스 역사는 수많은 보충 증거를 제공한다. 중앙아시아의 초원지대는 오래 전부터 중국인들이 차미且彌 오아시스[53]처럼 세계사적으로 중요한 지역의 소유를 통해 지배하였다. 언제나 유목민들은 남부와 북부에서 섬처럼 고립되어 있는 이 비옥한 땅에 닿으려고 하였다. 그들에게는 그 땅이 축복받은 자들의 섬처럼 보였을지도 모른다. 그리고 모든 무리에게는 ─ 그들이 승리를 거두고 철수하든 패배해 달아나든 간에 ─ 보호해주는 초원지대가 열려 있었다. 가장 심각한 위험은 몽골 제국의 서서히 진척된 약화와 티벳의 사실상의 지배에

---

51 호라산Chorassan: 이란어로 "해 뜨는 곳"이라는 뜻이다. 넓은 의미의 호라산은 중앙아시아의 아무다리야 강 이남에서 힌두쿠시 산맥 이북의 광활한 지역을 가리키며, 좁은 의미로는 이란 북동부의 한 주(호라산주)를 가리킨다.
요무드족Jomuden:투르크멘인의 한 부족으로 이란 국경에 근접한 고르간 지역과 카스피 해 인근의 발간주 지역에 주로 산다.
괵클렌족Göklen: 호라산 지역 북쪽에 사는 투르크멘인의 한 부족. (역자 주)
52 히바Khiva: 우즈베키스탄, 서부, 호레즘주 남부의 도시.
보하라Bochara: 우즈베키스탄 서북부에 위치한 도시. 부하라라고도 한다. 서역과 중국을 잇는 실크로드의 주요 오아시스였다.
테킨즈족Tekinzen: 카스피 해, 몽고, 동시베리아 사이의 지역에 사는 부족. (역자 주)
53 텐산天山의 북쪽 기슭에 있다. (역자 주)

의해 없어졌지만, 둥간족의 마지막 반란은[54] 이동 민족의 물결이 이 문화 섬들을 얼마나 쉽게 덮치는지를 보여주었다. 중앙아시아에 초원지대가 있는 한, 유목민을 없애는 것은 불가능하다. 그렇지만 유목민이 없어져야 그 문화 섬들이 안전하게 지켜질 수 있을 것이다."[55]

정복을 목표로 삼지 않고 오로지 약탈만을 목표로 삼은 한, 구세계에서 있었던 대규모 원정들도 첫 번째 단계에 넣을 수 있다. 서유럽은 육지를 통해서는 켈트족, 게르만족, 훈족, 아바르족, 아랍인, 마자르인, 타타르인, 몽골인, 튀르크족 등의 대규모 원정에 시달렸으며, 바다를 통해서는 바이킹족과 사라센인의 대규모 원정에 시달렸다.[56] 그 대규모 원정대들은 통상적인 약탈지대를 훨씬 넘어 대륙 전체를 휩쓸었다. 그들은 없어졌다가 다시 왔으며, 마침내는 폐허만을 남기고 사라졌다. 그러나 매우 자주 그들은 자신들이 휩쓸어버린 지역의 한 곳에서 국가 형성의 마지막 여섯 번째 단계로 바로 넘어갔다. 그들이 농촌 주민들을 지속적으로 지배했기 때문이다. 라첼은 이 대규모

---

54 둥간족Dunganen: 중국인 무슬림. 아랍 및 중앙아시아계 혼혈민족이다. 둥간족은 1864년–1877년 중국의 신장 지방에서 위구르족과 함께 청나라에 반란을 일으켰다. (역자 주)

55 Ratzel, 1, ch. Ⅱ, p. 390/1. (원주)

56 훈족Hunnen: 중앙아시아의 대초원지대에 거주한 투르크계의 유목 기마민족.
아바르족Avaren: 5세기–9세기에 중앙아시아, 동유럽, 중앙유럽에서 활동한 몽골계 유목민족.
마자르인Magyaren: 헝가리의 주류민족. 원래는 우랄 산맥 서남쪽 볼가 강 중류 유역에 살았는데, 5세기 경 동방에서 쳐들어온 흉노족에 밀려 여기저기 떠돌다가 9세기 말 지금의 헝가리에 정착하였다.
타타르인Tataren: 볼가 강과 그 지류인 카마 강 유역에 사는 투르크어계의 종족. (역자 주)

원정대를 다음과 같이 훌륭하게 묘사한다: "거대한 유목민 무리 원정대는 한 방울씩 떨어지는 조심스러운 움직임과는 반대 모습을 나타낸다. 특히 중앙아시아는 그 원정대의 매우 큰 힘을 가지고 이웃 국가들을 침범하였다. 아라비아나 북아프리카의 유목민처럼 이 지역의 유목민들은 그들의 이동하는 생활방식을 하나의 조직과 연결시켰다. 그리하여 그 조직은 단 하나의 목적을 위해 집단 전체를 통합하였다. 가부장제의 부족관계에서 아주 폭넓게 미치는 전제적인 권력을 쉽게 발전시키는 것이 바로 그 유목민 생활의 특징이다. 이렇게 해서 대대적인 움직임이 일어나는데, 이러한 움직임과 인류에서 일어나는 그 밖의 움직임의 관계는 물이 불어난 강과 물이 여러 방향으로 꾸준히 흐르는 한 수원지의 관계와 같다. 그것들의 중요성은 유럽 못지않게 중국, 인도, 페르시아의 역사에서 분명하게 나타난다. 그들이 여자, 아이, 노예, 마차, 가축 무리, 가진 것 모두를 가지고 목초 지대를 이리저리 돌아다닌 것처럼, 그들은 이웃 국가들을 쳐들어갔다. 그리고 이 거추장스러운 짐이 그들에게서 민첩함을 빼앗았지만, 그들에게 덩치를 주었다. 이렇게 해서 그들은 깜짝 놀란 거주자들을 몰아내고는 정복한 땅에서 노획하며 전진하였다. 그들은 모든 것을 갖고 갔기 때문에, 그들은 새로운 곳에서도 모든 것과 함께 자리잡았다. 그들의 정착은 따라서 인류학적 중요성이 있었다. 마자르족의 헝가리 진입, 만주족의 중국 침입, 또는 페르시아에서 아드리아 해에 이르는 지역에의 튀르크족 진입을 상기해 보자."[57]

　여기에서 함족, 셈족, 몽골족 그리고 — 확실히 적어도 부분적으로는 — 아리아인의 수렵민족들에 대해 말한 것은 진정한 흑인들에게도 해당된다. 이들이 수렵민 생활을 하는 한에서는 그렇다: "카피르인[58]이라는 이동하는 호전적인 수렵민족에게는 팽창력이 있다. 이 힘은 매력적인 목적만 있으면 상당한 결과를 낳으며 드넓은 지역의 인류학적 관계를 근본적으로 변형시킨다. 그들의 목적은 동아프리카 정복이었다. 동아프리카는 수많은 평화적인 농업민족들에게 발전할 수 있는 공간을 제공하였다. 이곳에서는 내륙지방처럼 기후적인 원인이 목축을 못하게 하지 않았으며 유목민들의 추진력을 처음부터 마비시키지 않았다. 황폐하게 만드는 강처럼, 이동하는 카피르인 부족들은 비옥한 잠베지 강 지방으로 흘러들어갔으며 심지어는 탕가니카와 해안 사이의 고지대까지도 퍼져나갔다.[59] 이때 그들은 우니암웨지에서 이미 북부에서 온 함족 물결의 전초병, 즉 와투시족을 만났다.[60] 이 지역의 거주자들 중 일부는 몰살되었으며, 또 일부는 노예가 되어 전에는 마음대로 쓸 수 있었던 고향 땅을 경작한다. 그

57　Ratzel, 1, ch. Ⅱ, p. 388/9. (원주)

58　카피르인Kaffern: 남아프리카 호사족Xhosa에 대해 유럽인들이 부른 이름. (역자 주)

59　잠베지Sambesi강: 아프리카 대륙에서 인도양으로 흘러드는 아프리카 남부 최대의 강.
탕가니카Tanganyika: 아프리카 동부 탄자니아의 대부분을 차지하는 지역. (역자 주)

60　우니암웨지Unyamwesi: 탄자니아 북서부에 있는 지역.
와투시족Watusi: 르완다와 브룬디의 유목민. (역자 주)

나머지는 아직도 싸움을 포기하지 않았거나, 정복의 폭풍이 옆에 남겨놓은 취락지에서 평화롭게 산다."[61]

여기에서 우리 눈앞에서 일어났으며 아직도 일어나는 것이 수천 년 전부터 "잠베지 강에서 지중해까지 동아프리카 전체에 충격을 주었다." 힉소스족의 침입, 서쪽과 북쪽 사막의 목축민 부족들("오늘날에도 여전히 나일 강과 홍해 사이에서 가축을 방목하는 민족들과 같은 계통의 종족"[62])이 적어도 500년 동안 이집트를 지배한 것은 이러한 국가 창설 중 우리에게 알려져 있는 첫 번째 것에 불과하다. 이런 국가들에 뒤이어 그 밖의 많은 국가들이 나일 강 지방 자체와 이보다 훨씬 더 남쪽에 생겨났다. 그 중에는 중앙 콩고지역의 남쪽 가장자리에서는 무아타 잠보Muata Jamvo왕국과 우간다Uganda제국이 있었다. 무아타 잠보 왕국에 대해서는 앙골라Angola의 포르투갈 상인들이 이미 16세기 말에 보고하였다. 우간다 제국은 오늘날에 와서야 비로소 유럽인의 강력한 군사조직에 굴복하였다. "사막과 문명국이 서로 평화롭게 쉰 적은 어디에도 없다. 그러나 그들 간의 전투는 단조롭고 반복으로 가득 차있다."[63]

"단조롭고 반복으로 가득 차있다!" 이것이 일반적으로 세계사의

61 Ratzel, 1, ch. Ⅱ, p. 103/4. (원주)

62 Thurnwald, Staat und Wirtschaft im altem Ägypten. Zeitschrift für Soz. Wissenschaft Bd. 4(1901), p. 700/1. (원주)

63 Ratzel, 1, ch. Ⅱ, p. 404/5. (원주)

기본적인 특징이다. 인간의 정신도 그 기본적인 특징에서는 어디에서나 똑같기 때문이다. 모든 피부색의 모든 인종에서, 지구상의 모든 곳에서, 열대에서든 온대에서든 인간의 정신은 환경의 똑같은 작용에 똑같이 반응한다. 상당히 뒤로 물러나 관점을 매우 높은 곳에서 선택해야 한다. 그래야 세세한 것들의 잡다한 움직임이 더 이상 우리에게 덩어리의 큰 움직임을 숨기지 못한다. 그럴 경우, 싸우거나 이리저리 떠돌며 일하는 인류의 "존재방식들"이 우리의 시야에서 사라지고, 그 "실체" 즉 영원히 똑같고 영원히 되풀이되는 실체, 변화 속에서도 지속되는 실체가 우리에게 그 "단조로운" 법칙을 드러낸다.

이 첫 번째 단계에서 점차 두 번째 단계가 생겨난다. 특히 농민이 수많은 반란의 실패를 통해 길들여지고 자신의 운명에 순응하며 모든 저항을 포기했을 때, 두 번째 단계가 생겨난다. 이때 야만적인 목축민조차 이해하기 시작한다. 죽도록 맞은 농민은 더 이상 쟁기질을 할 수 없고 토막 난 과일나무는 더 이상 열매를 맺을 수 없다는 것을 말이다. 자신의 이익을 위해 그는 가능한 한 농민을 죽이지 않고 나무도 그대로 둔다. 기마 원정대가 여느 때와 마찬가지로 무장을 하고 온다. 그러나 이들은 진짜 전쟁이나 강제적인 탈취를 기대하지 않는다. 그들은 유익한 존경심을 유지하거나 개별적인 반항을 꺾는 데 필요한 한에서만 불을 지르고 사람들을 죽인다. 그러나 일반적으로는, 원칙적으로 확고해진 관습법 — 국가의 모든 법의 첫 번째 발단 — 에 따라 목축민은 농민의 여분만을 빼앗는다. 즉 그는 농민에게

집, 도구, 그리고 다음 번 수확 때까지의 식량을 충분히 남겨준다.[64] 하나의 비유가 가능하다: 첫 번째 단계에서는 목축인이 곰이다. 곰은 꿀벌집을 약탈할 때 그것을 파괴하기 때문이다; 두 번째 단계에서는 목축인이 양봉가이다. 양봉가는 꿀벌들에게 겨울을 나도록 해주기 위해 꿀을 충분히 남겨놓기 때문이다.

첫 번째 단계와 두 번째 단계 사이에 엄청난 걸음의 진보가 있다! 왜냐하면 처음에는 목축민 부족의 획득이 순전히 점령하는 것이었기 때문이다. 순간의 향유가 미래의 부의 원천을 가차 없이 파괴하였다. 그런데 지금은 획득이 경제원칙과 일치한다. 왜냐하면 경제적으로 행동한다는 것은 현명하게 절약해서 쓰는 것, 즉 미래를 위해 순간의 향유를 제한하는 것을 뜻하기 때문이다. 목축민은 "자본화하는" 것을 배웠다. 정치적으로도 엄청난 진보가 있다: 혈연관계가 아닌 인간은 지금까지 법률의 보호 밖에 놓인 노획물이었는데, 이제는 하나의 가치를 얻었으며 부의 원천으로 인정되었다. 이것은 노예제도, 억압, 착취의 시작이다. 그렇지만 또한 그것은 혈연관계에 기초한 가족을 넘어서는 더 높은 사회형성의 시작이기도 하다. 이미 우리가 본 바와 같이 법률관계의 첫 번째 실이 이제까지는 불구대천의

---

64 "많은 노예들을 데리고 있는 것은 불가능하다. 그들을 먹여 살리는 것이 너무 힘들기 때문이다. 오히려 주민 모두를 굴복시키고는, 생존하는 데 반드시 필요한 것만을 그들에게 남겨놓는다. 이렇게 해서 모든 오아시스가 수확기에 들러 그곳 주민들을 약탈하기 위한 구역이 된다. 진실로 사막에 적합한 지배이다"(Ratzel, 1. ch. Ⅱ, p. 393. 아랍인들에 대해). (원주)

원수들 간의 벌어진 틈을 넘어 약탈자와 피약탈자 사이에서 줄을 쳤다. 농민은 생활필수품에 대해 일종의 **권리**를 받는다. 저항하지 않는 자를 죽이거나 남김없이 모두 **빼앗는** 것은 **옳지 않은** 것이 된다. 그리고 이것보다 더 좋은 것이 있다! 더 가늘고 부드러운 실들이 엮여서 아직은 매우 약한 그물이 만들어진다. 그럼에도 불구하고 이것은 전리품 분할의 본보기에 따른 가차 없는 관습적인 분할계약보다 더 인간적인 관계이다. 목축민들은 더 이상 전투할 때처럼 미쳐 날뛰며 농민들을 만나지 않기 때문에, 순종적인 부탁이나 정당한 이의는 한 번쯤 들어준다. 목축민 역시 그 자신의 혈연동료나 부족동료와 접촉할 때 엄격히 따르는 공정함이라는 정언명령("네가 원하지 않는 것은 남에게도 하지 말라")이 혈연관계가 없는 사람을 위해서도 처음으로 — 아직은 희미하고 약하지만 — 말하기 시작하였다. 여기에 저 웅대한 외적인 융합과정의 싹이 있다. 이 과정은 작은 무리들에서 민족과 연방을 만들어냈으며, 언젠가는 "인류" 개념에 생명을 부여할 것이다. 여기에는 또한 옛날에는 분열되었던 자들의 내적인 통합의 싹이 있다. 이 통합은 야만인들의 증오에서 모든 것을 포괄하는 기독교나 불교의 인류애에 이른다.

국민성과 국가, 법과 수준 높은 경제는 이것들이 이미 촉진시켰으며 앞으로도 촉진시킬 모든 발전 및 세분화와 함께, 세계사적으로 대단히 중요한 순간(즉 승자가 패자를 지속적으로 관리하기 위해 이 패자를 조심해서 다루었을 때)에 함께 생겨났다. 모든 인간적인 것은 일찍이 동물적인 것이라는 어두운 토양에 뿌리를 두고 있다. 사랑이나 예술도 국가, 법, 경제 못지않게 그렇다.

곧 또 하나가 추가되어 그 정신적인 관계를 더 긴밀하게 묶는다. 사막에는 이제 양봉가로 변한 곰 이외에, 마찬가지로 벌꿀을 탐내는 다른 곰들이 있다. 우리의 목축민 부족은 그 곰들의 길을 막거나, 무기를 갖고 "자신들의" 벌통을 지킨다. 농민들은 위험이 닥치면 목축민들을 부르는 데 익숙해진다. 이미 그들은 더 이상 약탈자나 살인자로 간주되지 않고 보호자나 구조자로 여겨진다. 복수하러 간 한 무리의 사람들이 약탈자들의 자른 머리나 벗겨낸 머리가죽과 함께 잡혀간 여자들과 아이들을 데리고 마을로 돌아왔을 때, 농민들의 환호를 상상해보라. 여기에서 묶이는 것은 더 이상 실이 아니다. 그것은 강한 안정성과 끈질김을 지닌 유대이다. 여기에서 매우 중요한 "통합"의 힘이 나타난다. 이 힘에 의해 본래는 혈연관계가 없었으며 종종 언어도 인종도 달랐던 두 종족집단이 나중에는 마침내 하나의 언어, 하나의 풍습, 하나의 국민감정을 지닌 하나의 민족이 된다: 공동의 고통과 고난, 공동의 승리와 패배, 공동의 환호와 슬픔. 주인과 노예가 똑같은 이익을 위해 일하는 새로운 강력한 영역이 열렸다. 이것이 공감의 물결, 즉 공동소속 의식Zusammengehörigkeit의 물결을 만들어낸다. 게다가 각 부분은 다른 부분에서 인간을 어렴풋이 느끼며, 점점 더 많이 인정한다. 성향의 동일함이 느껴진다. 전에는 겉모습이나 복장, 낯선 언어나 종교에서의 차이가 증오와 반감만을 자극했지만 말이다. 사람들은 처음에는 언어를 통해 진정한 의미에서, 그 다음에는 정신적으로도 서로를 이해하기 시작한다. 정신적 관계의 그물이 점점 더 촘촘해진다.

국가 형성의 이 두 번째 단계에서는 모든 본질적인 것이 이미 성향 속에 들어있다. 그 이후의 어떠한 발걸음도 그 중요성에서는 곰 단계에서 양봉가 단계로 나아간 발걸음과 비교될 수 없다. 따라서 우리는 짧은 언급으로 만족할 수 있다.

세 번째 단계는 농민층 자신이 스스로 "잉여"를 정기적으로 목축민 진영에 "공물"로 바치는 것이다. 이것은 확실히 양쪽 모두에게 상당한 이익이 되는 조정이다. 농민들에게 이익이 되는 이유는, 그들이 이제까지의 과세 형태와 관련된 작은 반칙들(몇몇 남자들은 맞아 죽고, 여자들은 능욕당하고 농가들은 불타 없어지는 것)에서 완전히 벗어나기 때문이다. 목축민들에게 이익이 되는 이유는, 그들이 — 완전히 상인식으로 표현하면 — 이 "사업"에 더 이상 "비용"과 노동을 들일 필요가 없으며, 이렇게 해서 자유로워진 시간과 힘을 "영업 확대"에 쓸 수 있기 때문이다. 달리 말하면, 새로운 농민층을 굴복시킬 수 있기 때문이다.

이런 형태의 공물은 역사시대에서 이미 우리에게 매우 잘 알려져 있다. 훈족, 마자르족, 타타르인, 튀르크족은 유럽인들이 준 공물에서 최고의 수익을 얻었다. 상황에 따라서는 피지배자들이 지배자들에게 바쳐야 하는 공물의 성격이 이미 여기에서 다소 사라질 수 있으며, 그 급부가 겉으로는 보호에 대한 대가나 심지어는 지원금이라는 모습을 취한다. 아틸라[65]에 대한 전설에 따르면, 콘스탄티노플의 유약한 황제는 아틸라를 자신의 봉신으로 묘사하게 하였다. 그는 공물을 보조금으로 여겼기 때문이다.

네 번째 단계는 다시 중요한 전진을 의미한다. 왜냐하면 그것은 "국가" 성립의 결정적인 조건을 우리에게 잘 알려진 외적인 형태에서 추가하기 때문이다: 두 민족 집단을 한 지역에서 공간적으로 합치는 것.[66](잘 알다시피 영토 개념이 없다면 국가에 대한 법률적 정의는 생겨날 수 없다.) 처음에는 **국제** 관계였던 두 집단의 관계가 이제부터는 점점 더 **국내** 관계로 바뀐다.

이 공간상의 통일은 외부 원인으로 일어날 수 있다: 아마도 더 강한 무리는 목축민들을 뒤로 더 밀어냈을 것이다; 아마도 초원지대에

---

65 아틸라Attila: 훈족의 왕(406?~453). 5세기 전반의 민족 대이동기에 지금의 루마니아인 트란실바니아를 본거지로 삼고 주변의 게르만 부족과 동고트족을 굴복시켜 동쪽은 카스피 해에서 서쪽은 라인 강에 이르는 지역을 지배하는 대제국을 건설하였다. (역자 주)

66 풀베족의 경우는 처음의 세 단계와 네 번째 단계 사이의 과도기 같은 상태에 있다. 즉 절반은 국제적이고, 절반은 국내적인 지배상태에 있다: "정복민족은 겁에 질린 원주민들 속으로 폴립polyp처럼 여기저기에 수많은 군대를 파견한다. 원주민들은 의견이 통일되어 있지 않아 빈틈이 많기 때문이다. 이렇게 해서 풀베족은 베누에Benuë[나이지리아 남부] 지방에 꾸준히 파고 들어가서 그곳을 아주 서서히 삼켜버린다. 따라서 새로운 관찰자들은 당연히 명확한 경계를 정하지 못한다. 분산되어 있는 풀베족의 많은 촌락들은 특정한 곳을 중심지인 동시에 권력의 중심으로 간주한다. 따라서 무리Muri는 중부 베누에에 흩어져 있는 수많은 풀베족 거주지의 수도이다. 아다마우아Adamaua[북부 카메룬]지역에서는 욜라Yola의 위치가 그와 비슷하다. 서로에 대해서 또 독립된 부족들에 대해서 고정된 경계를 긋는 실제적인 왕국은 아직 없다. 이 수도들조차도 다른 측면에서는 결코 고정되어 있지 않다." (Ratzel, 1. ch.Ⅱ, p. 492.). (원주)

서의 인구증가가 목초지의 식량 공급능력을 넘어섰을 것이다; 아마도 많은 가축의 죽음이 목축민들로 하여금 무한히 넓은 면적을 포기하고 강의 계곡이라는 좁은 곳을 선택하게 했을 것이다. 그러나 일반적으로는 이미 내부 원인 때문에 목축민들이 농민 근처를 찾았다. "다른 곰들"로부터의 보호의무 때문에 목축민들은 젊은 전사들의 부대를 꿀벌통 근처에 있게 한다. 이것은 동시에 훌륭한 예방조치이다. 그것은 꿀벌들에게 반란을 일으킬 생각을 하지 못하게 만들거나 또는 혹시 어떤 다른 곰을 자신들의 양봉가로 삼을 생각을 하지 못하게 만들기 때문이다. 사실 이런 일도 드물지 않다. 전해지는 이야기가 옳다면, 류리크[67]의 아들들은 그렇게 해서 러시아에 왔다.

그렇지만 공간상의 이웃 관계가 아직은 엄밀한 의미에서의 국가공동체, 즉 단일조직이 아니다.

목축민들이 전혀 호전적이지 않은 피지배자들을 다루는 경우, 그들은 이리저리 돌아다니며 가축들에게 목초지에서 풀을 뜯어먹게 하면서 그들의 페리외케들과 헬롯들 사이에서 조용히 유목민생활을 계속하였다.[68] 중앙아시아에 있는 "세상에서 가장 예쁜 사람들"(리하

---

67 류리크Rurik: 러시아의 건국자(?−879). 노르만인 출신의 노브고로트의 지배자이며, 그의 자손은 1598년까지 러시아에서 군림하여 류리크왕조라고 불렸다. (역자 주)

68 페리외케Periöke: 군사의무는 있지만 정치적인 권리는 없는 고대 스파르타의 자유민. 헬롯Helot: 고대 스파르타의 노예. (역자 주)

르트 칸트[69]), 밝은 색 피부를 지닌 와후마Wahuma족이 그렇다.[70] 아스가르Asgar 종족의 투아레그족도 그렇다.[71] 이들은 "임라드[72] 사이에 거처를 두고는 이리저리 이동하는 약탈자가 되었다. 이 임라드들은 아스가르종족의 하인계급이다. 이들은 지배자들보다 열 배나 더 많이 전사들을 동원할 수 있음에도 불구하고 그들에게 의지해서 산다. 이들의 지위는 스파르타인이 헬롯들을 대하는 것과 대충 비슷하다."[73] 보르쿠 인근지역에 있는 테다족도 마찬가지이다[74]: "땅이 유목민을 먹여 살리는 반半사막과 대추야자 숲으로 나누어지는 것처럼, 그 인구는 유목민과 정착민으로 나누어진다. 그들의 각각의 숫자는 거의 똑같다. 모두 합치면 만 명에서 만 이천 명이 될 것이다. 그러나 정착민이 유목민에게 지배받는다는 것은 말할 필요가 없다."[75]

그리고 이와 똑같은 것이 갈라족[76], 마사이족, 와후마족 등 목축민족 집단 모두에 해당된다: "소유의 차이는 크지만, 하인계급으로

---

69 리하르트 칸트Richard Kandt(1867–1918): 독일의 의사이자 아프리카 탐험가. (역자 주)

70 Ratzel, 1, ch.Ⅱ, p. 165. (원주)

71 투아레그족Tuareg: 사하라 사막의 유목민. 베르베르족의 한 갈래이다. (역자 주)

72 임라드Imrad: 귀족의 낙타, 염소, 양의 사육을 담당하는 하층계급. (역자 주)

73 Ratzel, 1, ch.Ⅱ, p. 485. (원주)

74 보르쿠Borku: 중앙아프리카의 한 지역으로 차드 북부지방에 위치한다.
테다족Teda: 사하라 동부, 중부 사막지대에 분포하는 소수 종족. 대부분 리비아와 차드 국경선의 티베스티Tibesti 산맥에 거주한다. (역자 주)

75 Ratzel, 1, ch.Ⅱ, p. 480. (원주)

76 갈라족Galla: 에티오피아 남부에서 케냐 북서부에 걸쳐 살고 있는 종족. (역자 주)

서의 노예들은 조금 있다. 그들은 신분이 낮은 민족들로 공간적으로 떨어져서 산다. 목축민 생활이 가족이나 국가의 기반이며 동시에 정치흐름의 원리이다. 이 넓은 지역에서 한편으로는 쇼아Schoa와 그 남쪽 지방, 다른 한편으로는 잔지바르[77] 사이에 안정된 정치권력이 없다. 사회분화가 고도로 전개되었음에도 말이다."[78]

땅이 대규모 목축에 적합하지 않은 곳(예를 들면 서유럽 거의 전부)에서는, 또는 주민들의 비평화적인 성격으로 인해 반란이 예상될 수 있는 곳에서는 정복민들이 어느 정도 정착하면서 당연히 요새화된 지점이나 전략적으로 중요한 지점에 야영지, 성 또는 도시를 세운다. 여기에서 그들은 그 "신민들"을 지배한다. 그들은 공물권을 요구하는 것 외에는 이들에게 더 이상의 관심이 없다. 자치, 종교, 재판, 경제는 그 피정복자들에게 완전히 맡긴다. 심지어는 이들의 토착적인 제도, 이들 지방의 관리도 바꾸지 않는다.

프란츠 불Frants Buhl[79]의 보고가 맞다면,[80] 그것은 가나안Kanaan에서 이스라엘의 지배의 시작이었다. 아비시니아[에티오피아의 옛 이름], 즉 이 강력한 군사강국은 우리에게 완전한 국가라는 인상을 주긴 하지만 그래도 네 번째 단계를 많이 넘어서지는 못한 것 같다. 적어도

---

77 잔지바르Sansibar: 아프리카 동부 탄자니아의 잔지바르주의 주도州都. (역자 주)

78 Ratzel, 1. ch.Ⅱ, p. 165. (원주)

79 덴마크의 동양학자이자 구약성서 연구가(1850~1932). (역자 주)

80 Buhl, Soziale Verhältnisse der Israeliten, p. 13. (원주)

라첼은 이렇게 말한다[81]: "옛날이나 최근이나 동양의 군주들이 굴복한 민족들의 내정이나 재판에 대해서는 큰 관심이 없었던 것처럼, 아비시니아인들의 주요 관심은 공물이었으며 지금도 그렇다."

그러나 스페인이 정복하기 전 옛 멕시코의 상황이 네 번째 단계에 대해 가장 좋은 예를 제공한다: "멕시코인들이 최고 위치에 있었던 연방은 정복에 대해 다소 진보한 관념을 갖고 있었다. 정복은 저항한 부족들만을 파괴하였다. 그러나 저항하지 않은 경우 피정복자들은 단지 약탈만 당하고 공물을 바칠 의무를 갖게 되었다. 패배한 부족은 예전처럼 자신의 상관들을 통해 자신들을 다스렸다. 처음 습격할 때부터 페루에서처럼 하나의 통일된 왕국을 세울 생각을 하지 않았다. 위협과 착취만 있었다. 결국 정복할 때의 소위 멕시코제국은 겁먹은 인디언 부족들의 한 무리에 불과하였다. 이들은 어느 한 난 공불락의 강도 무리로부터 공격을 받을까봐 두려워하며 서로 떨어져 살았다."[82]

보다시피 여기에서는 아직 진정한 의미에서의 국가를 말할 수 없다. 라첼은 이것을 다음의 인용문에서 적절하게 단언한다: "몬테수마[83]의 전사들이 정복한 지점들이 정복되지 않은 지역들로 인해 서

81　Ratzel, 1. ch. II, p. 455. (원주)

82　Ratzel, 1. ch. I, p. 628. (원주)

83　몬테수마Montezuma: 멕시코 아즈텍족의 마지막 황제(1466-1520). 정복자 에르난 코르테스(1485-1547)에게 멸망당하였다. (역자 주)

로 얼마나 멀리 떨어져 있는가를 본다면, 호바족[84]이 마다가스카르를 지배한 것과 비교하고 싶은 생각이 들 것이다. 약간의 점령군들이 — 더 잘 표현하면, 약간의 군인 집단들이 — 넓은 땅에 이리저리 흩어져서 얼마 안 되는 약탈 범위를 간신히 굴복시킨 것은 절대적인 지배를 의미하지 않는다."[85]

그런데 사건의 논리는 이 네 번째 단계에서 다섯 번째 단계로 빨리 넘어간다. 이 다섯 번째 단계는 이미 거의 완전한 국가이다.

인접한 마을들이나 행정구역들 사이에서 분쟁이 일어날 경우, 그들이 폭력으로 분쟁을 해결하는 것을 정복자 집단은 허용하지 않는다. 허용하게 되면 농민들의 "공물 제공능력"이 훼손될 것이기 때문이다. 정복자 집단은 주제넘게도 중재 판정관인 체한다. 또 필요한 경우에는 자신들의 판결을 강요한다. 마침내 그들은 각 마을의 최고 통치자나 행정구역 우두머리의 "궁정"에 자신들이 임명한 대리인을 보내 권력을 행사하게 한다. 반면에 옛 지배자는 겉으로만 권력을 갖고 있을 뿐이다. 원시적인 상황에서는 잉카 국가가 이런 질서의 전형적인 예이다.

잉카인들은 쿠스코Cuzko[잉카 제국의 마지막 수도]에 모여 살았는

---

84 호바족Hova: 아프리카 남동쪽 인도양에 있는 마다가스카르 섬 중부의 원주민. (역자 주)

85 Ratzel, 1. ch. I, p. 625. (원주)

데, 이곳에는 그들의 세습된 땅과 거주지가 있었다.[86] 그러나 구역마다 잉카인들의 대표자 즉 "투크리쿡Tucricuc"이 있었으며, 그는 토착민 추장의 궁정에 거주하였다. 그는 "자기 구역의 모든 문제를 감독하였다. 그는 군대를 위한 성인 남자들의 징집을 명령했고, 세금 납부를 감시했으며 부역, 도로나 다리 건설을 지시했고, 재판하였다. 요컨대 자신의 구역과 관련된 모든 일이 그의 감독 하에 있었다."[87]

아메리카 대륙의 수렵민들과 셈족의 목축민들이 만들어낸 것은 아프리카 목축민들의 지역에서도 발견된다. 아샨티족[88]에서도 투크리쿡제도가 마찬가지로 정형적으로 형성되었다.[89] 두알라족[90]도 따로 떨어진 마을에 사는 피지배자들에 대해서 "봉건제도와 노예제도 중간에서 정복에 기초한 제도"[91]를 확립하였다. 그리고 같은 저자는 바로체족[92]에 대해 중세 봉건조직의 초기 단계와 거의 완전히 일치하는 하나의 제도를 보고한다: 그들의 "마을들은 … 일반적으로 농노들이 사는 작은 마을들로 에워싸여 있다. 이 농노들은 바로 주

---

86 Cieza de Leon, Segunde parte de la cronica del Peru, p. 75. 다음에서 인용. Cunow, Inkareich, Stuttgart 1896. (p. 62. 주 1.). (원주)

87 Cunow, 1. ch. I, p.61. (원주)

88 아샨티족Ashanti: 가나의 중앙부 일대에 사는 종족. (역자 주)

89 Ratzel, 1. ch.II, p. 346. (원주)

90 두알라족Dualla: 카메룬을 중심으로 서아프리카에 사는 흑인 종족. (역자 주)

91 Ratzel, 1. ch.II, p. 36/7. (원주)

92 바로체족Barotse: 아프리카 남부 잠비아를 중심으로 해서 퍼져 있는 반투어계系의 한 종족. (역자 주)

위에 있는 지배자들의 밭을 경작하고, 곡식을 재배하거나 가축들을 돌보아야 한다."[93] 여기에서 우리에게 낯설게 보이는 것은 개개의 지배자들이 성이나 저택에 거주하지 않고 피지배자들 사이에 마을을 이루며 거주한다는 사실이다.

잉카족에서 스파르타, 메세니아,[94] 크레타 섬의 도리스인까지는 작은 발걸음에 불과하다. 풀베족, 두알라족, 바로체족에서 우간다, 운요로[95] 등 아프리카 흑인 왕국의 비교적 엄격하게 조직된 봉건국가들까지 또 동유럽이나 서유럽 그리고 아시아 전체에 해당되는 봉건 왕국들까지 그런 것과 마찬가지로 말이다. 어디에서나 사태는 동일한 사회심리적 논리에 의해 똑같은 목적을 향해 전개된다. 피지배자들의 작업능력을 온전히 보존해야 할 필요성이 한 걸음 한 걸음씩 다섯 번째 단계에서 여섯 번째 단계로 나아간다. 즉 우리가 그 용어에 주는 모든 의미에서 국가의 형성으로, 완전한 내국민으로 "국민의식"의 발전으로 나아간다. 개입하고 조정하고 처벌하고 강제할 필요가 점점 더 빈번해진다. 지배 습관과 지배 관례가 형성된다. 두 집단은 처음에는 공간적으로 떨어져 있었지만, 나중에는 한 지역에서 같이 산다. 그러나 언제나 처음에는 단지 서로 나란히 있었을 뿐이

---

93 Ratzel, 1. ch.Ⅱ, p. 221. (원주)

94 메세니아Messenia: 그리스 남부 펠레폰네소스 반도의 서쪽 끝에 있는 지역. (역자 주)

95 운요로Unyoro: 그곳 국민들은 분요로Bunyoro라고 부른다. 서우간다에 있는 왕국. (역자 주)

며, 나중에 서로 뒤섞인다. 화학의 의미에서 기계적인 "혼합"을 하다가 점점 더 "화학적 결합"을 한다. 그 두 집단은 서로 침투하고 섞여서 관습과 풍속, 언어와 신의 숭배에서 하나의 통일체로 융합된다. 이미 혈연관계의 실들도 상층과 하층을 묶기 시작한다. 왜냐하면 어디에서나 정복민족은 피정복민족의 아주 예쁜 처녀들을 첩으로 선택하기 때문이다. 귀족의 사생아들이 자라서 때로는 지배계층에 편입되기도 하고, 때로는 버림받기도 한다. 이때에는 그들의 혈관에 흐르는 정복민의 피 덕분에 피정복민들의 타고난 지도자가 된다. 원시국가가 형식과 내용에서 완성된다.

II. 원시 정복국가

a) 지배의 형식

그 형식은 **지배**이다. 엄격하게 한정된 영토와 그 경작자들에 대한 소수파의 지배이다. 이들의 수는 얼마 되지 않고 호전적이며 똘똘 뭉쳐 있고 서로 인척관계를 맺고 있다. 이 지배는 관습에 의해 생겨난 법의 규정에 따라 행사된다. 이 법은 지배자들의 특권과 요구를 규정할 뿐만 아니라 피지배자들의 복종의무와 임무도 규정한다. 그렇지만 농민들의 공물제공 능력Prästationsfâhigkeit이 — 이 말은 프리드리히 대왕 시대[18세기]에 생겨났다 — 훼손되지 않도록 한다. 이렇게 해서 관습법을 통해 "양봉 기술"이 확립된다! 농민들의 급부의무에 상응하는 것이 지배자들의 보호의무이다. 이 보호의무는 외부 적의 공격을 막는 것뿐만 아니라 다른 지배자들의 부당한 간섭을 막는 것도 포함하고 있다. 이것은 국가 내용의 한 부분이다. 또 한 부분은 — 처음에는 이것이 훨씬 더 중요하고 크다 — 경제적인 착취, 즉 욕구 충족의 정치수단이다. 농민은 노동생산물의 일부를 건네주지만 동등한 보상을 받지 못한다. "처음에는 지대가 있었다!"

지대를 걷거나 소비하는 형식은 [시대와 장소에 따라] 매우 다르다. 때로는 지배층이 폐쇄적인 단체로서 고정된 숙영지에 자리 잡고서 농민들이 공물을 공산주의식으로 소비한다. 잉카 국가의 경우가 그렇다. 때로는 이미 각각의 전쟁귀족에게 일정한 땅이 할당된다. 그렇지만 그는 그 땅의 수확물을 주로 쉬시티아$_{Syssitie}$[1]에서 그의 계급 동료들이나 전우들과 함께 소비한다. 스파르타의 경우가 그렇다. 때로는 토지 귀족이 영토 전체에 분산된다. 각각의 토지 귀족은 수행원들과 함께 안전한 성에 머물면서 영지의 수확물을 개인적으로 소비한다. 그러나 그는 아직 "지주"가 아니다. 그는 농노들의 노동에서 공물만을 받을 뿐이다. 그는 이들을 지도하지도 감독하지도 않는다. 이것은 게르만 귀족국가들에 있는 중세의 영주 토지 지배권의 전형이다. 마침내 기사는 기사 영지의 영주가 되고, 예속된 농부들은 그의 대영지의 일꾼이 된다. 그리고 공물은 이제 기업가의 수익처럼 여겨진다. 이것은 근대 초기의 자본주의적 경영, 즉 전에는 슬라브인들이 살았던 식민지역[엘베 강 동쪽]에서의 대토지 경영의 전형이다. 수

---

1 스파르타의 군편제 중에서 가장 작은 단위이다. 16명으로 구성되어 있다. (역자 주)

많은 과도기를 거쳐 한 단계에서 다른 단계로 넘어간다.

그러나 어디에서나 "국가"의 핵심은 똑같다. 국가의 목적은 어디에서나 욕구 충족의 정치수단이다: 그 생산물을 차지할 수 있는 산업노동이 존재하지 않는 한, 우선은 지대를 거두는 것이다. 국가의 형식은 어디에서나 지배이다; 착취가 "권리"로 간주되고 "헌법"으로 부과되며, 엄격하게 — 필요하다면 잔인하게 — 유지되고 실시된다. 그렇지만 정복자의 절대적인 권리도 마찬가지로 — 지대를 계속 걷기 위해 — 법적으로 제한된다. 피지배자들의 급부의무는 그들이 공물 제공 능력을 유지할 권리에 의해 그 한계가 정해진다. 지배자들이 세금을 거둘 권리는 안팎으로부터의 그들의 보호의무에 의해 보완된다: 권리 보호와 국경 수비.

이렇게 해서 원시국가는 성숙해진다. 즉 그 모든 본질적인 요소들이 완전히 형성된다. 태아기 상태를 넘어선다. 그 다음에 이어지는 것은 오로지 성장 현상뿐이다.

국가는 가족연맹체에 비하면 당연히 더 높은 종種을 나타낸다. 국가는 더 많은 사람들을 엄격하게 편성해, 자연을 더 잘 극복하고 적을 더 잘 방어하기 때문이다. 국가는 그때까지는 반쯤 놀면서 하던 일을 엄격한 체계적인 노동으로 변화시킨다. 이렇게 해서 국가는 앞으로의 끝없는 세대들에게 무한한 고통을 가져다 준다. 이들은 이제 빵을 먹으려면 얼굴에 땀을 흘려야 한다. 자유로운 혈연공동체의 황금시대 다음에는 국가와 지배의 냉혹한 시대가 왔기 때문이다.

그러나 국가는 또한 진정한 의미에서의 노동의 발견을 통해 힘을 세계에 도입하였다. 이 힘만이 모든 사람의 문명화와 행복이라는 훨씬 더 높은 단계에서 황금시대를 다시 가져올 수 있다. 국가는 ─ 쉴러 Friedrich von Schiller[2]의 말을 사용하면 ─ 어린애 같은 사람들의 순진한 행복을 파괴하고, 그들을 무거운 고난의 길을 따라 성숙함이라는 "감상적인" 행복, 의식적인 행복에 오르게 한다.

고등종種! 사회가 고등종의 유기체라는 견해의 주요 주창자 중 한 사람인 파울 폰 릴리엔펠트Paul von Lilienfeld[3]는 이미 여기에서 본래의 유기체와 비유적인 유기체 간의 아주 분명한 유사성이 주어진다고 지적한 바 있다. 모든 고등 존재들은 성관계를 통해 번식한다. 하등종은 성관계를 통하지 않고 분열, 발아, 경우에 따라서는 접목을 통해 번식한다. 그런데 이 단순한 분열에 해당되는 것이 바로 국가 이전에 혈연관계에 기초한 결사체의 성장 및 계속적인 발전이다. 이 결사체는 너무 커져서 단결력을 가질 수 없을 때까지 성장한다. 그때에는 그것이 분열되고 갈라진다. 각각의 무리는 기껏해야 서로 느슨한 관계만 맺을 뿐이며, 그 무리들이 빈틈없이 잘 조직화되어 있지 않다. 족외혼 집단들의 합병은 접목에 비유할 수 있다.

그러나 국가는 성적 번식을 통해 생겨난다. 모든 남녀 양성에 의

---

2 독일의 시인이자 극작가(1759~1805). 독일의 국민시인으로서 괴테와 더불어 독일 고전주의 문학의 2대 거장으로 추앙받는다. (역자 주)

3 러시아의 사회학자(1829~1903). 사회는 유기체라는 생물학주의 입장을 취하였다. (역자 주)

한 번식은 다음과 같은 식으로 이루어진다: 남성 원리, 즉 작고 매우 적극적이고 움직일 수 있고 떼 지어 이동하는 세포(정자)는 크고 굼 뜨고 고유한 움직임이 없는 세포(난자)를 찾으며, 그 속에 들어가 그 것과 하나가 된다. 이 과정에서 엄청난 성장이 이루어지는데, 이때 놀랄 만한 분화가 동시에 통합을 수반하면서 행해진다. 굼뜨고 땅 에 묶여 있는 농민층은 이 사회학적 수정 행동의 난자이며, 움직이 는 부족은 그 정자이다. 그리고 이 사회학적 수정 행동의 결과는 그 기관들이 훨씬 더 풍부하게 조직화되고 훨씬 더 강력하게 합쳐진 (통 합된) 고등 사회유기체의 성숙이다. 그 이상의 유사점을 찾는 사람은 그것을 쉽게 찾아낼 수 있다. 무수히 많은 정자들이 난자를 향해 떼 지어 모여들고 마침내는 그것들 중의 하나(가장 강한 것 또는 가장 운 이 좋은 것)가 난문卵門[4]을 발견해 정복하는 방식은 아마도 국가 형성 보다 앞서 일어나는 국경 다툼에 비유할 수 있을 것이다. 마찬가지로 난자가 떼 지어 모여든 세포들에게 발산하는 거의 불가사의한 매력 도 초원지대 사람들이 평지로 이동하는 것에 비유할 수 있다.

그렇지만 이 모든 것이 "유기체론"을 지지하는 증거는 결코 아니 다. 그러나 이 문제는 여기에서는 암시만 할 수 있을 뿐이다.

---

4 난자의 난막에 있는 작은 구멍. 수정할 때 정자의 통로가 된다. (역자 주)

b) 통합

우리는 국가의 발생을 정치 및 법률상의 형식과 경제상의 내용을 갖추며 객관적으로 성장하는 두 번째 단계부터 추적하였다. 그러나 더 중요한 것은 그 주관적인 성장, 즉 사회심리학적 "분화와 통합"이다. 왜냐하면 모든 사회학은 거의 완전히 사회심리학이기 때문이다.

우선 통합에 대해 말해보자!

우리는 이미 두 번째 단계에서 정신적인 관계들의 그물망이 짜이는 것을 보았는데, 이 그물망은 우리가 서술한 물질적인 융합이 진척될수록 점점 더 촘촘해지고 빽빽해진다. 두 개의 방언이 하나의 언어가 된다. 또는 종종 계통이 전혀 다른 두 언어 중 하나는 사라진다. 승자(랑고바르드족)의 언어가 사라지는 경우가 가끔 있지만, 패자의 언어가 더 자주 사라진다. 두 개의 신앙이 융합해 하나의 종교가 된다. 이 종교에서는 승자의 부족신이 주요 신으로 숭배된다. 반면에 옛날 신들은 때로는 그 주요 신의 하인이 되거나, 때로는 그 주요 신의 적 즉 악령이나 악마가 된다. 외면적인 용모는 똑같은 기후와 비슷한 생활방식의 영향으로 서로 똑같아진다. 용모에서 큰 차이가 존재했거나 유지되는 곳에서는,[5] 적어도 귀족의 사생아들이 그 틈을

---

5 "다른 흑인들이 경우보다 와후마족에서는 여성들이 더 높은 지위를 갖고 있어 남편들이 아주 불안해하며 감시한다. 이 때문에 다른 종족과의 결혼이 어렵다. 와간다족의 대부분은 오늘날 '검은 초콜릿빛깔의 피부와 짧은 양털 같은 머리카락을 지닌 진정한 흑인종족이 되지 못했을 것

어느 정도 메운다. 그리고 국경 너머에 있는 적들의 용모는 점차 모든 사람들에게 "낯설게" 느껴져, 이제는 통합된 용모들 간에 아직도 존재하는 차이보다 더 강하게 인종 간의 대립으로 간주된다. 외부의 적과 관련해서는 지배자들과 노예들이 점점 더 서로를 "동족"으로 여긴다. 마침내 혈통이 다르다는 기억은 종종 완전히 사라진다. 정복자들은 옛 신들의 자식들로 간주된다. 때로는 그들이 말 그대로 신이기도 하다. 그 신들은 때때로 신격화에 의해 신이 된 조상들의 영혼에 지나지 않기 때문이다. 예전의 이웃 혈연공동체들보다 훨씬 더 공격적인 이웃"국가들"과 충돌할 때, 국가의 평화권 안에 사는 사람들이 외부의 적들에 대해 갖는 분리 감정이 강렬하게 나타난다. 그런데 이 분리 감정이 강렬하면 강렬할수록, 국내적으로는 공동귀속 감정이 더욱더 강해진다. 그리고 형제애 정신이나 공정함의 정신이 이때 점점 더 많이 뿌리를 내린다. 이 정신이 전에는 무리 안에서만 지배하였고 지금도 언제나 귀족층 안에서만 지배하지만 말이다. 이것은 물론 위에서 아래로 내려가는 아주 약한 실들이다. 공정함과 우애는 정치수단에 대한 권리가 허용하는 만큼만 공간을 차지한다. 그러나 그것들은 매우 많은 공간을 차지한다! 그리고 무엇보다도 내부

이다. 지배계급들 간에 맺어진 관계에도 불구하고 두 민족이 농민과 목축민으로, 피지배자와 지배자로, 경멸받는 자와 존경받는 자로 첨예하게 서로 대립하지 않았다면 말이다. 이처럼 특수한 사정에 있는 그들은 다른 많은 곳에서도 쉽게 찾아볼 수 있는 전형적인 현상이다." (Ratzel, 1. ch.Ⅱ, p. 177). (원주)

적으로 법률상의 보호가 외부 적으로부터의 보호보다 더 강력한 유대의 정신공동체를 만들어낸다: 정의는 국가[통치]의 기초이다! 사회집단으로서의 귀족들이 착취 권리의 한계를 넘어 사람을 죽였거나 재물을 강탈한 귀족을 "법에 따라" 처형하면, 백성은 전투에서 이겼을 때보다 더 진심으로 고마워하고 환호한다.

이것이 정신적 통합의 발전에서 주된 특징이다. 법질서와 평화에 대한 공통된 관심은 "국가의식Staatsbewußtsein"이라고 부를 수 있는 강한 공동감정을 만들어낸다.

c) 분화 (집단이론과 집단심리학)

다른 한편으로는 모든 유기체 성장의 경우처럼 마찬가지로 강력한 정신적 분화가 보조를 맞추면서 이루어진다. 집단이익이 강력한 집단감정을 만들어낸다. 상층과 하층은 자신들의 특수 관심에 따라 "집단의식"을 발달시킨다.

지배집단의 특수관심은 자신들이 강요한 정치수단의 권리를 유지하는 것에 있다. 그들은 "보수적"이다. 피지배집단의 관심은 반대로 그 권리를 폐지하고 국가의 모든 주민이 평등하다는 새로운 권리로 대체하는 것이다: 그들은 "자유주의적"이고 혁명적이다.

여기에 모든 계급심리와 당파심리의 아주 깊은 뿌리가 박혀 있다.

그리고 이미 여기에서 엄격한 심리법칙에 따라 대단히 강력한 일련의 사상들이 형성된다. 이 사상들은 수천 년 동안 "계급이론"으로 동시대인들의 의식에서 사회투쟁을 이끌거나 정당화하였다.

"의지가 말하는 곳에서는 이성이 침묵해야 한다"고 쇼펜하우어 Arthur Schopenhauer는 말한다. 루트비히 굼플로비치도 다음과 같이 말할 때 거의 똑같은 생각을 한다: "인간은 자연법칙에 따라 행동하며, 나중에 인간으로서 생각한다." 개인의 의지가 아무리 확고하더라도, 그는 환경이 명령하는 대로 행동하지 않을 수 없다. 인간공동체 즉 집단, 계급, 국가도 마찬가지이다. 그들은 "사회경제적 압력이 높은 곳에서 낮은 곳으로 저항이 가장 작은 선을 따라 흐른다." 그러나 개인이나 인간집단은 자신들이 자유롭게 행동한다고 믿기 때문에, 불가피한 심리법칙에 따라 자신들이 가는 길을 그들은 자신들이 자유롭게 선택한 수단이라고 간주하고, 자신들이 향하는 지점은 자유롭게 선택한 목적이라고 여긴다. 그리고 인간은 이성적이며 도덕적인 존재 즉 사회적인 존재이기 때문에, 그는 자기 행동의 수단과 목적을 이성과 도덕 앞에서, 말하자면 사회의식 앞에서 정당화하지 않을 수 없다.

두 집단 간의 관계가 단지 두 적 간의 국제관계인 한, 정치수단은 결코 정당화가 필요 없었다. 왜냐하면 피가 다른 사람은 어떤 권리도 없기 때문이다. 그러나 정신적 통합이 국가의식이라는 공동감정을 어느 정도 만들어내자마자, 예속된 노예가 "권리"를 얻자마자, 그리고 평등한 존재라는 의식이 깊어짐에 따라, 정치수단은 정당화를 필요로 한다. 따라서 지배집단에서 "정통주의Legitimismus"라는 집단 이론이 생겨난다.

정통주의는 지배와 착취를 어디에서나 똑같은 인류학적 및 신학적인 이유들을 들어 정당화한다. 용기와 전투에의 능숙함을 인간의 유일한 미덕으로 인정하는 지배집단은 자신들이 승리자라고 말하며 ― 그리고 그들의 관점에서는 아주 당연히 ― 유능하고 훌륭한 "인종"이라고 말한다. 이러한 견해는 정복된 인종이 몰락해 힘든 노동과 형편없는 식사를 할수록 더욱더 강해진다. 그리고 지배집단의 부족신이 융합을 통해 생겨난 새로운 국가종교에서 최고의 신이 되었기 때문에, 그들은 ― 또 자신들의 관점에서는 아주 당연히 ― 국가 질서를 신이 원하는 것으로 즉 "금기tabu"로 선언한다. 또 한편으로는 논리를 단순히 뒤집어서, 그들은 그 정복된 집단 자체를 열등한 인종이라고 여긴다. 즉 반항적이고 음험하고 나태하고 비겁하며 스스로 통치하고 지킬 능력이 거의 없다고 간주한다. 따라서 지배에 대한 모든 반항이 그들에게는 당연히 신 자신과 그의 도덕률에 대한 거부로 보일 수밖에 없다. 또한 지배집단은 어디에서나 사제층과 아주 긴밀하게 결합한다. 이 사제층의 적어도 모든 지도자 자리는 거의 언제나 지배집단의 자식들로 채워진다. 그리고 사제층은 지배집단의 정치적 권리와 경제적 특권에 한몫 한다.

이것이 지배계급의 계급이론이었으며 오늘날에도 그렇다. 사라진 특징도 없고 덧붙여진 특징도 없다. 예를 들면 프랑스나 엘베 강 동쪽 지역의 토지 귀족들이 토지 소유에 대한 농민들의 요구를 거부할 때 내세웠던 매우 최근의 주장, 즉 땅이 처음부터 자신들의 것이었으며 농민들은 그 땅을 자신들로부터 봉토로 받았을 뿐이라는 주장은 와후마족에서도 찾아볼 수 있는데,[6] 이러한 주장은 아마도 다른 곳에도 많이 있을 것이다.

그리고 그들의 계급이론처럼 그들의 계급심리도 어디에서나 똑같았으며 언제나 똑같다. 가장 중요한 특징은 "대지주의 자부심", 즉 노동하는 하층민에 대한 경멸이다. 이 경멸은 피 속에 아주 깊이 자리 잡고 있다. 목축민들은 가축들을 잃은 다음 경제적인 예속상태에 빠졌을 때에도 지배자로서의 자부심을 간직하고 있다: "타나 호수[7] 북쪽에 사는 갈라족은 소말리족[8]에게 많은 가축을 빼앗겨 다른 부족의 가축을 돌보거나, 사바키Sabaki지방[케냐 남부지역]에서는 농민이 되었다. 그럼에도 불구하고 그들은 여전히 와포코모족[9]을 경멸하며 깔본다. 이 와포코모족은 자신들에게 복종한 수아헬리족[10]

---

6   Ratzel, 1. ch.Ⅱ, p. 178. (원주)

7   타나Tana호수: 에티오피아에서 가장 큰 호수. 강줄기 네 개가 흘러드는 이 호수는 청나일 강의 원류이다. (역자 주)

8   소말리족Somali: 아프리카 소말리아 공화국을 중심으로 거주하는 종족. (역자 주)

9   와포코모족Wapokomo: 케냐의 타나 지방에 거주하는 주요 반투족. (역자 주)

10   수아헬리족Suaheli: 동아프리카의 케냐, 탄자니아, 모잠비크 북부의 해안지대에 사는 반투족. (역자 주)

과 비슷하기 때문이다. 그러나 그들은 갈라족과 비슷하고 갈라족에게 공물을 바치는 수렵민족 즉 와보니족, 와싸니아족, 왈란굴로족 Walangulo(아리안굴로족Ariangulo)은 덜 깔본다.[11][12] 그리고 티부족[13]에 대한 다음의 서술은 무일푼의 발터Walter Habenichts[14]나 십자군 전쟁 때 약탈과 봉토를 추구한 그 밖의 가난한 기사들에게 딱 들어맞는다. 그 서술은 또한 독일 동부의 많은 귀족 건달들이나 폴란드나 스페인의 몰락한 많은 하급귀족들에게도 들어맞는다: "그들은 자부심으로 가득찬 사람들이다. 그들은 거지일지는 모르지만, 결코 천민이 아니다. 이런 상황이라면 많은 민족들이 비참하고 풀이 죽었을 것이다. 그렇지만 티부족은 강철 같은 성질을 갖고 있다. 그들은 강도, 전사, 지배자가 되기에 아주 적합했다. 그들의 약탈방식은 재칼 같은 비열함을 지녔지만 인상적이다. 극도의 가난이나 끊임없는 배고픔과 싸우는 이 몰락한 티부족은 뻔뻔스러운 요구를 하면서도 겉보기에든 실제로든 자신들의 권리를 믿었다. 타지 사람의 소유물을 공동재산으로 간주하는 자칼의 권리는 욕심 많은 인간을 궁핍으로부터 보

---

11 와보니족Waboni: 케냐 중부에 있는 타나 강을 따라 사는 부족.
와싸니아족Wassania: 케냐, 탄자니아 등 동부아프리카 지역의 원주민.
왈란굴로족Walangulo: 케냐와 소말리아 국경지대에 사는 원주민. (역자 주)

12 Ratzel, 1. ch.Ⅱ, p. 198. (원주)

13 티부족Tibbu: 아프리카 중부 차드chad에 많이 살지만, 리비아 남부에도 거주하고 있다. (역자 주)

14 11세기 후반 프랑스 북부 출신의 기사로 군중십자군의 지도자 중 한 명이다. 불어로는 고티에 생자부아Gautier Sans-Avoir이다. (역자 주)

호해주는 방책이다. 거의 끊임없는 전쟁상태의 불확실함이 추가되어, 절박한 것을 즉시 만족시키라고 요구하는 습성이 생겨났다."[15] 그리고 아비시니아의 병사에 대해 사람들이 말하는 것은 결코 동아프리카에 국한된 현상이 아니다: "그는 그렇게 꾸미고 와서는 으스대면서 모든 사람을 깔본다. 땅은 그의 것이며, 농민은 그를 위해 일해야 한다."[16]

귀족은 언제나 경제수단과 그 담당자인 농민들을 아주 경멸하지만, 정치수단은 노골적으로 신봉한다. 정당한 전쟁, "정당한" 약탈이 그의 주된 생업이며 훌륭한 권리이다. 그의 권리는 ─ 같은 평화권에 속하지 않는 사람에 대해 ─ 그의 권력만큼이나 널리 미친다. 아마도 정치수단에 대한 찬양을 도리스인이 술자리에서 부르는 유명한 노래보다 더 잘 나타낸 것은 찾아볼 수 없을 것이다:

"나는 귀중한 보물을 갖고 있다;

창과 칼

그리고 몸을 보호해주는 것으로 정평이 나있는 황소가죽 방패를 갖고 있다.

이것들을 가지고 나는 쟁기질을 할 수 있다.

수확물을 거둬들일 수 있다.

---

15   Ratzel, 1. ch. II, p. 476. (원주)
16   Ratzel, 1. ch. II, p. 453. (원주)

이것들을 가지고 나는 달콤한 포도주를 짜낼 수 있다.

그것들 때문에 나는 노예들에게서 '주인님'이라는 소리를 듣는다.

그러나 이 노예들은 감히 창과 칼을

가지고 다닐 생각을 하지 않는다.

또한 몸을 보호해주는 것으로 정평이 나있는

황소가죽 방패도 가지고 다니지 않는다.

그들은 내 발 밑 땅바닥에 뻗어 있다.

그들은 개처럼 내 손을 핥는다.

나는 그들의 페르시아 왕이다.

내 이름만 들어도 그들은 벌벌 떤다.""[17]

이 오만한 노래에는 용감한 주인들의 자부심이 표현되어 있다. 아주 다른 문화영역에서 베르너 좀바르트[18]가 인용한 다음의 시는 약탈자가 기독교, 신의 평화, 그리고 독일 국가가 신성 로마 제국임에도 불구하고 언제나 전쟁에 끼어든다는 것을 보여준다. 이 시도 정치수단을 찬양한다. 그런데 그 가장 극단적인 형태인 완전한 강도짓도 찬양한다:

---

17 Kopp, Griechische Staatsaltertumer, 2. Auf. Berlin 1893. p. 23. (원주)
18 베르너 좀바르트Werner Sombart: 독일의 경제학자이자 사회학자(1863-1941). (역자 주)

"젊은 귀족이여, 큰돈을 벌고 싶다면

내 충고대로 말을 타고

모험을 해라!

푸른 숲으로 가라. 그때 농민이 오면

지체 없이 그를 공격하라.

그의 목을 잡아라.

그리고 당신의 마음을 즐겁게 해주려면

그가 가진 것을 모두 빼앗아라.

그리고 그의 말들을 수레에서 풀어서

가지고 가라!"[19]

좀바르트는 계속 해서 말한다: "그가 값어치가 큰 야생 동물을 사냥하고 싶지 않거나 거상들에게서 그들의 짐을 뺏고 싶지 않다면 말이다." 강탈은 점점 더 귀족의 당연한 생계방식이 되었다. 일상적인 소비와 늘어나는 사치 요구를 충족시키기에는 지대만으로 충분하지 않았기 때문이다. 약탈은 완전히 존경받을 만한 일로 간주되었다. 창의 뾰족함이나 칼의 예리함이 도달할 수 있는 것이면 갖는 것이 기사도의 정신과 일치하였기 때문이다. 구두장이가 구두장이 일

---

19 Uhland, Alte hoch-undniederdeutsche Volkslieder, I(1844), p. 339. 다음에서 인용. Sombart: Der moderne Kapitalismus, Leipzig 1902, I, p. 384/5. (원주)

을 배운 것처럼, 귀족이 약탈 기사짓을 배웠다는 것은 잘 알려져 있다. 노래는 그것을 재미있게 표현한다:

"약탈하는 것, 강탈하는 것은 부끄러움이 아니다.
이 나라에서 가장 고귀한 자들도 똑같이 한다."

귀족심리의 이 주요 특징 외에 마찬가지로 두드러진 두 번째 특징은 확고한 신앙심 또는 적어도 외적으로는 아주 경건한 신앙심이다. 동일한 사회조건에서는 언제나 똑같은 관념이 얼마나 쉽게 떠오르는지는 아마도 다음과 같은 사실보다 더 잘 보여주는 것은 없을 것이다. 그것은 신이 오늘날에도 지배계급에게는 자신들의 특수한 부족신처럼 여겨지며, 게다가 무엇보다도 전쟁신처럼 여겨진다는 사실이다. 그들이 신을 모든 인간(적을 포함한)의 창조자로 믿으며 또 (기독교가 생겨난 후에는) 사랑의 신으로 믿는다고 고백하더라도, 계급이익은 여전히 강력하게 그들 자신의 이데올로기를 만들어낸다. 지배자들의 심리를 완전하게 묘사하려면, 낭비 성향도 빠뜨릴 수 없다. 이 성향은 종종 관대함보다 더 고귀한 것처럼 보이는데, 노동의 맛을 모르는 자들에게는 쉽게 납득이 간다. 그리고 가장 멋진 특징으로 죽음을 가볍게 여기는 용감함도 빠뜨려서는 안 된다. 이 용감함은 자신들의 권리를 보호하기 위해 언제든지 무기를 들 각오가 되어 있는 소수파의 강박관념에 의해 만들어졌다. 그리고 그것은 모든 노동으로부터의 해방을 통해 몸을 사냥, 운동, 싸움으로 단련시키는 것에 의해 조장된다. 그들의 일그러진 모습은 싸움을 좋아하는 것과 개인적인 명예심을 — 비난받을 만큼 — 지나치게 강조하는 것이다.

작은 부수적인 언급을 하면: 카이사르는 갈리아의 켈트족을 바로 귀족이 권력을 장악한 발전단계에 있다고 보았다. 이 계급심리에 대한 그의 고전적인 묘사는 그 후 켈트족의 인종심리학으로 간주되었다. 테오도르 몸젠 같은 학자조차 이러한 오류를 피하지 못하였다. 그리고 이제는 이 분명한 오류를 세계사나 사회학에 대한 모든 책에서 빠짐없이 볼 수 있다. 그렇지만 한번 언뜻 보아도 충분히 알 수 있는 것은 어떤 인종이든 모든 민족이 동일한 발전단계에서는 동일한 성격을 지녔으며(유럽에서는 테살리아인Thessaly[20], 아풀리아인Apulian[21], 캄파니아인Campaner[22], 게르만인, 폴란드인, 한편 켈트족과 특히 프랑스인은 다른 발전단계에서는 전혀 다른 성격의 특징을 나타냈다는 것이다. 문제는 단계심리학Stufenpsychologie이지 인종심리학Rassenpsychologie이 아니다!

또 한편으로 "국가"를 신성화하는 종교 관념이 약하거나 약해지는 곳이면 어디에서나, 분명하게든 희미하게 든 "자연법" 관념이 피지배자들의 집단이론으로 나타났다. 하층계급은 인종이나 귀족의 자부

---

20 테살리아: 그리스 북부 에게 해를 향해 있는 지방. (역자 주)
21 아풀리아: 이탈리아 동남부에 있는 지방. (역자 주)
22 캄파니아: 이탈리아 남서부에 있는 지방. (역자 주)

심을 교만함으로 간주하면서, 자기 자신들도 적어도 지배계급만큼은 좋은 인종이거나 혈통이라고 여긴다.[23] 이것은 아주 당연하다. 그들에게는 근면함과 질서 있는 생활방식이 더할 나위 없는 미덕을 나타내기 때문이다. 그들은 종종 종교에 대해서 회의적이다. 그들은 종교가 자신들의 적과 서로 동맹관계를 맺고 있다고 보기 때문이다. 그리고 하층계급은 지배집단의 특권이 법과 이성에 어긋난다고 확신한다. 귀족은 그 반대를 확신하지만 말이다. 여기에서도 나중의 모든 발전은 처음에 주어진 요소들에 어떤 본질적인 특징을 덧붙일 수 없었다.

다소 의식적으로 그런 생각들에 이끌려서, 두 집단은 이제부터 집단적인 이익투쟁을 감행한다. 그리고 일반적으로 공동이익 즉 국가의식이라는 구심력이 더 강하지 않다면, 신생국가는 이 원심력의 작용으로 점점 금이 갈 것이다. 외국인 즉 공동의 적의 외부압력은 반대하는 특수이익의 내부압력보다 더 강하다. 평민의 철수 secessiopleis[24]와 메네니우스 아그리파Menenius Agrippa[25]의 성공적인 임

---

23 "아담이 밭을 갈고 이브가 베를 짤 때 누가 귀족이었는가?"라고 영국의 롤라드파Lollharden 는 노래하였다. (원주)[롤라드파: 영국의 종교개혁가 존 위크리프(1330?-1384)의 가르침을 신봉한 사람들에 대한 호칭 ─ 역자 주]

24 고대 로마 평민 시민들이 벌인 시위를 뜻하며, 극단적인 총파업과 비슷하다고 볼 수 있다. 이들의 철수투쟁이란 평민들이 귀족의 지배를 벗어나 무리 지어 도시를 떠나는 것이었다. 이 방법은 로마 공화정 초기 신분투쟁 과정에서 효과가 있었다고 한다. (역자 주)

25 고대 로마의 귀족(?-기원전 493년). 평민의 철수, 즉 제1차 성산(聖山, Mona Sacer)사건 때 귀족측을 대표해 평민들을 방문하여 이들이 분노를 가라앉히고 양쪽을 화합시키는 데 성공하였다. (역자 주)

무 수행에 대한 전설을 생각해보라! 그러므로 신생국가는 힘의 평행사변형에 의해 정해진 길에서 영원히 행성처럼 돌 것이다. 발전이 그 신생국가 자체와 주위세계를 변화시켜 새로운 외적 및 내적인 힘을 펼치지 못한다면 말이다.

d) 높은 단계의 원시 정복국가

이미 그 **성장**은 중요한 변화를 수반한다. 그리고 신생국가는 성장하지 **않을 수 없다**. 그 신생국가를 생겨나게 한 바로 이 힘들이 국가에게 팽창해서 그 힘의 범위를 넓히도록 재촉하기 때문이다. 또한 근대의 여러 강대국들이 바라는 것처럼 그런 신생국가는 "배가 부를 것이다." 그럼에도 불구하고 몰락하고 싶지 않다면 그 국가는 뻗어나가 넓어져야 한다. 이 원시적인 사회상태에서는 다음과 같은 말이 아주 강력하게 적용되기 때문이다: "너는 올라가지 않으면 떨어진다. 이기지 않으면 진다. 망치가 되지 않으면 모루가 된다."

국가들은 자신들을 만들어낸 바로 그 원리에 의해 유지된다. 원시국가는 전쟁에 의한 약탈의 산물이다: 그것은 전쟁의 약탈을 통해서만 유지될 수 있다.

지배집단의 경제욕구는 한계가 없다: 부자도 자신의 재산에 결코 만족하지 않는다. 정치수단이 아직 굴복하지 않은 농민층을 향해 사용되거나, 아직 약탈하지 못한 해안지방에 사용된다. 원시국가는 성장한다. 그것이 마찬가지로 발생한 또 다른 원시국가와 양쪽의 "이해권利害圈" 경계영역에서 충돌할 때까지 말이다. 지금은 우리가 전쟁의 약탈행각 대신에 처음으로 엄밀한 의미에서의 실제적인 전쟁을 갖는다. 그렇기 때문에 지금은 똑같이 조직화되고 훈련된 무리들이 맞붙는다.

전투의 최종목표는 언제나 똑같다: 노동하는 대중의 경제수단의 성과, 노획물, 공물, 세금, 지대. 그러나 전투는 착취하려고 하는 한 집단과 착취당하는 또 하나의 집단 사이에서 더 이상 일어나지 않고, 노획물 전체를 둘러싼 두 지배집단 사이에서 일어난다.

충돌의 최종결과는 거의 언제나 두 원시국가가 더 큰 하나의 원시국가로 융합하는 것이다. 이 원시국가는 당연히 똑같은 이유로 또다시 국경을 넘어가 작은 이웃 국가들을 먹어치운다. 하지만 그 자신이 어쩌면 더 큰 국가에게 먹힐지도 모른다.

노예집단은 이 지배투쟁의 **결과**에 별로 관심이 없다. 세금을 이 지배계급에게 내느냐 저 지배계급에게 내느냐 하는 것은 그들에겐 거의 중요하지 않다. 그들은 전투 **과정**에 훨씬 더 많은 관심을 갖는다. 왜냐하면 전투가 그들의 등에서 벌어지기 때문이다. 그리고 그들의 "국가의식"이 실제로 그들을 이끈다. 이때 그들은 세습적인 지배집단을 온 힘을 다해 돕는다(그러나 너무 심한 학대와 착취를 당한 경우는 제외한다[26]). 왜냐하면 그들의 지배집단이 승리자가 되지 못한다면, 전쟁의 모든 파괴가 백성들에게 가장 많은 타격을 주기 때문이다.[26] 따라서 그들은 문자 그대로 아내와 아이, 가축과 집을 지키려고 싸운다. 이것이 그들이 주인을 바꾸지 않으려고 싸우는 이유이다.

이에 반해 지배집단의 생활기반 전체는 지배투쟁의 결과와 관련되어 있다. 최악의 경우에는 완전한 멸절滅絶이 그들에게 닥친다(프랑크 왕국에 있었던 게르만 부족 대부분의 지방귀족). 그리고 노예집단으로 전락할 수 있다는 것은 그들에게는 생각만 해도 무시무시하다. 때로는 적절한 시기의 평화협정이 그들에게 적어도 낮은 계급의 지배집단으로서의 사회적 지위를 보장해준다(노르만 왕조의 잉글랜드에서 색슨 귀족, 독일의 슬라브인 지역에서 촌장). 때로는 — 힘이 대충 비슷할 때는 — 두 지배집단이 융합해 동등한 권리를 가지며 서로 결혼하는 하나의 귀족계급이 된다(슬라브인 점령지역에 있는 웬드 왕가, 로마에 있는 알바니 구릉지대[27] 출신과 토스카나[28] 출신의 귀족가문).

새로운 "높은 단계의 원시 정복국가"의 지배집단은 — 우리는 그렇게 부르고 싶다 — 이런 식으로 해서 다소 강력하며 특권을 가진 일련의 계층으로 나누어질 수 있다. 이 분화가 더 다양해질 수 있는 것

---

26 예를 들면 그리스나 로마에서는 어디에서나 노예들이 쳐들어온 게르만인이나 아랍인을 향해 대대적으로 돌진하였으며, 겉으로만 자유로운 소작농민들은 기껏해야 중립적인 입장을 취하였다. (원주)

27 알바니Albani: 로마 남동쪽에 있는 산지. (역자 주)

28 토스카나Toscana: 이탈리아 중부지방으로 피렌체가 그 중심지이다. (역자 주)

은 우리에게 잘 알려져 있는 다음과 같은 사실 때문이다. 즉 원시 정복국가에서는 종종 이미 지배집단이 경제적으로나 사회적으로 예속된 두 계층으로 분열되었는데, 이 두 계층은 이미 목축민 단계에서 형성되었다는 사실 때문이다: 가축이나 노예의 대소유자와 평범한 자유민. 수렵민들이 신세계에서 만든 국가에서 신분 분화가 덜 일어난 이유는 아마도 그들이 가축 소유만으로 가능한 이 계급 구분을 국가에 도입하지 못했기 때문일 것이다. 신분과 재산에서 두 지배층 간의 이 차이가 구세계 국가의 정치 및 경제 발전에 어느 정도 영향을 미치는지는 우리가 더 관찰해야 할 것이다.

아주 비슷한 분화과정이 이제는 "높은 단계의 원시 정복국가"의 지배집단뿐만 아니라 피지배집단도 다소 부역의무가 있으며 멸시당하는 여러 계층으로 분화시킨다. 여기에서는 도리스 국가들, 스파르타, 크레타 섬에 있는 농민들의 사회적 법적 지위와 테살리아에 있는 농민들의 지위 간의 매우 큰 차이만을 언급하겠다. 테살리아에서는 자유민들이 확실한 소유권과 상당한 정치적 권리를 지닌 반면에, 헬롯 내지 페네스트Penest[29]들은 권리도 재산도 없었다. 고대 색슨족에도 자유민과 노예 사이에 중간계급, 즉 리티Liti가 있었다.[30] 이런 경우들과 역사적으로 전해지는 같은 종류의 그 밖의 수많은 경우들

---

29 고대 테살리아의 소작농들로 가난한 사람들이라는 뜻을 지녔다. (역자 주)

30 Inama-Sternegg, Deutsche Wirtschaft-Geschichte, I, Leipzig 1879, p. 59. (원주)

은 아마도 앞에서 서술한 귀족들의 분화와 같은 원인을 가졌을 것이다. 두 개의 원시 정복국가들이 융합되면, 그 사회계층들은 여러 상이한 방식으로 층을 이룬다. 이것은 가령 카드 두 벌을 뒤섞을 때 그것들이 나타낼 수 있는 조합에 비유할 수 있다.

정치적인 힘을 통해 이처럼 기계적으로 잘 섞는 것이 **카스트**의 발생 즉 세습적인 직업 신분(이것은 동시에 사회계급의 서열도 형성한다)의 발생에 관여한다는 것은 확실하다. "카스트"는 항상은 아니더라도 종종 외부인들에 의한 정복과 억압의 후속현상이다.[31] 그러나 아직도 완전히 해명되지 않은 이 문제를 쉽게 요약할 수는 없지만, 경제적인 영향과 종교적인 영향이 매우 강하게 함께 작용한 것 같다. 카스트의 발생은 어쩌면 이렇게 생각해볼 수도 있을 것이다: 이미 존재하는 경제적인 직업 분화가 국가를 형성하는 세력들에 의해 확산되거나 변형된 다음 종교 관념의 영향으로 굳어졌으며, 게다가 이 종교 관념 역시 그 직업 분화에 한몫 거들었을지도 모른다. 적어도 다음과 같은 사실이 이미 그것을 가리킨다: 이미 남자와 여자 사이에 소위 금기시된 넘을 수 없는 직업 구분이 있다. 예를 들면 모든 수렵민들에게서는 경작이 여자 일이 되는 반면에, 많은 아프리카 목축민들에게는 소를 이용해 쟁기를 *끄는* 방식이 이용될 때부터는 남자가 경작을 떠맡았다. 여자는 가축을 사용해서는 안 된다. 가축을 사용

---

31 Westermarck, History of human marriage, London 1891, p. 368. (원주)

하면 죄를 짓는 것이 된다.[32] 부족 전체 또는 마을 전체가 특정한 직업을 행하는 곳이면 어디에서나, 그런 종류의 종교 관념이 직업을 세습시키는 데 (심지어는 강제로 세습시키는 데) 작용했을 것이다 ― 미개 민족들의 경우 교역이 쉽게 가능한 곳이면 어디에서나 이런 일이 빈번하다. 특히 섬에 사는 사람들의 경우에는 그렇다. 그때 그러한 세습 직업 집단들이 있는 어느 한 부족이 다른 부족들에게 정복당했다면, 그 세습 직업 집단들은 새로운 국가에서 진정한 "카스트"가 되었다. 이 카스트의 사회적 지위는 일부는 그들이 이미 전부터 동료들에게서 누린 존경에 달렸고, 또 일부는 그들의 직업이 새로운 지배자들에게서 받는 평가에 달렸다. 종종 그랬던 것처럼, 정복의 물결이 계속 밀려온 경우에는 카스트의 형성이 많아질 수 있었다. 특히 그 사이에 경제발전이 수많은 직업 신분들을 생겨나게 했을 때 그랬다.

　이러한 발전은 아마도 대장장이 집단에서 가장 잘 추적할 수 있을 것이다. 대장장이 집단은 거의 어디에서나 반쯤은 두렵고 반쯤은 멸시받는 독특한 지위를 차지하고 있기 때문이다. 특히 아프리카에는 아주 오래 전부터 대장장이 전문부족들이 목축민들을 따라다녔으며, 무엇보다도 이 목축민들에게 의존하였다. 이미 힉소스족은 나일강 지역에 그런 부족들을 데리고 왔다. 힉소스족의 결정적인 승리는

32　따라서 여자들에게는 사냥도구를 만지거나 사냥감의 발자국을 건너가는 것이 엄격하게 금지된 (북아시아의) 수렵민 부족들도 있다(Ratzel, Ⅰ, p. 650). (원주)

아마도 이들이 만들어낸 무기 덕분일 것이다. 얼마 전까지만 해도 딩카족Dinka[33]은 철물 전문의 주르족Djur[34]과 일종의 주종관계를 유지하였다. 사하라의 유목민들도 마찬가지이다. 북부 유럽의 전설에서도 "난쟁이들"과의 오랜 부족 대립과 그들의 마술의 힘에 대한 두려움이 여전히 느껴진다. 이 모든 것이 발전된 국가에서 엄격한 카스트가 형성된 요인들이었다.[35]

이러한 조직이 생겨날 때 종교 관념이 어떤 협력을 했는지는 폴리네시아에서의 한 예에서 잘 볼 수 있다: 이곳에서는 "많은 원주민들이 그럴 능력이 있음에도 불구하고, 배 만드는 일은 한 특권계급만 할 수 있다. 국가와 사회의 이익이 이 기술과 밀접하게 관련되어 있다! 예전의 폴리네시아뿐만 아니라 피지에서는 여전히 오늘날에도 거의 배 만드는 일만 하는 목수들이 특수한 카스트를 형성하고 '왕의 수공업자'라는 거창한 칭호를 갖고 있으며, 자기들 나름의 추장이 있는 특권을 지니고 있다 … 모든 일은 오랜 관습에 따라 행해진다. 배 만드는 일을 시작하는 것, 배 전체를 완성하는 것, 새로 만든 배를 처음 물에 띄우는 것은 종교 의식과 축하 행사를 행하며 이루어진다."[36]

---

33 아프리카 수단 동남부 나일강 유역과 에티오피아 등지에 거주하는 종족. (역자 주)

34 수단 복동부지역에 거주하는 종족. (역자 주)

35 다음을 참조하라. Ratzel, 1, ch. Ⅰ, p. 81. (원주)

36 Ratzel, 1, ch. Ⅰ, p. 156. (원주)

미신이 강하게 발전된 곳에서는, 경제적이면서 인종적이기도 한 그러한 근거에 입각해서 진정한 카스트제도가 쉽게 형성될 수 있다. 예를 들면 폴리네시아에서는 계급분화가 타부의 적용으로 인해 "아주 엄격하게 이루어진 카스트제도"와 매우 비슷하다.[37] 사우디아라비아에서도 비슷하다.[38] 카스트 분화의 발생 및 유지에서 종교가 이집트에서는 어떤 의미를 지녔고 인도에서는 오늘날 아직도 어떤 의미를 갖는지는 너무 잘 알려져 있기 때문에, 더 자세히 설명할 필요가 없다.[39]

이것이 높은 단계의 원시 정복국가의 요인들이다. 그것들은 낮은 단계의 원시국가보다 더 다양하고 그 수가 더 많다. 그러나 법, 제도, 경제의 분배는 근본적으로 똑같다. 경제수단의 성과는 언제나 집단투쟁의 목적이다. 그리고 집단투쟁은 여느 때와 같이 국가의 국내정치의 동인이다. 마찬가지로 정치수단 역시 여느 때와 같이 공격과 방어에서 대외적인 국가정치의 동인이다. 그리고 상층에게나 하층에게나, 대외적인 투쟁이나 대내적인 투쟁의 목적과 수단은 언제나 똑같은 집단이론을 통해 정당화된다.

---

37 Ratzel, 1. ch. I, p. 259/60. (원주)

38 Ratzel, 1. ch. II, p. 434. (원주)

39 그런데 라첼(II, p. 596)에 따르면 인도의 카스트제도가 그토록 대단히 경직되어 있는 것 같지는 않다. 직업 집단이 때때로 카스트의 경계를 넘어서는 것 같으며, 또 반대로 카스트가 직업 집단의 경계를 넘어서는 것 같다. (원주)

그러나 발전은 정지해 있을 수 없다. 성장은 덩치가 커지는 것 그 이상이다. 성장은 또한 계속 커지는 분화와 통합이다.

원시 정복국가의 권력이 미치는 지역이 넓을수록, 이 국가에 지배받는 사람들이 많을수록, 그리고 이들이 밀집해 살수록, 경제 분업이 더 많이 전개되고 또 항상 새로운 욕구와 그 충족 수단이 더 많이 생겨난다. 또한 경제적인 (따라서 사회적인) 계급상태들 간의 차이가 내가 "이미 존재하는 재산을 종자돈으로 삼는 누적법칙"이라고 부른 것에 따라 점점 더 크게 벌어진다. 이 분화의 증대는 원시국가의 계속적인 발전이나 특히 그 결말에서 결정적이 된다.

여기에서는 기계적인 의미에서의 결말에 대해 말하는 것이 아니다. 따라서 높은 단계의 원시 정복국가가 같거나 더 높은 발전단계에 있는 강한 국가와 충돌해 사라지는 국가의 죽음에 대해서도 말하는 것이 아니다. 예를 들면 인도의 무굴제국[40]이나 대영제국과 싸운 우간다의 경우 말이다. 또한 예를 들자면 페르시아와 터키가 빠진 방탕에 대해서도 말하는 것이 아니다.[41] 그것은 분명히 발전의 중단만을 나타낼 뿐이다. 이 나라들은 자신의 힘으로든 정복세력에 의해서든 곧 다시 계속 나아갈 수밖에 없기 때문이다. 또한 예를 들

---

40 무굴제국Mugul: 16세기 전반에서 19세기 중엽까지 인도 지역을 통치한 이슬람 왕조(1526–1857). (역자 주)

41 나는 1907년에 쓴 이 말을 그대로 둔다. 왜냐하면 이 말은 적어도 터키와 관련해서는 이미 실현된 예언으로 증명되었기 때문이다. (1928년 12월). (원주)

면 거대한 중국의 마비상태에 대해 말하는 것도 아니다. 강력한 외국민족들이 칼을 들고서 비밀의 문을 두드리지 않았다면, 중국의 마비상태 역시 아주 오랫동안 지속될 수 있었다.[42]

여기에서 말하는 결말이란 원시 정복국가의 계속적인 발전을 의미한다. 이 결말은 우리가 세계사를 하나의 **과정**으로 이해하는 데 있어서 상당히 중요하다. 발전의 주요 흐름만을 파악한다면, 근본적으로 상이한 두 개의 결말이 있다. 게다가 이 양극적인 대립성은 경제적인 권력 수단의 양극적인 대립성에 의해 제약된다. "이미 존재하는 재산을 종자돈으로 삼는 누적법칙"은 이 경제 권력 수단에서 확인된다. 여기에서는 동산이 저기에서는 부동산이, 여기에서는 상업자본이 저기에서는 토지 재산이 점점 더 소수의 손에 쌓이며 이로 인해 계급 편성과 국가 전체를 근본적으로 뒤집어버린다. 첫 번째 발전의 담당자는 **해양국가**이며, 두 번째 발전의 담당자는 **육지국가**이다. 첫 번째 발전의 결말은 **자본주의적 노예경제**이고, 두 번째 발전의 결말은 무엇보다도 **발전된 봉건국가**이다.

소위 "고대"국가들, 즉 지중해 국가들의 전형적인 결말인 자본주

---

42 그런데 중국은 좀 더 자세하게 논의할 가치가 있을 것이다. 왜냐하면 중국은 많은 점에서 서유럽 민족들보다 "자유 시민사회"에 훨씬 더 가까이 다가섰기 때문이다. 중국은 봉건제도를 우리보다 훨씬 더 많이 극복하였다. 대토지 소유가 일찍부터 제한되었기 때문에, 그 사생아인 자본주의가 거의 생겨날 수 없었다. 또한 중국은 협동생산과 협동분배의 문제를 매우 폭넓게 풀어나갔다. 정복국가의 이러한 발전은 우리에게 낯선데, 유감스럽게도 이 발전을 지면 관계상 여기서는 자세히 다룰 수 없다. (원주)

의적 노예경제는 국가의 죽음(이것은 결코 중요하지 않다)으로 끝나지 않고, **인민의 감소를 통한 인민의 죽음**으로 끝난다. 따라서 해양국가는 국가의 발전사적 계통수에서 곁가지를 형성한다. 이 곁가지에서는 더 이상의 직접적인 성장이 나올 수 없다.

반면에 발전된 봉건국가는 본가지 즉 줄기의 연장, 따라서 국가의 계속적인 발전의 근원을 나타낸다. 국가의 계속적인 발전은 거기에서부터 신분국가로, 절대주의로, 근대적인 입헌국가로 이미 나아갔으며, 우리가 옳게 보았다면 "자유 시민사회"로 계속 나아갈 것이다.

줄기가 한 쪽 방향으로만 자라는 한, 즉 높은 단계의 원시 정복국가를 포함할 정도로까지 자라는 한, 우리의 발생학적 서술은 통일성을 갖고 전진할 수 있었다. 줄기가 갈라지는 지금부터는 우리의 서술도 갈라져야 한다. 그 각각의 가지가 마지막으로 갈라진 곳까지 쫓아가려면 그렇게 해야 한다.

우리는 해양국가의 발전사로 시작한다. 해양국가가 더 오래된 형태이기 때문이 아니다! 그 반대로: 우리가 역사의 기원이라는 안개를 통해 쳐다볼 수 있는 한, 최초의 강력한 국가 형성은 육지국가에서 이루어졌다. 육지국가는 발전된 봉건국가 단계를 자신의 힘으로 올라갔다. 그러나 적어도 우리 유럽인 대부분과 관계있는 국가들은 그 이상 나아가지는 못하였다. 오히려 그 국가들은 정체상태에 있거나 해양국가들에 패하였다. 그리고 그 국가들은 자본주의적 노예경제라는 치명적인 독에 감염되어, 이 해양국가들과 마찬가지로 몰락하였다. 발전된 봉건국가가 더 높은 단계로 계속 올라가는 것은 해양국가들이 생애를 끝마친 다음에야 가능했다: 이 해양국가들에서 자라난 강력한 지배 형태와 사상은 그 잔해에서 생겨난 육지국가들의 형성에 강력한 영향을 주며 그 발전을 촉진시켰다. 그렇기 때문에 높은 수준의 국가형태의 전제조건이 되는 해양국가의 운명을 먼저 서술할 것이다. 우리는 우선 곁가지를 조사할 것이며, 그 다음에는 그 출발점인 원시 정복국가로 돌아가 본줄기를 근대 입헌국가의 발전까지 또 예상이지만 미래의 자유 시민사회까지도 추적할 것이다.

III. 해양국가

바다 유목민들에 의해 세워진 국가의 생애와 역경은 앞에서 말한 것처럼 상업 자본에 의해 결정된다. 육지국가의 길이 토지 자본에 의해 결정되는 것처럼 말이다. 그리고 덧붙여서 말하면, 근대 입헌국가의 길은 기업 자본에 의해 결정된다.

그러나 바다 유목민들은 상업이나 상인계급, 큰 장, 시장, 도시를 만들어내지 않았다. 이 모든 것은 그들이 도착하기 전에 이미 있었으며 단지 그들의 이익에 맞게 발전되었을 뿐이다. 이 모든 것은 경제수단, 즉 등가교환에 도움을 주면서 오래 전부터 발달되었다.

우리의 고찰에서는 처음으로 여기에서 경제수단을 만난다. 즉 정치수단의 착취 대상으로서가 아니라 국가의 발생을 함께 만들어내는 주체로서의 경제수단, 말하자면 봉건국가에 의해 만들어진 "씨실" 안으로 들어가는 "날실"로서의 경제수단을 여기에서 만난다. 이

날실은 씨실과 함께 더 정교하게 짜인 구성물을 만들어낸다. 국가가 생겨나기 전 시장 거래의 발전을 먼저 말할 때에만, 해양국가의 발생이 아주 분명해질 수 있다. 게다가 경제수단이 물물교환에서 독자적으로 만들어낸 조직을 모른다면, 우리는 근대국가에 대해 예측할 수 없다.

a) 국가가 생겨나기 전의 상업

한계효용 이론은 우리에게 교환에 대한 심리학적 설명을 주었는데, 이것은 그 이론의 가장 큰 공적이다. 이 이론에 따르면, 한 경제 재화에 대한 주관적인 가치평가는 동일한 경제주체가 그것과 같은 종류의 재화를 많이 소유할수록 낮아진다. 이 경제주체가 다른 경제주체를 만났을 때, 후자 역시 비슷하지만 전자의 것과는 다른 재화를 많이 갖고 있다면, 그들은 기꺼이 교환할 것이다. 정치수단을 사용할 수 없다면 즉 양쪽이 분명히 똑같이 힘이 세거나 무장하고 있다면, 또는 아주 초기 단계여서 혈족의 평화권에 있다면 그렇게 할 것이다. 교환할 때 각자는 주관적인 가치가 매우 낮은 것을 주고 주관적인 가치가 매우 높은 것을 얻는다. 이렇게 해서 양쪽 모두 이득을 본다.

교환하고 싶은 욕망은 원시인이 우리보다 훨씬 더 강할 것이다. 왜냐하면 원시인은 자기 것은 낮게 평가하고 다른 사람의 것은 열렬하게 바라는 어린아이 같은 성질을 가지고 있을 뿐만 아니라, 계산하는 경제적 고려에는 크게 영향 받지 않기 때문이다.

그렇지만 교환에 대해 최소한의 이해도 없는 미개민족들이 상당수 있다는 것을 침묵해서는 안 된다. "쿡[1]이 전하는 바에 따르면, 폴리네시아에는 교환이 불가능한 부족들이 있다. 왜냐하면 선물이 그들에게 어떤 인상도 주지 못했기 때문이다. 그들은 나중에는 선물을 내던져 버렸다. 그들은 사람들이 자신들에게 보여주는 모든 것을 냉담하게 바라보았다. 그들은 그것들을 조금도 갖고 싶어 하지 않았다. 하지만 자신들의 물건에 대해서는 대가로 생각해 어떠한 것도 넘겨주려고 하지 않았다. 요컨대, 그들은 상업과 교환이 무엇인지에 대해 전혀 생각이 없었다."[2] 웨스터마크Edward Westermarck[3]도 "교환과 상업은 비교적 나중에 생겨났다"고 생각한다. 인간은 이미 우리에게 알려진 아주 이른 시대부터 교환했다고 주장하는 페셸Oscar Ferdinand Peschel[4]에 반대하면서, 순록 시대부터 페리고르Périgord[프랑스 남서부의 한 지역]의 동굴에 사는 사람들이 수정, 대서양의 조개껍데기, 폴

---

1   제임스 쿡James Cook(1728-1779): 영국의 탐험가이자 항해자. 그의 탐험으로 태평양의 많은 섬들의 위치와 명칭이 결정되고 현재와 거의 같은 태평양 지도가 만들어졌다. (역자 주)

2   I. Kulischer, 1, p. 317. 여기에는 다른 예들도 있다. (원주)

3   핀란드의 인류학자이자 사회학자(1862-1939). (역자 주)

4   독일의 인류학자이자 지리학자(1826-1875). (역자 주)

란드산 영양 뿔을 교환을 통해 얻었다"[5]는 증거가 없다고 웨스터마크는 말한다.

그러한 예외들은 따른 설명을 가능하게 함에도 불구하고 (어쩌면 원주민들은 주술을 두려워했을지도 모른다), 민족학은 교환이나 상업에의 욕구가 일반적으로 인간의 속성이라는 것을 증명한다. 물론 이러한 충동이 일어날 수 있는 것은 외부사람과 만났을 때 매력적인 새로운 재화가 원시인의 눈앞에 주어졌을 때뿐이다. 왜냐하면 혈연관계에 있는 사람들의 범위에서는 각자가 똑같은 종류의 재화를 갖고 있고, 또 자연발생적인 공산주의에서는 평균적으로도 똑같은 양을 갖고 있기 때문이다.[6]

그러나 외부인과 만났을 때 가끔 교환할 수 있는 것(이것이 모든 정기적인 거래의 시작임에 틀림없다)은 이 만남이 우호적일 때뿐이다. 그런데 외부인과의 평화적인 만남이 가능한가? 원시인의 삶 전체가 ─ 특히 물물교환이 **시작할** 때에는 ─ "인간은 인간에게 늑대이다homo homini lupus"라는 상황에 있지 않은가?

사실 높은 단계에 있는 거래도 일반적으로는 "정치수단"에 강한

---

5 Westermarck, History of human marriage, p. 400. 여기에도 많은 인류학적 사례들이 제시되어 있다. (원주)

6 그런데 (오스트레일리아의) 부족들 중 몇몇 집단은 상이한 지역(예를 들면 사막과 삼림지대)에 살기 때문에 상이한 생산물을 갖고 있다. 여기에서는 교환이 자명하다. 그러나 여기에서도 중요한 것은 상대적으로 높은 문화상태이다. 오스트레일리아인들은 수준 높은 수렵민들이다! (원주)

영향을 받는다. "일반적으로 약탈 다음에 거래가 있다."[7] 그러나 그것의 처음 시작은 주로 경제수단 덕분이다. 그리고 그 시작은 전쟁을 통한 교역의 결과가 아니라 평화교류의 결과이다.

원시수렵민들 서로 간의 국제관계를 수렵민이나 목축민이 농민이나 다른 부족의 목축민과 갖는 관계와 동일시해서는 안 된다. 아마도 혈족 간의 복수 때문에 또는 여자들을 잡아가는 것 때문에, 어쩌면 수렵지역의 경계 침범 때문에도 싸움이 있을 것이다. 그러나 이 싸움에는 탐욕(즉 다른 사람의 노동산물을 강탈하고 싶은 욕구)에서만 생겨나는 고통은 없다. 그렇기 때문에 원시 수렵민들이 "전쟁"은 실제적인 전쟁이라기보다는 격렬한 싸움이나 일대일 대결이다. 이것은 종종 독일 대학생들의 결투와 비슷하게 일정한 의식에 따라 또 전투력이 없을 만큼 가벼운 정도로까지만, 말하자면 "피투성이가 될 때"까지만 진행된다.[8] 수적으로 적은 부족들은 — 예를 들면 혈족 간의 복수의 경우처럼 — 쓸데없이 많은 사람들을 희생시키는 것은 당연히 피한다. 무엇보다도 새로운 혈족 간의 복수를 유발시키려고 하지 않는다.

따라서 이런 부족들 사이에서도 또 마찬가지로 정치수단의 고통이 없는 원시농민들 사이에서도, 같은 경제수준에 있는 이웃 부족

---

7 Westermarck, 1, p. 546. (원주)
8 다음을 참조하라. Ratzel, 1, ch. Ⅰ, p. 318, 540. (원주)

들과의 평화적인 관계가 목축민들 간의 관계보다 훨씬 더 강하다. 그런 부족들이나 원시 농민들이 자연자원을 공동으로 채굴하기 위해 평화적으로 만나는 경우를 우리는 많이 알고 있다. "이미 원시 문화 단계에서도, 유용한 자원이 많이 있는 곳에는 많은 사람들이 모인다. 많은 아메리카 인디언들은 부싯돌이 많이 나오는 땅을 순례하였다. 또 어떤 인디언들은 해마다 수확 때면 줄[9]이 많이 자라는 북서부 호수지방의 소택지에서 모인다. 아주 넓게 흩어져서 사는 바르쿠Barku지역의 오스트레일리아인들은 수확 축제를 위해 작은 알갱이가 있는 네가래[10]의 소택지지대에 사방에서 온다."[11] "퀸즐랜드에서는 봉가봉가나무에 하얀 열매가 아주 많이 달리면, 그 부족이 쓸 수 있는 것보다 더 많이 저장한다. 그리고는 다른 부족들에게도 그것을 같이 먹게 해준다."[12] "많은 부족들이 일정한 지역의 공동소유에 대해서, 또한 손도끼를 만드는 데 사용되는 항석 돌산의 이용에 대해서도 의견을 같이한다."[13] 오스트레일리아의 많은 부족에는 나이 많은 노인들이 조언하고 판결한다는 공통점도 있다. 이때 나머지 주민 모두는

---

9 연못이나 저수지처럼 수심이 어느 정도 유지되는 곳에 자라는 풀로 키가 크고 여러 해 산다. (역자 주)

10 논이나 연못, 늪에서 무리지어 자라는 여러해살이 풀. (역자 주)

11 Ratzel, 1. ch. I, p. 106. (원주)

12 Ratzel, 1. ch. I, p. 335. (원주)

13 Ratzel, 1. ch. I, p. 346. (원주)

무리, 즉 게르만족 민회의 "청중"이 된다.[14]

이러한 모임에서 물물교환이 이루어지는 것은 아주 자연스럽다. "특별한 평화적인 보호 아래 원시림 한가운데에서 중앙아프리카 흑인 부족들이 주 1회의 장"[15]은 어쩌면 그렇게 해서 생겨났을지도 모른다. 극지의 수렵민들, 즉 축치족 등의 큰 장들도 마찬가지이다. 이 장들은 매우 오래 전에 생겨났다고 한다.

이 모든 사실은 이웃 집단 간의 평화적인 교류 형식들이 만들어 졌다는 것을 전제로 한다. 그리고 그러한 형식들은 거의 어디에서나 찾아볼 수 있다. 그것들은 여기에서 고찰한 단계에서 쉽게 생겨날 수 있었다. 인간이 노동력으로 이용될 수 있다는 것을 미처 깨닫지 못했기 때문이다: 그렇기 때문에 혈족이 아닌 사람은 "의심스러운 경우"에만 적으로 간주된다. 그가 분명히 평화적인 의도를 가지고 온다면, 그 역시 평화적으로 받아들여진다. 그리고 신참자의 평화적인 의도를 증명하도록 정한 국제법적인 의례의 규약이 생겨났다.[16] 무기를 버리고는 방어력이 없는 손을 보여준다. 또는 사절을 미

---

14 Ratzel, 1. ch. I. p. 347. (원주)

15 Bücher, Entstehung der Volkswirtschaft, 2. Aufl. Tübingen 1898. p. 301. (원주)

16 오늘날 여기저기서 사용되는 인사말도 그것에 속한다: "평화가 당신과 함께 하기를!" 톨스토이가 전쟁이 정상적인 상태였던 시대의 이러한 특징을 평화의 황금시대의 잔재로 잘못 이해한 것은 그가 말년에 생각이 모자랐다는 것을 나타낸다.(Die Bedeutung der russ. Revolution, 헤쓰Ad. Heß에 의한 독일어 번역. p. 17.) (원주)

리 보낸다. 사절은 어디에서도 건드릴 수 없기 때문이다.[17]

이 형식들이 일종의 체류권[손님으로서의 권리]을 나타낸다는 것은 분명하다. 사실 평화적인 거래는 체류권에 의해서야 비로소 가능해진다. 주인과 손님 간의 선물 교환은 진정한 의미에서의 물물교환을 유도하는 것 같다. 이제 체류권은 어떤 정신적인 뿌리에서 발전하는가?

기념비적인 저작 《도덕 관념의 기원과 발전Ursprung und Entwicklung der Moralbegriffe》을 쓴 웨스터마크에 따르면,[18] 손님을 환대하는 관습은 멀리서 온 사람으로부터 소식을 얻고 싶은 호기심에 기인할 뿐만 아니라, 무엇보다도 그 낯선 사람이 갖고 있을지도 모르는 주술력(그가 낯선 사람이기 때문에 그에게 있는 것으로 여겨지는 주술력)에 대한 두려움에서도 기인한다.[19] (성경에서도 낯선 사람이 천사일지 모른다는 이유로 손님을 환대하라고 권한다.) 미신적인 종족은 그의 저주(그리스인들의 복수의 여신)를 두려워하기 때문에, 서둘러서 그의 비위를 맞

17　다음의 것도 참조하라. 라첼(1, ch.Ⅰ, p. 271)은 오세아니아인들에 대해 이렇게 말한다: "부족 간의 거래는 건드릴 수 없는 사자使者들에게, 특히 나이든 여자들에게 맡겨져 있다. 이들은 물물교환에서 거래도 성사시킨다." 오스트레일리아에 대해서는 다음의 것도 참조하라. p. 317. (원주)

18　카처L. Katscher에 의한 독일어번역, Leipzig 1907. (원주)

19　아마도 특히 나이든 여자들을 사자使者로 이용하는 관습은 여기에서 생겨난 것 같다. 그녀들은 두 가지 장점을 갖고 있다. 하나는 전쟁 관점에서 위험하지 않다는 것이고, 또 하나는 특수한 주술력이 나이든 남자들보다 더 많다고 하는 것이다. 그렇지만 나이든 남자들에 대해서도 조심스럽게 대우한다. 그들도 곧 "정령"이 될 것이기 때문이다. (원주)

춘다. 그가 손님으로 받아들여지면, 그는 건드릴 수 없다. 그는 혈연집단의 평화권리도 함께 누린다. 머무는 동안 그는 혈연집단의 일원으로 간주되기 때문이다. 그러므로 여기에서 지배하고 있는 순수한 소유공산주의가 그의 마음을 사로잡는다. 주인은 자기에게 어울리는 것을 요구하거나 받는다. 그리고 그는 그 대신 손님이 바라는 것을 준다. 평화적인 거래가 빈번해질수록, 상호간의 선물이 점차 상업으로 발전할 수 있다. 왜냐하면 상인은 그가 좋은 대접을 받고 이익이 있는 교환을 하며 이미 체류권을 가진 곳으로 기꺼이 돌아가기 때문이다. 다른 곳이라면 그는 아마도 생명의 위험을 무릅쓰고 이 체류권을 먼저 얻어야할 것이다.

규칙적인 상품거래가 이루어지기 위한 전제조건은 당연히 "국가간" 분업의 존재이다. 그리고 그러한 분업은 일반적으로 추측하는 것보다 훨씬 전에 또 훨씬 더 큰 범위에서 존재하였다. "분업이 경제발전의 높은 단계에서만 나타난다고 가정하는 것은 완전히 틀렸다. 중앙아프리카에는 대장장이 마을들이 있는데, 그중 어떤 마을들은 창만 만든다. 뉴기니에는 도자기 마을들이 있으며, 북아메리카에는 화살촉을 만드는 마을들이 있다."[20] 이러한 전문성에서 상업이 발달한다. 행상하는 상인들에 의해서든, 아니면 손님의 선물이나 부족 간 평화의 선물에 의해서든 말이다. 북아메리카에서 카두족

---

20 Ratzel, 1, ch. I, p. 81. (원주)

Kuddu[21]은 활을 판다.[21] "흑요석은 어디에서나 화살촉과 나이프를 만드는 데 사용되었다. 옐로스톤, 스네이크 강, 뉴멕시코, 특히 멕시코에서 그러했다. 그 다음에는 귀한 물품이 오하이오와 테네시에 이르기까지 모든 지역에 퍼졌다. 이것은 거의 3000km나 되는 길이다."[22]

피어칸트Alfred Vierkandt[23]도 적절하게 보고한다: "미개민족들의 폐쇄적인 가정경제에서 근대적인 관계와는 완전히 다른 거래 방식이 그들에게 나타난다 … 각각의 부족은 교환할 이유를 주는 어떤 특별한 솜씨를 발전시켰다. 남아메리카의 비교적 열등한 인디언 부족들에서조차 우리는 이미 그런 차이점을 볼 수 있다 … 그런 거래를 통해 생산물이 엄청나게 멀리 퍼져나갈 수 있다. 그러나 직업적인 상인들을 통해 직접적으로가 아니라 한 부족에서 다른 부족으로 점차적인 전파를 통해서이다. 그러한 거래의 기원은 ― 뷔허Karl Bücher[24]가 상세히 설명한 것처럼 ― 선물 교환으로 거슬러 올라갈 수 있다."[25]

상업은 손님의 선물에서 발전하는 것 외에도, 적대관계에 있는 두 당사자가 충돌한 다음 화해 표시로 건네주는 평화의 선물에서도 발

---

21 아칸사스, 루이지애나, 텍사스주 동부에 산 북미 인디언. (역자 주)

22 Ratzel, 1. ch. I, p. 478/9. (원주)

23 독일의 사회학자(1867-1953). (역자 주)

24 독일의 경제학자(1847-1930). (역자 주)

25 A. Vierkandt, Die wirtschaftlichen Verhältnisse der Naturvölker. (Zeitschrift für Sozialwissenschaft, II, p. 177/8). (원주)

전될 수 있다.[26] 사르토리우스Georg Friedrich Sartorius[27]는 폴리네시아인들에 대해 이렇게 보고한다: "여러 섬의 주민들이 서로 충돌한 다음, 평화의 선물이 각각의 섬 주민들에게는 새로운 것일 수 있었다. 그때 선물과 답례선물이 양쪽 모두에게 마음에 들어, 선물과 답례선물을 반복하게 되었고 이렇게 해서 여기에서도 상품 교환을 하게 되었다. 그런데 손님의 선물과는 대조적으로 여기에는 지속적인 거래의 전제조건이 주어졌다. 개인들의 접촉이 아니라 부족들이나 국민들의 접촉이 일어났다. 이때 여자들은 교환의 첫 번째 대상이다: 여자들은 낯선 부족들 간에 연결고리를 이룬다. 심지어 그녀들은 — 많은 출처가 증명하는 것처럼 — 가축과 교환되기도 한다."[28]

우리는 여기에서 "국제분업" 없이도 바꿀 수 있는 교환의 한 대상을 만난다. 그리고 **여자 교환**은 아주 자주 상품 교환의 길을 평탄하게 한 것 같다. 즉 여자 교환은 민족들의 평화적인 통합을 향한 첫 번째 걸음이었던 것 같다. 이 평화적인 통합은 전쟁을 통한 국가 형성의 통합과 함께 나타난다.

물론 리페르트[29]는 평화적인 불의 교환이 더 오래되었다고 생각

---

26 이때 종종 엉터리 천칭이 사용된다. 외관상으로는 교환이지만, 여기에는 민감한 "보상금"이 숨어 있다. (원주)

27 독일의 역사학자(1765–1828). (역자 주)

28 Kulischer, 1. p. 320/1. (역자 주)

29 Lippert, 1. ch. Ⅰ, p. 266 이하 계속. (원주)

한다. 그러나 확실히 매우 오래된 관습은 초보적인 종교나 법에서만 추론할 수 있기 때문에 (그것들은 우리가 직접 관찰할 수 없다), 우리는 여기에서 이 문제를 다루지 않을 것이다.

그렇지만 여자 교환은 어디에서나 관찰된 현상이다. 그리고 여자 교환이 인접한 부족들 간의 평화적인 교류 형성과 상품 교환 준비에 대단히 강한 영향을 미쳤다는 것은 의심할 바 없다. 자신들의 남자 형제들과 남편들이 싸우려고 할 때 사비느인[30] 여자들이 그들 사이에 끼어들어 말렸다는 이야기는 인류의 진화 과정에서 수없이 나타난 진실이었음에 틀림없다. 거의 어디에서나 근친결혼은 죄악, "근친상간"으로 간주된다. 그 이유에 대해서는 여기에서 자세히 파고들지 않을 것이다.[31] 어디에서나 성욕은 이웃 부족의 여자들에게로 향한다. 그러므로 여자 약탈은 부족 간 최초 관계의 일부이다. 그리고 강한 인종감정이 막지 않는 곳에서는 거의 어디에서나 약탈이 점점 교환과 구매로 대체된다. 그렇지만 자신의 혈족에 속하는 여자는 다른 혈족에 속하는 여자에 비하면 남자에게 성교의 실체로서 그 주관적인 가치가 적다.

분업이 대체로 상품 교환을 가능하게 했을 때, 그렇게 연결된 관계는 이 상품 교환을 촉진시킨다. 족외혼 집단들은 평소에는 평화적

---

30 사비느인Sabine: 고대 이탈리아 중부에 거주한 부족. (역자 주)
31 다음을 참조하라. Westermarck, History of human marriage. (원주)

인 관계에 있다. 혈연관계의 무리를 둘러싸고 있었던 평화가 이제는 더 멀리 퍼져나간다. 무수히 많은 예 중에서 하나만 들어보자: "카메룬의 두 부족은 각각 자신들의 '잡목이 우거진 숲'을 갖고 있다. 이곳은 부족민들이 상업을 행하고 서로 간의 결혼을 통해 혈연관계를 맺는 장소이다. 따라서 족외혼은 여기에서도 부족들을 결합시킨다."[32]

이것들은 손님으로서의 권리와 여자 교환에서 어쩌면 심지어는 불의 교환에서 상품 교환에 이르기까지 평화적인 물물교환이 이루어지는 주된 방향이다. 덧붙여서 말하면, 시장과 큰 장, 종종 상인들도 ─ 우리가 아미 여러 번 말한 것처럼 ─ 매우 자주, 거의 규칙적으로 평화를 수호하고 평화의 파괴를 징벌하는 신의 보호 하에 있는 것으로 간주된다. 그러므로 우리는 지극히 중요한 이 사회학적 현상의 기본적인 특징들을 추적한 끝에, 정치수단이 경제수단의 산물에 개입해 그것을 교란시키고 변형시키면서 앞으로 나아가게 하는 지점에 도달하였다.

b) 상업과 원시국가

약탈전사는 칼로 정복한 자신의 영향권에서 그러한 시장이나 큰

---

32 Ratzel, 1. ch. Ⅱ. p. 27. (원주)

장을 찾아냈는데, 그는 이 시장이나 큰 장을 조심스럽게 다루어야
할 두 가지 중요한 이유가 있었다.

첫 번째 이유는 비경제적인 것으로서 약탈전사도 평화의 파괴를
징벌하는 신에게 미신적인 두려움을 느낀다는 것이다. 또 하나의 이
유는 경제적인 것인데, 이것은 아마도 첫 번째 이유보다 더 강력할
것이다. 이 두 번째 이유는 — 내가 여기서 처음으로 이 연관을 지적
한다고 생각한다 — 약탈전사 자신에게는 시장이 당연히 있을 것이
라는 사실이다.

원시단계에서는 약탈전사의 전리품 중에 그가 직접 소비하거나 사
용하기에 적합하지 않은 재화들이 많이 있다. 그는 종류만 적을 뿐
이지 그 양이 아주 많은 재화들을 갖고 있었기 때문에 각 재화의
"한계효용"이 그에게는 매우 적었다. 이것은 무엇보다도 정치수단의
획득물 중에서 가장 중요한 것, 즉 노예에 적용된다. 우선 목축민에
대해 말하면, 그가 필요로 하는 노예는 그가 소유한 가축 수에 제한
된다. 그는 남는 노예들을 자신에게 가치 있는 다른 재화들 (소금, 장
신구, 무기, 금속, 옷감, 도구 등)과 기꺼이 교환하려는 성향이 있다. 따
라서 목축민들은 언제나 약탈자일 뿐만 아니라 거의 언제나 상인,
거래인도 되기 때문에 상업을 보호한다.[33]

---

33 한Eduard Hahn[독일의 인류학자. 1856-1928]에 따르면, 이것은 아프리카 목축민보다는
아시아 목축민들에게 훨씬 더 많이 해당된다고 한다. (원주)

자신들의 약탈품을 다른 문화권의 재화와 맞바꾸기 위해 그들은 자신들의 지역에서 이루어지는 상업을 보호한다. 그전부터 유목민들은 초원지대나 사막을 지나가는 대상에게 보호금을 받고 길안내를 해주었다. 그들은 또한 국가가 생겨나기 전 이미 자신들이 차지한 장소에서도 상업을 보호한다. 목축민들이 곰 단계에서 양봉가 단계로 넘어간 바로 그 이유 때문에 그들은 오래된 시장과 큰 장을 유지하고 보호했음에 틀림없다. 단 한 번만의 약탈은 여기에서도 황금알을 낳는 암탉을 잡는 것을 뜻한다. 그렇게 하기 보다는 시장을 유지해 이전부터의 평화를 공고히 하는 것이 훨씬 더 유익하다. 또 이렇게 하면 약탈품을 낯선 재화들과 교환해 얻는 이익 이외에 보호금이나 공물도 받는 이익이 있다. 따라서 모든 단계의 정복국가 군주들은 어디에서나 시장, 도로, 상인들을 특별히 보호하고 "치안"을 유지했으며, 심지어는 외국무역의 독점권도 꽤 자주 확보하였다. 그들도 또한 어디에서든 후원하거나 권리를 부여해 새로운 시장과 도시가 생겨나게 하는 데 열심히 몰두한 것을 우리는 볼 수 있다.

시장에 대한 이러한 관심은 목축민 부족들이 자신들의 영향권 안에 이미 있는 시장을 왜 그토록 존중하였는지를 이해할 수 있게 해준다. 그들은 시장에 대해서 정치수단을 전혀 사용하려고 하지 않았다. 즉 그들은 결코 시장을 "지배"하려고 하지 않았다. 헤로도토스는 스키타이족 목축민들이 거주하는 무법적인 지역에 아르지피아인 Argippäer[34]들이 신성시된 시장을 갖고 있었다는 것에 놀랐지만, 무장하지 않은 그 주민들이 장터의 신성한 평화 때문에 잘 보호받았다고 그는 보고한다. 그의 보고 자체도 확실히 믿을 만하지만, 많은 비슷한 현상들을 통해서도 신뢰가 간다: "누구도 그 주민들에게 해를 가하지 않는다. 그들은 **신성하다고** 여겨지기 때문이다. 또한 그들은 전쟁 무기를 거의 갖고 있지 않다. 그럼에도 불구하고 그들은 이웃 사람들의 싸움을 조정한다. 그리고 그들에게 도망쳐온 망명자에게는 누구도 위해를 가하지 않는다."[35] 이와 비슷한 일은 자주 볼 수 있다: "이 모든 것은 언제나 똑같은 아르지피아인 이야기이다. 베두인족 같은 유목민들 한가운데 있으면서 '신성하고' '공정하며' '무기가 없고' 상업을 행하고 싸움을 조정하는 작은 부족의 이야기이다."[36] 훨씬 더 높은 단계의 예로는 카에레Cäre[37]를 들 수 있다. 그곳의 주민들은 스트라본Strabon에 따르면 "용감함과 공정함 때문에 그리스인들에게서 존중받았다. 그리고 그들은 매우 강력했음에도 불구하고 약탈을 자제했다." 이 구절을 인용한 몸젠은 이렇게 부언한다: "카에레의 상인들이 다른 모든 상인처럼 해상 약탈을 했다고는 생각되지 않는다. 오히려 카에레는 페니키아인들에게나 그리스인들에게나 일종의 자유항이었다."[38]

---

34 스키타이(흑해 북부의 옛 지방)의 북동쪽 고산지대에 살았던 부족. (역자 주)

35 Herodot Ⅳ. 23. 다음에서 인용: Lippert, 1, ch. Ⅰ, p. 459. (원주)

36 Lippert, 1, ch. Ⅱ, p. 170. (원주)

37 이탈리아 중부에 있었던 고대국가 에트루리아의 도시 (지금 이름은 체르베테리). (역자 주)

카에레는 아르지파아인들의 시장처럼 육지 유목민 영역에 있는 내륙시장이 아니라, 해양 유목민 영역에 있는 **안전한** 항구이다. 우리는 여기에서 전형적으로 형성된 시장 중의 하나를 만났는데, 그것들의 의의가 내 생각에는 지금까지 적절하게 평가받지 못했다. 내가 보기에는, 그것들이 해양국가의 발생에 강력한 영향을 준 것 같다.

말하자면 육지 유목민들로 하여금 상업으로 나아가게 했고 또 시장의 창설은 아니라 할지라도 시장을 보호하게 한 내적인 이유들이 바다 유목민들에게는 훨씬 더 강력하게 똑같은 행동을 하게끔 했을 것이다. 왜냐하면 약탈물의 운반, 특히 가축 무리와 노예들의 운반이 사막이나 초원지대의 길에서는 힘들고 또한 — 추격을 용이하게 하는 느린 전진 때문에 — 위험하지만, 전투함이나 "용머리 배"로 운반하는 것은 쉽고 위험하지 않기 때문이다. 그러므로 바이킹은 목축민들과는 전혀 다른 의미로 상인이자 시장 손님이다. "전쟁, 상업, 해적 행위는 분리될 수 없는 삼위일체이다"라고 《파우스트Faust》에는 쓰여 있다.

c) 해양국가의 발생

많은 경우 도시의 발생은 해상 약탈품의 이러한 거래로 거슬러 올

---

38   Mommsen, 1, ch. I, p. 139. (원주)

라갈 수 있다고 나는 생각한다. "고대사"로 즉 지중해 문화의 **도시국가들**은 그런 도시들 주위에서 발전해 정치 중심지가 되었다. 그 밖의 매우 많은 경우에도 바로 이 해상 약탈품의 거래를 통해 그 도시들은 정치발전이라는 똑같은 목표로 나아갔다.

이 시장 항구는 일반적으로 두 가지 유형으로 발생한다: 이 시장 항구는 적대관계에 있는 나라의 해안에 직접 요새를 구축해 해적행위의 거점 지역으로 성장했거나, 아니면 평화적인 계약에 근거해서 다른 봉건국가(원시적이든 발전했든 간에)의 항구에 거주하는 것이 허가된 "상인 거주지"로 성장하였다.

우리 도식의 네 번째 단계와 정확하게 일치하는 첫 번째 유형, 즉 상업적으로 유리하고 전략적으로 방어할 수 있는 다른 나라 영토의 해안지점에 무장한 해적 거주지를 구축한 것에 대해서는 고대사에서 중요한 예를 많이 들 수 있다. 가장 중요한 예는 카르타고이다. 그리스의 바다 유목민들 즉 이오니아인, 도리스인, 아카이인은 흑해와 마르마라 해에, 이탈리아 남부의 아드리아 해와 에트루리아 해에, 이 바다에 있는 섬들에, 프랑스 남부의 만灣에 일련의 똑같은 해안요새를 건설하였다. 페니키아인, 에트루리아인,[39] 그리스인 그리고 — 최근의 연구에 따르면 — 카리아인도 지중해 연안에 똑같은 형태로 "국가"를 세웠다. 신분은 주인과 농민(이들에게는 인근 토지의 경작이

---

39 에트루리아인이 육지를 거쳐 이탈리아로 이주한 다음 해양 유목민이 된 호전적인 민족이었

부과되었다)으로 아주 똑같이 나누어져 있었다.[40]

이 해안국가들 중 몇몇 국가는 육지국가들과 똑같은 성격을 나타내는 봉건국가로 발전하였다: 지배계급은 토지 소유 귀족이 되었다. 이러한 변화의 결정적인 요인들은 첫째, 지리적인 조건이었다: 좋은 항구의 부족과 평화적인 농민들이 이주해와 정착한 넓은 내륙지방. 두 번째 요인은 아마도 고향에서 함께 온 신분 조직이었을 것이다. "모험을 찾아" 나선 이들은 도피 중에 있는 귀족들, 내전의 패자들, 또는 막내 아들들, 때로는 "대담한 젊은이들"이었다. 이들은 이미 고국에서 토지 귀족으로 자라났기 때문에, 타지에서도 다시 "토지와 하인들"을 구하였다. 앵글로색슨족의 영국 점령과 노르만족의 이탈리아 남부 점령이 그러한 경우이다. 스페인과 포르투갈이 멕시코와 남아메리카를 식민지화한 것도 마찬가지이다. 바다 유목민들에 의한 이러한 육지 봉건국가 형성에서 매우 중요한 그 밖의 예는 위대한 그

는지, 아니면 이미 해양 유목민으로서 자신들의 이름을 딴 바다에 본거지를 두었는지는 오늘날에도 확실하지 않다. 그러나 매우 그럴 듯한 것은 적어도 나중의 이주는 바다를 건너왔다는 것이다. 이집트의 기념비들은 "투르사Tursa"에 대해 말한다. 필리스타인Philister[팔레스타나 해안의 비유대 민족]도 바다를 거쳐 팔레스타나Palästina[팔레스타인의 라틴어 이름. 이스라엘을 중심으로 한 지중해의 동해안 일대]에 도달하였다. 아마도 크레타 섬에서 건너간 "어중이떠중이"이었을 것이다. (원주)

40 인도네시아에서도 사정은 아주 비슷하다. 여기에서는 말레이인들이 바이킹이다. "식민은 해외의 정복 및 이주로서 그리스의 방랑 시대를 생각나게 하는 중요한 역할을 한다 … 각각의 해안지대에는 낯선 사람들이 있었다. 이들은 부르지 않았는데도 그곳에 왔으며 때때로 원주민들에 대해서 적대적이었다 … 정복권은 테르나테Ternate[인도네시아 북동부의 지배자들로부터 귀족가문들에게 넘겨졌다. 그 후 이들은 부루Buru, 세람Ceram 등에서 거의 전제적인 총독이 되었다" (Ratzel, 1, ch. I, p. 409.). (원주)

리스[마그나 그라이키아Magna Graecia] 국가라는 아카이아인들의[41] 식민지이다: "이 아카이아인들의 도시 연맹은 진정한 식민지 건설이었다. 도시들은 항구가 없었으며 — 크로톤[42]만 그럭저럭 쓸 만한 정박장을 갖고 있었다 — **자신들의 상업도 없었다.** 시바리스인Sybarite [43]은 수상도시의 다리 사이에서 백발이 되도록 오래 사는 것을 자랑하였다. 구입과 판매는 밀레토스인과 에트루리아인이 하였다. 반면에 그리스인들은 여기에서 해안지대를 소유했을 뿐만 아니라 바다도 지배하였다 … 농사를 짓는 토착 주민들은 피보호자 또는 농노가 되어 그들의 땅에서 일하고 소작료를 내지 않으면 안 되었다."[44] 크레타 섬에 있는 대부분의 도리스인 식민지들도 비슷하게 조직되었을 것이다.

그렇지만 이 "육지국가들"이 자주 있었든 드물게 있었든 간에, 세계사의 진행에서 의의를 얻은 것은 그 육지국가들이 아니라 상업과 상선 나포[해적 행위]에 주안점을 둔 그런 해양도시들이다. 몸젠은 아카이아인의 토지 귀족들을 이탈리아 남부에 있는 그 밖의 그리스 식민지의 "제왕 같은 상인들"과 분명하게 또 적절하게 대비시킨다: "그들도 결코 농업과 토지 수익을 거부하지 않았다. 그리스인들은 적어

---

41 아카이아인Achäer: 기원전 2000년 경 그리스 본토로 침입해 원주민의 발달된 농업 문화를 흡수하면서, 기원전 16세기 이후 기원전 12세기까지 번영을 이룬 그리스인. (역자 주)

42 크로톤Kroton: 이탈리아 남부의 항구도시 크로토네Crotone. (역자 주)

43 이탈리아 남부에 있는 고대 그리스 도시 시바리스Sybaris의 원주민. (역자 주)

44 Mommsen, 1, ch. I, p. 132. (원주)

도 강해진 다음에는, 페니키아인들처럼 야만인 국가에 방어시설을 갖춘 상업 항구를 세우는 것에 만족하지 않았다. 그러나 이 도시들은 무엇보다도 상업 때문에 건설되었다. 따라서 아카이아인의 식민지들과는 달리 그 도시들은 일반적으로 가장 좋은 항구와 상륙지점에 세워졌다."[45] 여기에서 우리는 도시를 세운 자들이 토지 귀족이 아니라 항해하는 상인들이었다고 생각할 만한 이유가 충분히 있었다 — 이오니아 식민지의 경우는 확실히 그렇다.

그러나 본래의 의미에서 그러한 해양국가들이나 해양도시들은 전쟁 정복을 통해서뿐만 아니라 다소 혼합된 "평화로운 침투"를 통한 평화적인 관계의 시작에서도 생겨났다.

그러나 바이킹족이 소위 평화적인 농민들을 만나지 않고 원시단계의 호전적인 국가들과 만난 경우, 그들은 평화를 받아들이거나 제의했으며 상인 거주자로서 그곳에 자리를 잡았다.

우리는 그러한 경우들이 세계 도처의 항구나 내륙시장에서 일어났다는 것을 알고 있다. 우리에게 가장 잘 알려져 있는 것은 북해나 발트 해 연안에 있는 북부독일 상인들의 거주지, 런던의 스틸야드 Steelyard,[46] 스웨덴과 노르웨이, 스코네Schonen[47] 러시아의 노브고로드에 있는 한자동맹이다. 리투아니아 대공국의 수도 빌나Wilna에는 그러한 거주지가 있었다. 베니스의 폰다코 데이 테데스키Fondaco dei

---

45 Mommsen, 1, ch.I, p. 134. (원주)

Tedeschi[48]도 그 하나의 예이다. 거의 어디에서나 외국인들은 폐쇄적인 집단을 이루며 거주했고, 자신들이 법과 재판권을 가졌다. 그들의 정치적 영향력은 매우 자주 컸었는데, 국가를 지배할 만큼 커진 적도 빈번했다. 인도양의 해안지방이나 섬들에 대한 라첼의 다음과 같은 보고를 보면, 대략 기원전 1000년 초에 있었던 페니키아인들이나 그리스인들의 지중해 지방 침입에 대한 동시대인의 묘사를 읽는 기분이다: "인구 전체가 상업에 의해서 마치 물처럼 녹았다. 특히 잘 알려져 있다시피 능숙하고 열성적이며 어디에나 있는 수마트라 섬 출신의 말레이인과 노련할 뿐만 아니라 신의도 없는 셀레베스 섬의 부기족Bugi[49]이 그러하였다. 이 부기족은 싱가포르에서 뉴기니까지 없는 곳이 없다. 최근에는 특히 보르네오 섬 군주의 요구에 따라 그곳으로 많이 이주하였다. 그들의 영향력이 아주 강하기 때문에, 그들에게는 **자신들의 법**에 따라 자치하는 것을 허용하였다. 그리고 그들은 자신들이 매우 강하다고 느꼈기 때문에, 독립하려는 시도가 종종 있었다. 아치에족Atchinesen[50]은 일찍이 이와 비슷한 입장을 취하

---

46 13세기 이후 발트해 연안 독일 한자동맹의 상인들이 런던에 설치한 거류지. 스틸야드 상인의 특혜와 가벼운 관세 등에 대해 영국 상인들이 강력하게 불만을 표시해 1598년 엘리자베스1세 때 폐쇄되었다. (역자 주)

47 스칸디나비아 반도 최남단에 위치한 지역. (역자 주)

48 베니스에 있는 독일 상인들의 거주 건물이자 본부. (역자 주)

49 인도네시아 셀레베스 섬 서남쪽을 중심으로 보르네오, 자바, 말레이 일대에 분포해 있는 종족. (역자 주)

50 인도네시아 수마트라 섬 북부에 사는 몽골로이드계의 종족. (역자 주)

였다: 수마트라 섬의 말레이인들에 의해 상업 중심지가 된 말라카 Malakka가 쇠퇴한 다음에는, [수마트라 섬의] 아친Atchin항이 17세기 초 세계사의 전환기에 수십 년 동안 이 먼 동부지방에서 가장 활기 찬 정박장이었다."[51] 무수히 많은 것 중에서 끄집어낸 몇 가지 예는 이러한 이주 형태의 일반적인 전파를 보여준다: "상인들이 **정치적으로 지배한** 우르가Urga[52]에서 그들은 따로 중국인 마을에 모여 살았다."[53] 이스라엘 왕국에는 "외국상인들과 외국수공업자들의 작은 거주지들이 있었다. 이들에게 도시의 일정한 구역을 넘겨주었는데, 이곳에서 그들은 왕의 보호 하에 자기들 나름의 종교 관습에 따라 살 수 있었다"(다음을 참조하라. 열왕기상 24장 34절).[54] "에브라임의 왕 옴리는 그의 적 다마스쿠스왕의 전쟁 승리로 인해 아람 상인들에게 사마리아시의 일부를 넘겨주지 않을 수 없었다. 그들은 이곳에서 왕의 보호를 받으며 장사할 수 있었다. 나중에 옴리의 후계자 아합이 전쟁에서 이겼을 때, 그는 아람의 왕에게 다마스쿠스에서 에브라임 상인들의 똑같은 특권을 요구하였다."[55] "이탈리아 주민들은 어디에서나 단결해 견고하게 조직화된 집단을 이루고 있었다. 병사들은 군단

---

51 Ratzel, 1. ch. I, p. 160. (원주)

52 몽고의 울란바트르의 (1924년까지의)옛 이름. (역자 주)

53 Ratzel, 1. ch. I, p. 558. (원주)

54 Buhl, 1, p. 48. (원주)

55 Buhl, 1, p. 78/9. (원주)

으로 편성되었으며, 모든 대도시의 상인들은 독자적인 조합을 만들었다. 개별적인 재판구역에 거주하거나 체류하는 로마 시민들은 그들 자신의 배심원 명단과 말하자면 지방자치법을 지닌 '모임'으로 조직되었다conventus civium Romanorum.[56] 우리는 또한 유대인들의 게토를 기억하고 싶다. 이것은 중세의 유대인 대박해 전에는 그처럼 폐쇄적인 상인 거주지에 불과하였다. 그리고 이와 관련해서 지적하고 싶은 것은 강력한 외국의 해안도시에 사는 유럽 상인들 역시 오늘날에도 여전히 그와 비슷하게 자신들이 규약과 (영사)재판권을 가진 "모임"을 만든다는 것이다. 중국은 오늘날에도 그것을 허용하고 있으며, 모로코도 마찬가지이다. 반면에 일본과 터키는 최근에야 비로소 이 권리 상실diminutio capitis에서 벗어날 수 있었다.

우리의 고찰에서 가장 흥미로운 사실은 이 거주지들이 어디에서나 자신들의 정치적인 영향력을 완전한 지배력으로까지 확대하려는 경향이 있다는 것이다. 이것은 놀라운 일이 아니다. 상인들은 많은 동산을 갖고 있는데, 이 많은 동산은 모든 정복국가들이 끊임없이 휘말리는 혼란에서 결정적인 영향을 끼칠 수 있기 때문이다. 인접한 두 나라 간의 국제적인 싸움에서든, 아니면 예를 들어 왕위 계승을 둘러싼 국내 투쟁에서든 말이다. 이 밖에도 이주자들 배후에는 종종 그들이 기댈 수 있는 모국의 강력한 힘이 있다. 친척관계의 유대

---

56 Mommsen, 1, ch. II, p. 406. (원주)

와 엄청나게 큰 상업이익이 그들을 결속시키기 때문이다. 게다가 그 이주자들 스스로가 전쟁에 익숙한 선원들과 많은 노예를 갖고 있었기 때문에, 그들은 종종 결코 무시할 수 없는 독자적인 힘을 발휘할 수 있다. 아라비아상인들이 동아프리카에서 행한 역할에 대한 다음의 묘사는 내가 보기에 지금까지 충분히 주목받지 못한 역사적인 유형을 서술하는 것 같다:

"스피크John Hanning Speke[57]가 유럽인으로는 처음 1857년에 이 여행을 했을 때, 아랍인들은 외국인으로서 그 지방에 거주하고 있었던 상인이었다. 그가 1861년에 같은 길을 두 번째 갔을 때, 아랍인들은 이미 많은 토지를 소유한 대지주 같았으며 그 지방의 세습 지배자와 싸우고 있었다. 이러한 과정은 아프리카 내륙의 다른 많은 지역에서도 반복되어 왔는데, 그 과정은 기존의 사정에서 어쩔 수 없이 생겨난 것이다. 외국상인들, 즉 아랍인들이나 수와힐리인들은 통과허가를 부탁하며, 그 대가로 세금을 낸다. 그리고 그들은 상품창고를 짓는데, 추장들은 이것을 좋아한다. 왜냐하면 그들은 상품창고가 자신들의 강탈하고 싶은 마음과 허영심을 만족시킨다고 보기 때문이다. 그 후 그 상인들이 부유해져 연고관계를 얻게 되면, 이로 인해 이들은 의심받고 괴롭힘을 당하거나 박해당한다. 그러면 이 상인들은 그들의 커진 부와 함께 늘어난 세금이나 공물을 바치는 것을 거

---

57 영국의 아프리카 탐험가(1827–1864). (역자 주)

부한다. 마침내 아랍인들은 왕위 쟁탈전이 불가피해졌을 때 자신들의 부탁을 잘 들어주겠다고 약속하는 왕위 계승 요구자의 편을 든다. 이렇게 해서 그들은 그 나라의 내분에 관여하게 되고 때로는 전쟁에 끝없이 휘말리게 된다."[58]

외국에서 이주해온 상인들의 이러한 정치활동은 항상 반복되는 유형이다. "보르네오 섬에서는 중국인 채금업자들의 부락에서 독자적인 왕국이 생겨났다."[59] 유럽인의 식민지 역사 전체는 사실 다음과 같은 법칙을 증명하는 일련의 예에 불과하다. 즉 외국인들의 힘이 우세한 곳에서는 그들의 영업소나 큰 지점에서 지배권이 생겨난다는 법칙이다. 스페인이나 포르투갈의 정복, 영국인이나 네덜란드인 동인도회사의 정복처럼 그들이 단순한 해적행위의 첫 번째 유형에 가깝지 않다면 말이다. 물라툴리Mulatuli[60]는 "바다에 인접한 한 해적국가가 라인 강과 셸데 강 사이에 있다"라고 자신의 조국을 비난하였다. 동아시아에 있든 아메리카에 있든 아프리카에 있든 간에, 모든 유럽 민족들의 식민지는 모두 두 유형 중 하나를 따라서 생겨났다.

그러나 언제나 외국인들이 무조건 지배력을 얻은 것은 아니다. 때

---

58 Ratzel, 1. ch.II, p. 191. 다음도 참조하라. p. 207/8. (원주)

59 Ratzel, 1. ch.I, p. 363. (원주)

60 물라툴리는 "많이 고생했다"라는 뜻을 지닌 라틴어로 네덜란드의 작가 에뒤아르트 다우어스 데커르Eduard Douwes Dekker(1820-1887)의 필명이다. 1860년 물타툴리라는 필명으로 네덜란드 식민지 정책을 신랄하게 비난하는 소설 "막스 하벨라르"를 발표하였다. (역사 주)

로는 가스트슈타트Gaststaat[외국인들을 받아들인 국가]가 너무 강해, 외국인들이 정치적으로 무력하게 보호받는 손님으로 머물러 있는 경우가 있다. 예를 들면 영국에 있는 독일인들이 그러하다. 때로는 이미 정복된 가스트슈타트가 외국인의 지배를 떨쳐버리는 데 성공할 정도로 매우 강해지는 경우가 있다. 예를 들면 스웨덴은 자신들을 이미 지배하고 있었던 한자동맹을 쫓아냈다. 또 때로는 더 강력한 정복자가 상인 거주지와 가스트슈타트를 습격해 양쪽 모두를 정복하는 경우가 있다. 예를 들면 러시아인들은 노브고로드Nowgorod 공화국과 프스코프Pskow공화국에 종지부를 찍었다.[61] 그런데 외국의 부자들이 토착 귀족들과 하나가 되어 지배계급이 되는 경우도 종종 있다. 이것이 일어나는 방식은 힘이 거의 똑같이 센 두 지배집단이 충돌해 육지국가가 형성된 경우에도 나타나는 것을 우리는 보았다. 그리고 마지막에 언급한 이 경우는 내가 보기에 고대의 가장 중요한 도시국가들의 발생에 대해서, 즉 그리스의 해양도시들과 로마에 대해서 가장 그럴듯한 가정인 것 같다.

우리는 그리스의 역사에 대해 — 쿠르트 브라이직Kurt Breysig[62]의

---

61 노브고로드 공화국: 노브고로드를 수도로 하여 1136년부터 1478년까지 존속하였다. 1478년에 패권을 다투던 모스크바 대공국에 합병되었다.
프스코프 공화국: 1348년부터 1510년까지 존속한 공화국. 1510년 모스크바에 합병되었다. (역자 주)
62 독일의 역사가(1866~1940). (역자 주)

표현을 사용하면 — 그 "중세"밖에 모르며, 로마의 역사에 대해서는 그 "근대"밖에 모른다. 그 이전에 일어난 일에 대해서는 지극히 신중하게 유추할 수밖에 없다. 그렇지만 내가 보기에 아테네, 코린트, 미케네, 로마 등이 여기에서 서술한 방식으로 국가가 되었다는 결론을 가능하게 하는 사실들은 충분히 있는 것 같다. 모든 알려진 민족지와 역사에서 얻은 자료들이 그런 결론 자체를 허용할 정도로 보편타당성을 지니지는 못했지만 말이다.

장소의 이름(살라미스Salamis: 평화의 섬=시장 섬), 영웅들의 이름, 기념건축물들 그리고 직접 전해져 내려오는 이야기를 통해 우리가 정확하게 알 수 있는 것은 그리스의 많은 항구도시에 페니키아인의 영업소들이 있었다는 사실이다. 반면에 그 내륙지방은 전형적으로 귀족, 자유민, 노예로 조직된 작은 봉건국가들이 차지하였다. 몇몇 페니키아인들이 또 어쩌면 아직도 수수께끼 같은 카리아Caria[63] 상인들 중 몇몇 사람이 귀족들과 결혼해 완전한 권리를 지닌 시민이 되었으며 심지어는 군주가 되었다는 것이 사실이든 아니든 간에, 이런 도시국가들의 형성이 외국인의 영향을 통해 많이 촉진되었다는 사실은 결코 부인할 수 없다.

이와 같은 것은 로마에도 해당된다. 몸젠처럼 아주 신중한 저술가

---

63 소아시아 남서해안의 이오니아 지방, 프리기아 지방, 리키아 지방으로 둘러싸인 지역의 고대 명칭, 대략 현재의 터키 데니즈리화 무라에 해당되는 것. (역자 주)

가 이에 대해 말한 것을 들어보자.

"로마가 이 상업 및 전략적인 사정에서 생겨나지는 않았지만 그런 사정 때문에 중요하다는 것은 수많은 흔적들이 보여준다. 그리고 이 러한 흔적들이 역사소설들의 진술보다 훨씬 더 중요하다. 카에레Cäre 와의 아주 오랜 관계가 여기에서 생겨났다. 카에레와 에르투리아의 관계는 로마와 라티움의 관계와 같았다. 따라서 카에레는 로마의 가 장 가까운 이웃이자 상업 친구였다. 그리고 로마 국가에서 티베레 강의 다리와 일반적으로 다리 건설에 엄청난 중요성을 부여하는 것 도 여기에서 생겨났다. 갈레선[노예선]이 도시의 문장紋章이 된 것도 이러한 사정 때문이다. 아주 오래된 로마의 항구세도 거기에서 생겨 났다. 이 항구세는 처음부터 팔기 위한 것에만 부과되었으며, 운송 업자 자신이 쓰기 위해 오스티아 항구에 들어오는 것에는 부과되지 않았다. 그러므로 로마의 항구세는 진실로 상업에 대한 세금이었다. 미리 말하면, 로마에서 주화와 해외국가들과의 통상조약이 비교적 일찍 생겨난 것도 그 때문이다. 이런 의미에서 로마는 — 전설 역시 그렇게 가정하는 것처럼 — 우연히 생겨난 도시라기보다는 만들어진 도시였을 것이며 또 라틴계 도시들 중에서 가장 오래되었다기보다는 가장 젊었을지도 모른다."[64]

여기에서 암시된 가능성, 또는 개연성을 검토해 이 대단히 중요한

---

64 Mommsen, 1, p. 46. (원주)

도시국가들의 제도사에 대해 — 매우 필요한 — 결론을 이끌어내는 것은 아마도 평생을 요하는 역사 연구의 대상이 될 것이다. 내가 보기에는, 이 길을 가면 아직도 매우 불분명한 문제들, 예를 들면 로마에서 에트루리아인의 지배, 부유한 평민 가족의 기원, 아테네의 메퇴케Metöke[65]들 그리고 그 밖의 많은 문제에 대해서 빛을 얻을 것 같다.

여기서는 하나의 실만을 따라갈 수 있다. 왜냐하면 그것만이 우리를 역사적 전승의 미로를 거쳐 문으로 인도한다고 약속하기 때문이다.

d) 해양국가의 본질과 결말

이 모든 국가가 해적들의 성채에서 생겨났든, 해안지방에 정착했다가 나중에 자발적으로 바이킹이 되어버린 육지 유목민들의 항구에서 생겨났든, 권력을 잡은 상인 거주지에서 생겨났든 아니면 가스트슈타트의 지배집단과 융합된 상인 거주지에서 생겨났든 간에 그것들은 모두 사회학적인 의미에서 진정한 "국가"이다. 그것들은 정치수단을 조직화한 것에 불과하다. 그 형식은 지배이고, 그 내용은 지배

---

65 고대 그리스의 이주해온 거주자들로 시민권은 없지만 자유민으로 간주되었다. (역자 주)

집단이 피지배자들을 경제적으로 착취하는 것이다.

따라서 근본적으로 그 국가들은 중요한 점에서는 육지 유목민들이 세운 국가들과 결코 다르지 않다. 그렇지만 그 국가들은 내적인 이유와 외적인 이유에서 다른 형태를 취하였으며 다른 계급심리를 나타낸다.

계급감정은 육지국가의 경우와 근본적으로 다른 것 같지 않다! 지배계급은 피지배자들에 대해서, "저속한 사람들"에 대해서, "푸른 손톱을 가진 인간[천을 염색할 때 손톱이 더러워진 장인 기술자]"에 대해서 중세 독일의 귀족이 표현한 것과 똑같이 경멸하고 깔보았다. 지배계급은 심지어 자유민과의 결혼이나 사회적인 교류도 막았다. "문벌門閥이 좋은 자들"이나 귀족들(세습귀족의 자제들)의 계급이론은 대지주들의 그것과 조금도 다르지 않았다. 그러나 다른 환경이 여기에서도 변화를 만들어낸다. 이 변화는 당연히 전적으로 계급의 이해관계에 따른다. 상인들이 지배하는 지역에서는 노상 강도행위가 용서받을 수 없었다. 예를 들면 연안지대의 그리스인들에게는 노상 강도행위가 파렴치한 범죄로 여겨졌다. 육지국가라면 테세우스Theus[66]전설에 노상 강도질을 비난하는 내용을 담지 않았을 것이다. 반면에 "해적행위는 아주 오래 전부터 결코 불명예스러운 직업활동으로 간주되지 않았다 … 이에 대해서는 호메로스의 시에도 수많은 증거가 있

---

66 그리스 신화에 나오는 아테네의 영웅이자 전설적인 왕. (역자 주)

다. 훨씬 나중에도 폴리크라테스Polykrates[67]는 사모스 섬에 잘 조직된 해적국가를 세웠다."(뷕센슈츠Büchsenschütz, 《고대 그리스에서의 소유와 직업Besitz und Erwerb im griechisen Altertum》) "로마법대전에도 솔론Solon의 한 법령에 대한 언급이 있는데, 이 법령에 따르면 해적단체를 허가받은 회사로 이해하였다."(골트슈미트Goldschmidt, 《상법의 역사 Geschichte des Handelsrechts》)[68]

그러나 그런 사소한 것들을 제외하면 (이것들을 지적할 가치가 있는 이유는 단지 그것들이 대체로 "이데올로기 상부구조"의 발생에 대해서 밝은 빛을 비추기에 적합하기 때문이다[69]), 육지국가들의 존재조건과 매우 다른 해양국가들의 존재조건이 세계사적으로 대단히 중요한 두 가지 사실을 만들어냈다: 첫째, **민주주의제도**의 형성이다. 이로 인해 동양의 술탄주의와 서양의 시민자유 사이에 거대한 투쟁이 나타났다. 몸젠에 따르면, 이 투쟁이 세계사의 진정한 내용을 이룬다. 둘째, **자본주의적 노예경제**의 형성이다. 이로 인해 그 모든 국가들은 결국 퇴보할 수밖에 없었다.

우선 육지국가와 해양국가 사이에 이 결정적인 차이가 생겨난 내

---

67 기원전 537-기원전 523년 경 사모스 섬을 지배한 참주(?-기원전 523). 해군을 증강하여 해적행위로 부를 축적하였다. (역자 주)

68 이 두 예 모두 다음에서 인용하였다. Kulischer, 1, p. 319. (원주)

69 유럽의 유일한 "해양국가"인 대영제국이 오늘날에도 적선을 나포할 권리Kaperrecht를 포기하려고 하지 않는 것은 이러한 연관을 잘 나타낸다. (원주)

적인 원인, 즉 사회심리적인 원인을 고찰해보자.

국가는 그것이 생겨난 바로 그 원리에 의해 유지된다. 땅과 사람들의 정복이 육지국가의 존재근거이다. 땅과 사람들이 새로운 정복을 통해 육지국가는 성장하지 않으면 안 된다. 그 국가가 산맥, 사막이나 바다에 막혀 자연적인 한계에 부딪히거나, 아니면 그 국가가 굴복시킬 수 없는 다른 육지국가들에 막혀 사회학적 한계에 부딪힐 때까지 말이다. 그러나 해양국가는 해적행위와 상업에서 생겨났다. 그리고 그 국가는 해적행위와 상업을 통해 힘을 늘리려고 하지 않으면 안 된다. 그렇지만 이 목적을 위해 어떤 형태로든 영토를 늘려 지배하려고 할 필요가 없다. 해양국가는 자신의 "이해영역Interessensphäre"에 있는 새로운 지역에서는 결국 국가 형성의 첫 번째 단계에서 다섯 번째 단계까지 나갈 수 있다. 하지만 여섯 번째 단계, 즉 완전한 내국인화와 융합에 도달하는 경우는 드물 뿐이다. 말하자면 강제로만 그 단계에 도달한다. 근본적으로 해양국가는 다른 해양 유목민들이나 상인들을 근접하지 못하게 하는 것으로 충분하다. 즉 약탈과 상업의 독점을 확보하고 "피지배자들"을 성에 가두고 수비병들로 하여금 그들을 꼼짝 못하게 하는 것으로 충분하다. 해양국가는 중요한 생산장소 — 특히 광산, 곡식이 잘 자라는 넓은 땅, 건축용 나무가 많은 숲, 염전, 중요한 어장 등 — 만을 실제로 "지배한다." 즉 그곳만을 지속적으로 관리하거나, — 똑같은 말이지만 — 피지배자들을 그곳에서 일하게 한다. "땅과 사람들"에 대한 욕망, 즉 **본래의 좁은 국토 경**

계 밖에 있는 영지領地에 대한 욕망이 지배계급에게서 생겨난 것은 나중이었다. 즉 해양국가가 육지국가를 정복해 편입시켜서 육지국가와 해양국가의 혼합체가 되었을 때이다. 그러나 그때에도 육지국가와는 달리, 대농장은 지대의 재원에 불과해 거의 전적으로 부재지주의 재산으로 관리되었다. 카르타고와 후기 로마 제국에서 그러하였다!

다른 모든 국가의 경우와 마찬가지로 해양국가에서도 지배계급은 자신들의 이익에 따라 통치한다. 그렇지만 해양국가 지배계급의 이해관계는 육지국가 지배계급의 그것과 다르다. 권력 즉 땅과 사람의 소유가 봉건 대지주에게 부를 준다면, 해안도시의 귀족에게는 반대로 그의 부가 권력을 준다. 대토지 소유자가 그의 국가를 자신이 유지하는 전사들의 수로만 지배할 수 있다면, 그리고 그 수를 최대한 크게 하려면, 그는 자신의 토지 재산과 예속된 농민들의 세금을 가능한 한 많이 늘려야 한다. 반면에 귀족은 그의 국가를 그의 동산으로만 지배할 수 있다. 이 동산으로 그는 힘센 주먹들을 고용하거나 약한 영혼들을 매수한다. 그는 육지 전쟁이나 먼 곳에 있는 대토지 재산을 이용할 때보다 더 빠르고 더 쉽게 해적행위나 상업으로 그러한 부를 얻는다. 또한 그러한 재산을 철저히 이용하려면, 그는 그의 도시를 떠나 그곳에 주거지를 얻어 진정한 봉건 대지주가 되지 않을 수 없을 것이다. 왜냐하면 완전한 화폐경제로 발전하지 못했고 도시와 농촌 간에 수익성 좋은 분업이 이루어지지 못한 사회에서는 대토지 재산의 완전한 이용이 물물교환 경제로만 가능하기 때문이다. 그리고 부재지주의 재산은 지대의 원천으로 생각할 수 없기 때문이다. 그러나 우리의 고찰은 우리를 아직 그렇게 멀리 끌고 가지 않았다. 우리는 여전히 원시적인 사회상태에 있다. 그리고 이 경우 확실히 어떤 도시귀족도 활기 넘치는 풍요로운 고향을 버리고 황무지에서 야만인들 속에 묻혀 살며 자신의 국가에서 모든 정치적 역할을 포기할 생각은 하지 않을 것이다. 그의 경제적, 사회적 및 정치적 이해관계가 그를 일방적으로 해상 무역 쪽으로 내몬다. 그의 생명의 중추는 토지 자본이 아니라 유동자본이다.

지배계급의 이러한 내적인 이유 때문에, 몇몇 해안도시들은 그 존재의 무게중심을 육지에서 찾기보다는 점점 더 바다에서 또 해외에서 찾았다. 내륙지방으로 더 넓게 확대될 수 있는 지리적인 여건을 갖춘 해양도시들조차 그러했다. 카르타고의 경우에도 그들의 엄청난 영토 소유는 그들이 바다에서 얻는 이익에 비하면 그렇게 중요한 것이 못되었다. 카르타고는 시실리아와 코르시카를 정복했는데, 이는 영토 소유를 위해서라기보다는 그리스나 에트루리아의 무역경쟁자들을 해치기 위해서였다. 카르타고가 국경을 확대해 리비아인들을 막은 것은 오히려 국내의 평화를 유지하기 위해서였다. 그리고 카르타고가 스페인을 정복한 첫 번째 동기는 광산의 소유였다. 한자동맹의 역사는 이에 대해서 비교할 수 있는 흥미로운 점들을 제공한다.

게다가 대부분의 이 해안도시들은 큰 영토를 지배할 처지가 못 되었다. 의지가 있었다 하더라도, 외적인 지리적 조건들이 그것을 막았을 것이다. 몇몇 장소를 제외하면, 지중해 어디에서나 해안의 평지가 넓게 펼쳐지지 못했다. 높은 산맥의 언덕으로 막혀 있어 해안가가 좁았다. 이것은 한 무역항에 모여든 국가들 중 대부분의 국가가 (우리가 생각하기에) 어떤 의미 있는 크기에 도달하지 못한 **하나의** 원인이었다. 반면에 목축민이 지배하는 넓은 영토에서는 이미 매우 일찍이 큰 제국이 생겨났다. 이런 국가들이 처음에는 보잘 것 없었던 두 번째 이유는 다음과 같은 사정이다. 즉 내륙지방, 말하자면 산악지대뿐만 아니라 지중해 지역의 몇몇 넓은 평야에도 대개는 호전적이며 정복하기 힘든 부족들이 살았다. 이들은 앞에서 말한 것처럼 결코 정복되지 않는 수렵민들이거나 호전적인 목축민들이었으며, 그렇지 않으면 바다 유목민과 똑같은 지배인종의 원시 정복국가들이었다. 그리스의 내륙에서는 어디에서나 그러하였다!

이 모든 이유에서 해양국가는 아주 강력하게 성장할 때도 언제나 중앙집권화하였다. 즉 무역항을 중심으로 해서 모였다고 말할 수 있을 것이다. 이에 반해 육지국가는 이미 처음부터 강력하게 지방분권화하였다. 즉 오랫동안 확대되면서 점점 더 강력한 지방분권으로 발전하였다. 우리가 나중에 보겠지만, "도시국가"에서 형성된 행정조직과 경제성과의 침투만이 무게중심 주위에서 안전하게 움직이는 조직 (즉 근대의 큰 국가들을 특징짓는 조직)을 가질 수 있는 힘을 육지국가에 줄 수 있었다. 이것이 두 형태의 국가 간에 첫 번째의 큰 차이이다.

이 첫 번째 것에 못지않게 결정적인 두 번째 차이는 다음과 같은 사실에 있다. 즉 육지국가는 물물교환 경제 상태에 매우 오랫동안 머물러 있었지만, 반면에 해양국가는 매우 빨리 화폐경제로 넘어갔다. 두 구성체 간의 이 차이도 역시 그 존재의 근본적인 조건에서 생겨났다.

물물교환 경제 국가에서는 화폐란 쓸데없는 사치품이다. 경제권이 물물교환 경제에 다시 빠지면 이미 발달된 화폐경제가 몰락하기 때문에, 화폐는 쓸모없다. 샤를마뉴Charlemagne[70]는 좋은 주화를 만들어냈지만, 경제가 그것을 내쫓았다. 왜냐하면 — 아우스트라시아 Austrasia[동프랑크]는 말할 것도 없고 — 네우스트리아Neustria[서프랑크]는 민족 이동의 폭풍 속에서 물물교환 경제로 되돌아갔기 때문이다. 그리고 물물교환 경제는 가치척도로서의 화폐를 필요로 하지 않는다. 왜냐하면 물물교환 경제에는 발달된 시장 교환이 없기 때문이다. 소작인들은 주인이 그의 추종자와 함께 직접 소비하는 현물을 세금으로 낸다. 그리고 주인은 행상인들과 물품을 교환할 때, 노예, 소, 밀랍, 모피, 군사적인 물물교환 경제의 그 밖의 산물을 주고 장신구, 고급 직물, 훌륭한 무기, 말, 소금 등을 얻었다.

반면에 도시생활은 고도의 발전단계에서도 가치척도 없이는 이루

---

70 카롤링거 왕조의 제2대 프랑크 국왕(768~814). 서유럽의 정치적 통일을 달성했으며 중앙집권적 지배를 가능하게 하였다. (역자 주)

어질 수 없다. 자유로운 도시수공업자는 자신의 생산물을 다른 수공업자의 생산물과 오랫동안 직접 바꿀 수 없다. 각자가 거의 모든 것을 사지 않으면 안 되는 도시에는 식량 소매상인이 없으면 안 되는데, 바로 이 식량 소매상인의 존재 자체가 주화를 필요하게 한다. 그리고 좁은 의미에서의 상업 (즉 상인과 고객 간의 상업)이 아니라 상인과 상인 간의 상업은 동일한 가치척도 없이는 행해질 수 없다. 한 선주가 노예들을 직물과 바꾸기 위해 항구로 수입한다고 가정해 보자. 그리고 그는 직물을 다른 곳으로 가져갈 생각이다. 이때 그는 한 직물상인을 만나지만, 이 직물상인이 직물을 노예와 바꾸려고 하지 않고 예를 들면 철, 소, 모피와 바꾸려고 한다는 것을 알게 된다. 그렇다면 목적이 달성되기 전에 아마도 수많은 중간교환이 일어나야 할 것이다. 이것을 피할 수 있는 것은 모든 사람이 원하는 상품이 존재할 때뿐이다. 육지국가의 물물교환 경제에서는 결국 모든 사람이 사용할 수 있는 말이나 소가 이 자리를 아주 잘 차지할 수 있다. 그러나 선주는 지불수단으로서의 가축을 배에 실을 수 없다. 따라서 귀금속이 "화폐"가 된다.

해양국가, 즉 **도시국가**(우리는 해양국가를 앞으로 이렇게 부를 것이다)의 이 두 가지 필연적인 속성인 중앙집중화와 화폐경제에서 그 국가의 차후의 운명이 필연적으로 나온다.

도시인의 심리, 더욱이 해상 무역 도시주민의 심리는 이미 농촌주민의 심리와는 전혀 다르다. 그의 시야는 농촌주민보다 더 자유롭고 더 넓다. 피상적인 것에 많이 집착하는 경우가 종종 있지만 말이다. 도시인은 농민이 1년 동안 받는 것보다 더 많은 자극을 하루에 받기 때문에 더 활기차다. 그리고 계속되는 새로운 사건과 혁신에 익숙하기 때문에, 그는 언제나 "새로운 것을 열망한다." 자연에서 멀리 떨어져 있고 또 농민보다는 자연에 훨씬 덜 의존하기 때문에, 도시인은 "정령"에 대한 두려움을 농민보다 적게 느낀다. 따라서 피지배자는 제1신분[성직자]과 제2신분[귀족]이 부과한 "금기시하는"명령에 대해 농민보다 훨씬 더 적은 존중심을 갖고 따랐다. 그리고 결국 밀집해 무리를 이루며 살기 때문에, 따라서 다수가 지닌 힘을 분명하게 느끼기 때문에, 피지배자는 예속된 농민보다 고집이 더 세고 반항적이다. 농민은 따로 떨어져서 살기 때문에 뭉쳤을 때의 힘을 결코 알지 못한다. 이 때문에 군주는 그의 수행원들과 함께 싸울 때마다 거의 언제나 우위를 차지할 수 있다.

이미 이러한 사정이 원시 정복국가가 만들어낸 고정된 복종관계를 점점 더 느슨하게 한다. 그리스의 "육지국가들"만이 피지배자들을 오랫동안 노예상태로 유지하였다. 스파르타는 헬롯들을, 테살리아[그리스 중북부에 있는 지방]는 페네스테들을 노예로 가지고 있었다. 그러나 도시국가들 어디에서나 평민들이 이미 일찍부터 발달해 있었다. 따라서 지배계급은 이들의 강력한 저항에는 거스를 수 없었다.

식민상태와 마찬가지로 경제적인 사정도 똑같은 목적에 작용한다. 동산은 토지 재산이 지닌 고정된 안정성이 조금도 없다. 바다는 변덕스러우며, 해전이나 해상 약탈의 행운 역시 바다 못지않게 변덕스럽다. 가장 부자인 사람도 모든 것을 빨리 잃어버릴 수 있고, 가장 가난한 자도 행운의 여신이 돌리는 수레바퀴에 의해 위로 올라갈 수 있다. 순전히 재산을 기초로 한 공동체에서는 가난이란 신분과 "품위"를 얻는 것이다. 부유한 평민은 평등권을 제정하기 위해 투쟁할 때 국민 대중의 지도자가 되어 그의 모든 재산을 거기에 투자한다. 귀족들이 어쩔 수 없이 한 번이라도 굴복하면, 그들의 지위는 더 이상 유지할 수 없게 된다. 부유한 평민이 처음 받아들여지면, 정통주의자들의 생득권 옹호는 영원히 불가능해진다. 이때부터 이렇게 말한다: 올바름에는 두 가지가 없다[네게 올바른 것은 내게도 올바르다]. 그리고 귀족정치 다음에 처음에는 금권정치가 오고, 다음에는 민주정치가, 마지막으로는 중우정치가 온다. 결국에는 외국의 정복이나 "칼을 손에 쥔 구세주"의 폭정이 무질서한 행동을 중지시킨다.

그런데 국가의 이러한 종말뿐만 아니라 대부분의 경우 민족 자체의 종말 — 이것을 문자 그대로 받아들이면 **민족의 죽음** — 도 불러일으키는 것은 해상 약탈과 해상 무역에 기초해 화폐경제가 발달한 도시국가에서는 불가피하게 나타날 수밖에 없는 사회제도, 즉 자본주의적 노예경제이다. 노예제도는 원시 봉건단계에서 물려받은 것으로 모든 물물교환 경제에서처럼 처음에는 해롭지 않았다. 그러나 노예제도가 "자본주의적으로" 이용되면서부터는 (즉 노예 노동이 더 이상 봉건적인 물물교환 경제를 위한 자급自給으로 이용되지 않고 화폐로 지불하는 시장에 물품을 공급하기 위한 것으로 이용되면서부터는), 노예제도가 국가 생활 전체를 파괴하며 퍼져나가는 암이 되었다.

　해상 약탈, 적선 나포, 무역전쟁은 국내에 수많은 노예들을 만들어낸다. 부유한 시장의 구매력은 집약적인 농업을 가능하게 하고 도시 지역에 있는 지주들은 점점 더 지대를 올려 받는다. 따라서 그들은 토지를 점점 더 많이 갈망한다. 시골에 있는 평범한 공민권자는 대大상인들을 위해 행해지는 전쟁에 소집되거나 과도한 부담을 안게 된다. 그는 점점 더 많은 부담을 받게 되어 부채 노예가 되거나 아니면 빈털터리 거지로 도시에서 떠돈다. 그러나 여기에서도 그는 일자리를 찾지 못한다. 반대로 농민이 시골에서 밀려난 것은 전부터 도시에 자리 잡고 있던 수공업자들과 소상인들에게 이미 심하게 손해를 입혔다. 왜냐하면 농민들은 도시에서 구매했지만, "대토지 소유자들"은, 농지 수용을 통해 점점 더 땅이 늘어나면서 공업 상품에 대한 수요를 아마도 자기 노예들의 생산물로도 충족시켰기 때문일 것이다! 그리고 악은 더 멀리 퍼져 나간다! 그 밖의 도시산업들, 즉 도시 자체를 상대로 영업하는 산업들조차 값싼 노예 노동을 이용하는 사업가들이 점점 더 많이 차지한다. 따라서 중간층은 가난해진다. 그리고 가진 것이 아무 것도 없고 쓸모없는 하층민, 즉 진정한 "룸펜프롤레타리아"는 그 동안 쟁취한 민주주의 헌법 덕분에 국가의 주권자가 된다. 이 계급 역시 조만간 정치적으로뿐만 아니라 군사적으로도 몰락하지 않을 수 없을 것이다. 그러나 외국의 침입이 없다 하더라도 (외국의 침입이 멈출 수는 없지만), 그 계급은 엄청난 인구 감소로 (즉 이 모든 국가들을 급속히 없애버리는 문자 그대로의 **국민폐결핵**[소모성 질환] 때문에) 말하자면 육체적으로 몰락할 것이다. 여기에서는 이 점에 대해 더 자세히 들어갈 수 없다.

　단 하나의 도시국가만 수백 년 간 유지되었는데, 이는 다음과 같은 이유 때문이다. 즉 최후까지 살아남은 승자인 그 도시국가가 인구 감소와 싸우기 위해 언제나 단 하나의 방법을 사용하였기 때문이다. 이 단 하나의 방법이란 자신들이 피정복자들에게서 빼앗은 땅에 농민들을 강제로 이주시켜 도시나 지방의 중산층을 대대적으로 새로 만들어내는 것이었다. 이 국가는 로마 제국이었다. 그러나 이 거대한 유기체조차 결국은 자본주의적 노예경제라는 소모성 질환에 굴복하였다. 그렇지만 그 동안에 그 거대한 유기체는 최초의 제국, 즉 빈틈없이 중앙집권화된 최초의 거대한 국가를 만들어냈다. 로마 제국은 지중해 지역과 자기 이웃 지역의 모든 육지국가들을 정복해 편입하였다. 이렇게 해서 영원히 그러한 지배조직의 모범을 세계에 제시하였다. 게다가 그러는 사이에 도시조직과 화폐경제가 결코 다시는 완전히 사라질 수 없을 정도로 아주 크게 발전하였다. 따라서 로마의 멸망 후 자신들의 옛 지배지역에 세워진 봉건 육지국가들은 직접적으로든 간접적으로든 새로운 자극을 받아 원시 정복국가의 상태를 넘어 훨씬 더 발전할 수 있었다.

IV. 봉건국가의 발전

a) 대토지 재산의 발생

이제는 약속한 대로 원시 정복국가가 도시국가라는 곁가지를 생겨나게 한 지점으로 돌아가, 지금부터 본가지 즉 위로 뻗어나는 가지를 계속 추적할 것이다.

도시국가의 운명을 결정한 것은 국가가 자신의 무게중심으로 삼아 움직인 그런 부 즉 상업 자본의 집적이었던 것처럼, 육지국가의 운명을 결정한 것은 그 국가가 자신의 무게중심으로 삼아 움직인 부 즉 **토지 재산**의 집적이다.

우리는 앞에서 목축민 부족에서의 경제 분화를 추적하면서 다음과 같은 사실을 확신하였다. 즉 이미 여기에서 기존 재산을 종자돈으로 삼은 축적의 법칙은 정치수단이 약탈전쟁이나 특히 노예제도의 형태로 행사된 순간부터 아주 강력하게 작용한다. 이미 부족은 귀족과 자유민으로 나누어졌으며, 이들보다 낮은 제3신분으로는 정치 권리가 없는 노예가 있었다.

원시국가에 같이 들어온 이 재산의 차이와 사회적 신분의 차이는 이제 정주定住와 함께 더욱 두드러졌다. 이 정주로 인해 사적인 토지 재산이 생겨났기 때문이다. 원시 정복국가가 처음 발생했을 때 이미 경작지 소유에서 굉장한 차이가 생겨나지 않을 수 없었다. 목축민 부족이 이미 노예와 가축을 소유한 힘센 영주와 평범한 자유민으로 분명하게 나누어져 있었기 때문이다. 영주는 평범한 자유민보다 땅을 더 많이 차지했다.

이것이 처음에는 아주 자연스럽게 일어난다. 대토지 소유가 주목할 만한 사회적 권력 증대 및 재산 증대의 수단이 될 것이라고는 전혀 의식하지 않았다. 그렇게 된다는 것은 전혀 말도 안 된다. 대토지 재산이 언젠가 자신들에게 불리하게 작용할 것이라는 사실을 알았다면, 이 단계의 자유민들 역시 충분히 힘이 있었기 때문에 대토지 재산의 형성을 막았을 것이다. 그렇지만 누구도 그것을 예상할 수 없었다. 우리가 본 시대에는 토지가 아무 가치가 없다. 이 때문에 투쟁의 목적과 대가는 토지 자체가 아니라 **토지와 그 땅에 묶여 있는 농민들**이었다. 노동의 실체와 노동의 원동력, 이것들의 결합에서 정치수단의 목적 즉 지대가 생겨났다.

그렇지만 모든 자유민은 많이 남아있는 미개척지에서 필요한 만

146

큼 또는 경작하고 싶은 만큼 아니면 경작할 수 있는 만큼 토지를 받았을지도 모른다. 대기의 공기를 배분할 생각을 하지 않는 것처럼, 겉보기에는 무궁무진한 저장물에서 누군가에게 배분한다고 생각하는 사람은 거의 없었다.

씨족 우두머리들은 일반적으로 목축민 부족의 관습에 따라 이미 처음부터 자유민들보다 "땅과 사람들"을 더 많이 보유하고 있다. 이것이 가부장으로서, 총사령관으로서 그리고 전쟁에 익숙한 추종자들의 대장으로서 그들이 지닌 군주권이다. 이때 그 추종자들은 반자유민, 노예, "예속 평민" 또는 피보호자(망명자등)로 이루어져 있다. 그리고 씨족 우두머리들이 자유민들보다 "땅과 사람들"을 더 많이 보유한다는 것은 이미 기본적인 토지 재산의 양에서 아마도 상당한 차이를 의미하였을 것이다. 그러나 이것이 전부는 아니다. 우두머리들은 또한 "사람들이 없는 땅"을 자유민들보다 더 많이 필요로 한다. 왜냐하면 그들은 농노와 노예를 데리고 있기 때문이다. 이들은 법률상의 권리를 가질 수 없기 때문에, 민법의 보편적인 관념에 따라 토지 재산을 취득할 수 없다. 그러나 그들도 살려면 땅을 가져야 한다. "따라서 그들의 주인이 그들을 위해 땅을 갖고 그곳에 그들을 투입시킨다. 유목민 우두머리가 부유할수록 지주는 그만큼 더 많아지게 된다!

이렇게 해서 처음에는 부가, 그 다음에는 사회적 신분이 목축민 단계의 경우와는 비교할 수 없을 정도로 더 확고하게 또 더 지속적으로 공고해졌다. 왜냐하면 가축 무리는 아무리 커도 없어질 수 있지만, 소유지는 파괴될 수 없기 때문이다. 그리고 지대를 착취하기 위해 노동의무가 부과된 사람들은 무시무시한 대량학살 후에도 아주 빨리 다시 자란다. 이들이 노예 사냥 때문에 그 수가 늘어날 수는 없다할지라도 말이다.

그렇지만 재산은 이 확고한 부를 종자돈으로 해서 전혀 다른 속도로 쌓인다. 처음의 점유는 해롭지 않았지만, 노예들을 많이 가질수록 또 이 노예들을 비어있는 땅에 많이 투입할수록 지대를 더 많이 얻는다는 인식이 즉시 생겨날 수밖에 없다. 이제부터는 국가의 대외정책이 더 이상 땅과 사람들만을 목표로 하지 않고, 땅 없는 사람들도 목표로 해서 행해진다. 그들을 본국에 노예로 데리고 와 새로 투입하기 위해서다. 국가 전체가 전쟁이나 약탈짓을 행하면, 귀족들이 이익의 대부분을 차지한다. 그런데 귀족들은 매우 자주 독자적으로 자신의 수행원들만을 데리고 나간다. 따라서 고국에 남아있는 촌락 자유민들은 전리품에 대해서 어떤 몫도 없다. 이때부터 귀족의 토지 재산이 점점 더 빠르게 늘어난다. 귀족이 노예를 많이 가질수록, 그는 지대를 더 많이 얻는다. 또 호전적인 수행원들(노예, 일하기 싫어하는 평민들, 망명자들)을 더 많이 유지할 수 있다. 귀족은 이들의 도움으로 노예를 더 많이 잡아와 자신의 지대 수입을 늘리는 데 투입할 수 있다.

이러한 과정은 중앙권력이 존재하는 곳에서도 일어난다. 일반적인

148

관습에 따르면, 미경작지에 대한 처분권은 중앙권력에 귀속되기 때문이다. 게다가 그 과정은 중앙권력의 묵인뿐만 아니라 흔히는 중앙권력의 분명한 승인 하에서도 일어났다. 말하자면 봉건영주가 국왕의 충실한 신하인 한, 봉건영주가 봉토의무 때문에 군주의 깃발 아래에 두어야 하는 그의 군사력을 늘려서 가능한 한 강해지는 것은 국왕에게 이익이었다. 이러한 관계는 서유럽의 봉건국가들에서 잘 알려져 있지만, 완전히 다른 사정에서도 존재한다. 한 곳만 언급해 보자: "피지 섬에서 주된 노역은 전쟁 복무이다. 전쟁에서 이길 경우 전쟁에 복무한 자는 땅과 노예로 전락한 그곳 주민들을 전리품으로 받았다. 이렇게 함으로써 그는 새로운 군사의무도 받아들였다."[1]

이처럼 토지 재산이 점점 더 대대적으로 토지 귀족의 수중에 쌓이면서, 높은 수준의 원시 봉건국가는 이제 완전한 봉건적 서열을 가진 "발전된 봉건국가"가 되었다.

나는 다른 곳에서[2] 독일 영토의 인과연관을 원자료에 따라 상세하게 설명하였는데, 전체적인 주요 특징에서는 전형적인 과정이라는 것을 그곳에서 이미 여러 번 지적하였다. 예를 들면 일본의 봉건제도가 세세한 점에서도 독일과 똑같이 발전하였다는 사실은 그런 식으로만 설명될 수 있다. 비록 그 나라에는 코카서스 인종과는 근본적으로

---

1   Ratzel, 1, ch. 1, p. 263. (원주)

2   Greßgrundeigentum und soziale Frage, 2. Buch, 1. Kapitel Berlin 1898. (원주)

다른 인종이 거주하지만 말이다. 게다가 (이것은 너무 극단적인 유물사관을 강력하게 반박하는 사실이다) 그 나라의 경제는 전혀 다른 기술적 기초(즉 쟁기로 개간하지 않고 괭이로 밭을 일구는 것)를 가졌다.

이 논문 전체가 일반적으로 그런 것처럼, 여기에서 중요한 것은 어느 한 개별적인 민족의 운명이 아니라 어디에서나 똑같은 인간 본성에서 나오는 전형적인 발전의 똑같은 기본 특징을 지적하는 것이다. 그러므로 발달된 봉건국가의 가장 큰 두 예, 즉 서유럽과 일본은 알고 있는 것으로 전제하고, 나는 주로 덜 알려진 사례들로 만족할 것이다. 그리고 여기에서도 좁은 의미의 역사적 자료보다 인류학적 자료를 더 좋아할 것이다.

우리가 지금 서술해야 할 것은 원시 정복국가의 정치조직이나 사회조직이 점차적으로 겪는 근본적인 변화 과정이다. 즉 중앙권력은 토지 귀족에게는 정치적인 영향력을 잃어버렸고 촌락 자유민은 몰락하였으며 "신민"이 떠올랐다.

b) 원시 정복국가에서의 중앙권력

목축민 부족의 족장은 사령관 및 사제의 직책으로 존경받음에도 불구하고 전제적인 권력은 대체로 갖지 못하였다. 정주하게 된 작은 종족의 "왕"도 마찬가지로 일반적으로는 매우 제한된 권력만을 가졌다. 반면에 수많은 유목민 부족들이 전쟁 천재에 의해 하나의 강력한 군대로 처음 통합된 경우, 대부분은 전제적인 형태를 취하곤 한다.[3] 전쟁 때에는 대체로 "다수의 지배는 좋은 것이 아니다. 다수의 지배 위에 한 사람의 왕이 있어야 할 것이다"라는 호메로스의 말이 전혀 통제되지 않는 사람들이 스스로 인정하고 이들에 의해 입증된 진실인 것처럼 말이다. 자유로운 수렵민들은 자신들이 뽑은 추장에게 전쟁 때에는 무조건 복종한다. 우크라이나의 자유로운 코사크인들은 평화시기에는 어떠한 권위도 인정하지 않았지만, 전쟁 때에는 자신들의 우두머리에게 생사에 대한 모든 권한을 맡긴다. 총사령관에 대한 이러한 복종은 모든 진정한 전사 심리의 공통된 특징이다.

대대적인 유목민 행렬의 선두에는 전능한 전제군주들이 있었다. 아틸라Attila, 오마르Omar Mukhtar, 징기스칸, 태멀레인Tamerlan, 모실리캇세Mosilikatse, 케치와요Ketschwäyo 같은 사람들이 그러했다.[4] 마찬가

---

3 "바로 유목민 조직을 특징짓는 것은 그것이 광범위한 힘을 지닌 전제적인 권력을 가부장제에서 발전시키기 용이하다는 것이다." (Ratzel, 1, ch.II, p. 388/9.). (원주)

4 오마르 무크타르(1858-1931): 이슬람 사누시Sanusi 교단의 장로로서 20년간 리비아를 무력으로 점령한 이탈리아의 식민지 정책에 대항하여 저항운동을 이끈 지도자. 일명 "사막의 라이온"이라 불린다.
태멀레인(1336-1405): 중앙아시아의 몽골 투르크계의 군사 지도자이며 티무르 제국의 창시자(재위:1370-1405)이다. 유럽권에서는 태멀레인(또는 티메를린)이라고 불리지만 페르시아어로 티무르라는 표기가 더 많이 쓰인다.
모실리캇세(1790-1868): 마타벨레 왕국을 세운 남아프리카의 왕. 음질리카지Mzilikazi라고도 불린다. 마타벨레 왕국은 현재 짐바브웨이다.
케치와요(1826-1884): 1872년에서 1879년까지 줄루 왕국의 왕이었으며 1879년 영국과의 전쟁 때 지도자였다. (역자 주)

지로 많은 원시 봉건국가들이 전쟁을 통해 하나가 된 대국가에서
도 처음에는 강력한 중앙권력이 존재하곤 했었다. 그 예로는 사르곤
Sargon, 키루스Cyrus, 클로비스Chlodwig, 칼 대제, 붉은 머리 볼레슬라
우Boleslaw der Rote를 들 수 있을 것이다.[5] 때로는 특히 대국가가 그 한
계(지리적인 한계이든 사회학적인 한계이든)에 미처 도달하지 못한 한에
서는, 중앙권력이 다수의 강력한 군주들의 수중에 아직도 많이 남
아 있다. 그리고 그들의 권력은 아주 난폭한 전제정치와 황제망상
Cäsarenwahnsinn으로까지 변질될 수 있다. 특히 메소포타미아와 아프
리카가 이에 대해서 특징적인 예들을 제공한다. 여기에서는 이런 국
가들의 통치형식에 대해 간단하게만 관심을 기울일 것이다. 그 국가
들의 통치형식이 일반적인 발전에 대해서는 거의 의미 없기 때문이
다. 그러나 다음과 같은 점에 대해서는 매우 많이 말해야 할 것이다.
즉 전제적인 통치형식의 완성은 무엇보다도 지배자가 총사령관직 외
에 어떤 **종교적** 지위를 차지하는가에 달려있으며, 또한 그가 **상업독
점권**을 가지고 있는 가에도 달려있다.

　　황제 교황주의[정교일치]는 어디에서나 전제정치의 극단적인 형태

5　사르곤(?–?): 메소포타미아에 최초의 통일국가 아카드 왕국을 세워 왕이 되었다(재위:기원전
2333–기원전 2279).
키루스(기원전 424–기원전401): 페르시아의 아케메네스 제국 다리우스 2세의 아들. 형 아르타
크세르크세스 2세와 왕위를 다투다 전사하였다.
클로비스(465?–511): 프랑크 왕국의 초대 국왕(재위:481–510)으로 메로빙거 왕조의 창시자이다.
붉은 머리 볼레스루아(965–1037): 보헤미아의 군주(재위:999–1002). (역자 주)

를 만들어내는 경향이 있다. 그렇지만 정신적인 권력과 세속적인 권력이 분리된 경우 그 담당자들은 서로를 억제하고 약화시킨다. 진정한 "해양국가"인 인도네시아의 말레이인 국가들의 상태가 그러한 사실을 잘 나타낸다. 그 해양국가들의 발생은 그리스의 해양국가들과 정반대를 이룬다. 이곳에서는 일반적으로 군주가 힘이 없다. 예를 들면 우리에게 잘 알려져 있는 아테네 역사 초기의 왕처럼 말이다. 지역 우두머리들(줄루족에서는 다토Datto[족장], 아친Atschin[수마트라 섬 북부지역]에서는 팡리마Panglima[사령관, 지휘관])가 아테네에서처럼 권력을 갖고 있다. 그러나 "토바Tobah[수마트라 섬 북부 산악지대]처럼 아직도 종교적 동기가 지배자에게 작은 교황의 지위를 부여하는 곳에서는, 상황이 바뀐다. 그럴 때에는 팡리마가 라자Radsha[왕, 제후]에게 완전히 종속되며, 관리에 불과하다."[6] 우리는 여기에서 잘 알려진 사실을 생각할 필요가 있다. 즉 아테네와 로마의 귀족 지역장들이 오랜 왕권을 없앴을 때도, 그들은 실질적인 힘이 없는 권력 담당자에게 적어도 오랜 칭호는 부여하였다: 신들은 익숙한 방식으로 제물을 받아야 하기 때문이다. 이와 똑같은 이유에서 부족의 오랜 왕들의 후손은 종종 완전히 힘없는 직위 보유자로 남아있었다. 진정한 통치권력은 이미 아주 오래 전에 군事통솔자에 넘어갔음에도 말이다. 메로빙거 왕조 말기에는 카롤링거 가문의 궁내성 장관이 메로베

---

6 Ratzel, 1, ch.I, p. 408. (원주)

흐Merowech 가문의 "장발왕rex crinitus[다고베르 2세: 650년 경−679]" 옆에 있었던 것처럼, 일본에서는 장군이 미카도御門[과거 일본 천황에 대한 칭호] 옆에, 잉카 제국에서는 잉카의 군대 지휘자가 점점 더 사제직에 제한된 후일카우마Huillcauma 옆에 있었다.[7]

국가 원수의 권력은 제사장직 외에 종종 상업독점을 통해서도 강력한 증대를 유지하였다. 상업독점은 대개 원시단계에서는 족장의 권한에 속한 것으로, 앞에서 서술한 것처럼 처음에는 선물의 평화적인 교환이었던 것의 자연적인 결과이다. 예를 들면 솔로몬은 그런 상업독점권을 갖고 있었다.[8]

흑인 추장들은 일반적으로 "상업의 독점자"[9]이다. 줄루족의 왕도 그러하다.[10] 갈라족에서는 추장이 — 그가 인정받는 경우 — "당연히 그 부족의 상인이기도 하다. 그의 신하는 누구도 외부인과 직접 상거래를 해서는 안 된다."[11] 바로체Barotse족과 마분다족[12]에서는 왕

---

7 Cunow, 1. p. 66/7. 오세아니아인들의 경우에도 마찬가지이다. 예를 들면 라닥Radak[캐롤라인 제도]에서는 아주 자주 그러하였다.(Ratzel, 1, ch.Ⅰ, p. 267.) 마찬가지로 이집트에서도 편협한 신앙심을 지닌 아멘호텝 4세 곁에 궁내성 장관 하렘헵이 있었다. 그는 "왕국의 최고 군사업무와 행정업무를 통합해 국가 대리인의 권력을 가졌다" (Schneider, Kultur und Denken der alten Ägypter, Leipzig 1907, p. 22). (원주)

8 Buhl, 1, p. 17. (원주)

9 Ratzel, 1, ch.Ⅱ, p. 66. (원주)

10 Ratzel, 1, ch.Ⅱ, p. 118. (원주)

11 Ratzel, 1, ch.Ⅱ, p. 167. (원주)

12 마분다족Mabunda: 아프리카 남동부 잠베지아 등지에 거주하는 소수부족. (역자 주)

이 "엄격하게 법에 따라서 그 나라의 유일한 상인"[13]이다.

라첼은 이러한 사실의 의의를 적절하게 다음과 같이 평가한다: "**상업의 독점**은 주술력과 결합해 추장의 권력을 증대시킨다. 추장은 상업의 중개자이기 때문에, 그는 신하들이 원할 만한 모든 것을 수중에 갖고 있다. 그러므로 그는 좋은 선물을 주는 자, 즉 가장 열렬한 소망을 충족시켜 주는 자가 된다. 이러한 제도에 확실히 거대한 권력의 원천이 있다."[14] 정복된 지역에서는 통치권 자체가 이미 강력한 경우가 흔한데, 상업 독점이 거기에 추가되면 왕권은 매우 강력해질 수 있다.

그렇지만 겉보기에 **전제정치**가 가장 극단적으로 행해지는 경우에도 군주의 **절대주의**는 존재하지 않는다는 것이 일반적인 규칙인 것 같다. 지배자는 자신의 신민에 대해서, 특히 정복된 계급에 대해서는 미쳐 날뛰어도 처벌받지 않을 수 있다. 그렇지만 그는 봉건적인 공동지배 때문에 상당히 제약받는다. 라첼은 이에 대해 일반적으로 이렇게 말한다: "아프리카나 고대 아메리카 군주들의 소위 측근들은 아마도 언제나 협의회였을 것이다 … 통치형식이 공화제인 곳에서도 낮은 단계에 있는 민족들에게서는 어디에서나 폭정의 흔적을 찾아볼 수 있는데, 이 폭정의 원인은 국가나 우두머리의 권력이 강한 것

---

13 Ratzel, 1, ch.Ⅱ, p. 218. (원주)
14 Ratzel, 1, ch.Ⅰ, p. 125. (원주)

에 있지 않고 개인의 정신적인 허약함에 있다. 개인이 자신에게 행사되는 권력에 거의 저항 없이 굴복하기 때문이다."[15] 줄루족의 왕권은 제한된 전제주의이다. 매우 강력한 대신(인두나Induna)들이 군주를 도왔다. 다른 카피르 부족에서는 협의회가 종종 국민과 군주를 지배하였다.[16] 그럼에도 불구하고 "차카Tschaka[17]의 지배 하에서는 폭군이 있는 자리에서 재채기나 기침을 하거나 왕가의 친척이 죽었을 때 눈물을 흘리지 않으면 언제나 사형으로 처벌되었다."[18] 이것은 끔찍한 살육으로 악명 높은 서아프리카 제국, 다호메이와 아샨티에도 똑같이 해당된다. "전쟁에서 인간생명의 파괴, 노예무역, 인신공양에도 불구하고 어디에서도 무제한적인 전제정치가 지배하지는 않았다 … 보우디치Charles Bowditch[19]는 (아샨티에 있는 신분)제도가 헤로도토스가 서술한 페르시아의 제도와 비슷하다는 것을 강조하였다."[20]

다시 한 번 강조하지만, 우리는 전제정치와 절대주의를 동일시하지 않도록 매우 조심해야 한다. 서유럽 봉건국가들에서도 생사에 대

---

15 Ratzel, 1, ch. I, p. 124. (원주)

16 Ratzel, 1, ch. I, p. 118. (원주)

17 남아프리카 줄루족의 족장이자 줄루 왕국의 시조(1787?–1828). 샤카Shaka라고도 불린다. 군사 전술에서 뛰어난 능력을 발휘했으며, 아프리카 남부 전지역의 씨족들을 모두 정복하였다. 1827년 어머니가 죽자 폭정을 일삼고 무리한 전술을 펼쳐 원성을 산 후, 두 의붓 형제에게 살해 당하였다. (역자 주)

18 Ratzel, 1, ch. I, p. 125. (원주)

19 미국의 고고학자이자 언어학자(1842–1921). (역자 주)

20 Ratzel, 1, ch. I, p. 346. (원주)

한 지배자의 권력은 종종 전혀 제한되지 않았지만, 그럼에도 불구하고 "거물들"이 그에게 반대할 때는 그도 힘이 없었다. 그가 계급 편성에 손대지 않는 한, 그는 잔인한 행동을 자유롭게 해도 되었으며 심지어 한 번쯤은 영주 한 명을 희생시킬 수도 있었다. 그러나 그가 감히 귀족들의 경제특권에 손대려고 하면, 그에게 불행이 닥친다. 동아프리카의 큰 왕국들에서, 한편으로는 (법적으로는) 완전히 자유롭고 또 한편으로는 (정치적으로는) 좁게 한정된 이러한 권력의 매우 특징적인 예들을 찾아볼 수 있다: "와간다족Waganda과 완요로족Wanyoro[21]의 통치가 그러하다. 이론상으로는 왕이 나라 전체를 지배하지만, 이것은 외견상의 통치에 그친다. 왜냐하면 실제로는 나라가 왕국의 주요 추장들의 것이기 때문이다. 므테사Mtesa[22] 시대에 그들은 외국세력에 대한 국민의 저항을 구체화하였다. 그리고 무앙가Muanga[23]가 새로운 것을 도입하고 싶어 했을 때, 그는 그들을 두려워했다. 왕권이 실제로는 제한되어 있었지만, 외적으로는 즉 형식에서는 당당한 지위가 그에게 주어져 있었다. 국민 다수에게는 지배자가 제약받지 않는 통치자로 존재하였다. 왜냐하면 그는 백성의 생사를 마음대로 처리하였으며, 최고 상층부의 궁정신하들이라는 좁은 범

---

21 아프리카 중앙 동부 우간다에 거주하는 소수부족. 반요로족Banyoro이라고도 불린다. (역자 주)

22 부간다Buganda왕국(오늘날의 우간다)의 왕(?–1883). (역자 주)

23 탄자니아 북동쪽에 있는 부족국가 샴바Shambaa의 왕. (역자 주)

위에서만 자신이 구속받는다고 느꼈다."[24]

국가를 만들어낸 큰 사회들 중에서 마지막 것도 언급하면, 오세아니아인에 대해서도 똑같이 다시 말할 수 있다: "군주와 백성 사이를 중재하는 대표자는 어디에도 없다 … 귀족의 원리가 … 가부장제 원리를 바로잡는다. 따라서 극심한 전제정치는 개인의 강력한 의지보다는 계급이나 카스트의 압력에 더 많이 기인한다."[25]

c) 원시 정복국가의 정치적 및 사회적 해체

원시 정복국가의 통치형식을 민족학적 – 역사학적으로 또 법학적으로 고찰할 때, 그 통치형식의 가부장제적 – 귀족제적 (또는 금권적인) 혼합이 나타내는 수많은 미묘한 차이에 대해서는 여기에서 자세히 논하지 않을 것이다. 그러한 혼합은 또한 발전의 전개에서도 아주 적은 의의 밖에 없다.

지배자의 권력이 처음에는 아무리 크다 할지라도, 불가피한 운명이 그것을 짧은 시간 안에 산산조각 낸다. 게다가 그 권력이 크면 클수록, 즉 높은 수준의 원시 정복국가의 영토가 크면 클수록, 그 만

---

24 Ratzel, 1, ch.Ⅱ, p. 245. (원주)
25 Ratzel, 1, ch.Ⅰ, p. 267/8. (원주)

큼 더 빨리 지배자의 권력을 산산조각 낸다.

앞에서 서술한 것처럼 점령을 점점 더 많이 하고 또 새로 얻은 노예들을 미사용지에 이주시키는 과정을 통해 각각의 귀족의 권력이 증대하는 것은 이미 중앙권력이 바라는 것보다 그를 더 강력하게 할 수 있다. 몸젠은 켈트족에 대해 이렇게 말한다[26]: "예를 들면 무기를 들 수 있는 사람이 8만 명이나 되는 한 씨족에, 농노와 빚진 사람들을 제외하고도 만 명의 노예를 가진 단 한 명의 귀족이 회의 소집 때 나타날 수 있다면, 당연히 그러한 귀족은 그 씨족의 한 구성원이라기보다는 하나의 독립된 왕조였다." 소말리족의 "헤이우Heiu"도 비슷하다. 그는 "대토지 소유자인데, 그의 땅에 수백 가족이 예속되어 있다. 따라서 소말리족은 우리 중세 시대의 봉건 사정을 생각나게 한다."[27]

몇몇 영주의 그러한 우위는 이미 낮은 단계의 원시 정복국가에서 생겨날 수 있지만, 그 우위는 높은 단계의 정복국가 즉 봉건대국가에서야 비로소 최고조에 달한다. 게다가 **관직권력**이 대토지 소유에 부여하는 권력 증대를 통해서 그렇게 된다.

국가가 팽창할수록, 중앙정부는 전쟁과 반란으로 가장 많이 위협받는 변경의 국경지역 관리자들에게 더 많은 관직권력을 위임하지 않을 수 없다. 그러한 관리들은 자신들의 지역을 국가의 지배하에

---

26 Mommsen, 1. Bd. Ⅲ, p. 234/5. (원주)
27 Ratzel, 1, ch. Ⅱ, p. 167. (원주)

확실하게 유지할 수 있으려면, 최고의 군사 권한과 최고의 재판관 및 행정관 직책을 동시에 지녀야 한다. 그가 아주 적은 수의 민간 관리들로 꾸려나간다 하더라도, 그는 상시적인 군사력이 필요하다. 군인들에게 어떻게 급료를 지불할 것인가? 세금을 중앙정부가 거두어들였다가 다시 전국에 배분하는 것은 화폐경제가 발달한 국가에서만 가능하다 (이것에는 아마도 단 하나의 예외가 있을 것이다. 이 예외에 대해서는 나중에 말할 것이다). 그렇지만 여기에서는, 즉 물물교환 경제의 "육지국가"에서는 아직도 화폐경제와 화폐세금에 대해 말할 수 없다. 따라서 중앙정부는 태수, 성주 또는 지방총독에게 관할구역의 현물 수입을 지시할 수밖에 없다. 이들은 예속민들에게서 세금을 짜내고 부역을 지시하며, 수수료나 벌금을 가축 등으로 받는다. 이렇게 하기 위해 그들은 무장한 군대를 유지해야 하고, 중앙정부의 지시에 따르는 일정한 군대를 설치해야 한다. 또한 도로나 다리를 건설해야 하고, 때로는 지배자와 그의 수행원들 또는 "왕의 사자"를 접대해야 하며, 마지막으로 일정한 세금을 고가의 재물이나 쉽게 운반할 수 있는 재물(말, 소, 노예, 귀금속, 포도주 등)로 궁정에 바쳐야 한다.

다른 말로 하면: 그들은 엄청나게 큰 봉토를 받는다. 이렇게 해서 그들은 자신들이 관할구역에서 가장 강력한 지주가 된다(그 지방에서 가장 위대한 인물은 아니지만 말이다. 대부분의 경우는 사실 그렇다). 그들은 관직에 있지는 않지만 같은 신분의 사람들이 하는 것을 똑같이 하지만, 그 규모만은 훨씬더 크다. 즉 매번 새로운 예속민이 딸린

새로운 토지를 소유해 자신의 군사력을 점점 더 강화시킨다. 이것은 당연히 중앙정부마저 바라는 것일 뿐만 아니라 요구하는 것이기도 하다. 사실 이것은 이런 국가들의 운명이다. 그런 국가들은 장차 자신들을 삼켜버릴 지방권력 자체를 크게 키울 수밖에 없기 때문이다.

변경의 태수가 조건을 제시할 수 있는 기회는 그에게 군사적인 도움을 요청할 때, 특히 여기에서는 빠지지 않은 왕위 계승 분쟁 때 온다. 그는 어떤 중요한 양보 즉 무엇보다도 자신의 관직봉토의 공식적인 세습권을 얻어낸다. 이렇게 해서 그의 관직봉토가 완전히 진정한 봉건영지가 된다. 변경의 태수는 점점 더 독립하게 되고, "하늘은 높고 차르의 권력은 아주 멀리까지 미친다"라는 러시아 농민의 우울한 말은 어느 하늘 밑에서도 사실이다. 나는 특징적인 하나의 예를 아프리카에서 제시한다: "룬다Lunda 제국[28]은 절대적인 봉토국가이다. 추장들(무아타, 모나, 무에네)은 무아타 얌보의 마음에 들면 국내의 모든 사무를 독립적으로 처리할 수 있다. 먼 곳에 거주하는 대추장들은 일반적으로 일 년에 한 번 무숨바Mussumba[룬다 제국의 수도]에 조공 행렬을 파견한다. 그러나 아주 먼 곳에 거주하는 추장들은 오랫동안 공물을 바치지 않고 있다. 반면에 수도에서 가까운 곳에 있는 평범한 추장들은 일 년에 여러 번 공물을 보낸다."[29]

---

28 16세기에 앙골라 북부, 콩고 서부 지역에 룬다족이 세운 국가. 1880년대에 해체되었다. (역자 주)

29 Ratzel, 1, ch. II, p. 229. (원주)

수송체계가 불충분하며 느슨하게 결합되어 있는 이 물물교환 국가들에서 공간적인 거리가 정치적으로 얼마나 강한 영향을 미치는지는 이 보고보다 더 분명하게 말할 수 있는 것이 없다. 봉건영주들의 독립성은 중앙권력의 소재지로부터 거리의 제곱에 비례해 커진다고 거의 말할 수 있을 것이다. 국왕은 그들의 봉사를 비싼 대가를 주고 얻지 않으면 안 된다. 즉 그들에게 국가 주권을 하나씩 공식적으로 넘겨주거나, 아니면 그들이 그것을 빼앗아가도 참을 수밖에 없다: 봉토의 세습권, 도로 및 상업의 독점권(높은 단계에서는 주화 제조권도), 사법권, 국가의 부역권, 지방 자유민을 전쟁에 동원할 수 있는 처분권.

이렇게 해서 국경지방의 권력자들은 서서히 점점 더 큰 독립성, 마침내는 완전한 **사실상의** 독립성에 도달한다. 봉토 통치권이라는 **형식적인** 굴레가 여전히 오랫동안 신생 제후국들을 겉으로는 묶어놓을 수 있지만 말이다. 독자에게는 이 전형적인 과정의 증거들이 무의식중에 떠오를 것이다. 중세의 역사 전체는 그러한 과정의 연쇄이다. 메로빙거 왕국과 카롤링거 왕국 그리고 독일뿐만 아니라, 프랑스, 이탈리아, 스페인, 폴란드, 보헤미아, 헝가리, 또한 일본과 중국[30]도 한 번이 아니라 여러 번 이 붕괴과정을 겪었다. 메소포타미아의 봉건국가들도 마찬가지였다. 여기에서는 큰 제국들이 교대로 나타났

---

30 Ratzel, 1, ch. I, p. 128. (원주)

는데, 항상 다시 서로 갈라졌다가 언제나 다시 합쳐졌다. 페르시아에 대해서는 분명하게 이렇게 말한다: "몇몇 국가나 지방은 반란의 성공으로 얼마 동안 자유를 얻었다. 수사Susa[31]의 '대왕'은 그들을 다시 복종시킬 수 있는 힘을 항상 갖고 있지 못했다. 다른 국가나 지방에서는 태수나 호전적인 우두머리들이 제멋대로 다스리고 충성하지 않으면서 난폭하게 독자적으로 지배했거나, 아니면 조공 의무가 있는 지방군주로서 또는 대지배자에게 복종하는 소왕으로서 지배하였다. 공통된 법도 없고, 정돈된 행정도 없고, 한결같은 사법제도도 없고, 질서와 법의 효력도 없는 국가들과 지역들의 덩어리인 페르시아 세계제국은 어쩔 수 없이 해체되는 길로 나아갔다."[32]

나일 강 지방에 있는 그 이웃 국가도 사정은 다르지 않았다: "점령자의 가족들, 즉 왕에게만 세금을 내는 자유지주들에서 일정한 지역이나 부락에 … 명령하는 영주들이 출현하였다. 이 부락 영주들은 그들 가족의 소유지와는 분리된 별개의 관할지를 통치하였다."

"그 이후의 전쟁들은 아마도 이집트의 고왕국과 중왕국 사이의 틈을 메워줄 것으로 보이는데, 여하튼 이 전쟁들에서의 승리로 **노동력**으로 이용할 수 있는 전쟁포로들을 데려왔으며, 아울러 피정복자들을 한층 더 가혹하게 착취하고 세금을 엄격하게 징수하였다. 중

---

31 이란 남서부 후제스탄주 북서부 슈슈마을이 있는 고대 도시 유적. 고대 엘람 왕국의 수도였다. (역자 주)

32 M. Weber, Weltgeschichte, Bd. Ⅲ, p. 163. (원주)

왕국에서는 부락 영주들의 권력이 엄청나게 커져, 그들은 화려한 궁정생활을 하며 왕궁의 사치를 모방하였다."[33] "왕의 권위가 쇠퇴하는 멸망 시기에는 고위관리들이 자신들의 권력을 이용해 개인적인 목적을 추구하고, 자신들의 관직을 자기 가족들에게 세습시킨다."[34]

그러나 이 역사법칙도 물론 "역사상의" 민족들에게만 적용되는 것은 아니다. 라첼은 인도의 봉건국가들에 대해 이렇게 말한다: "라지스탄 밖에서도 귀족들은 종종 많은 독립성을 누렸다. 니잠이 권력을 탈취한 다음에도 하이데라바드에서조차 우마라 또는 나봅들은 니잠의 군대와는 독립적으로 자신의 군대를 유지하였다. 이 소군주들은 근대에 들어와 점점 더 커지는 인도 국가의 행정상 요구에 대군주들만큼 잘 응하지 않았다."[35]

그리고 아프리카에서조차 봉건 대국가들은 왔다가 사라진다. 영원히 똑같은 사건의 흐름에서 나타났다가 다시 터져버리는 거품처럼 말이다. 강력한 아샨티 제국은 150년 사이에 영토의 1/5로 줄어들었으며,[36] 포르투갈인들과 충돌한 왕국들 중 많은 국가는 그 후 흔적도 없이 사라졌다. 그렇지만 강력한 봉건왕국들도 있었다: "베냉, 다

---

33 Thurnwald, 1, p. 702/3. (원주)

34 Thurnwald, 1, p. 712. 다음을 참조하라. Schneider, Kultur und Denken der alten Ägypter, Leipzig 1907, p. 38. (원주)

35 Ratzel, 1, ch. II, p. 599. (원주)

36 Ratzel, II, p. 362. (원주)

호메이 또는 아샨티처럼 화려하고 잔혹한 흑인 왕국들은 정치적으로 조직화되지 않은 부족들로 둘러싸여 있다는 점에서 고대 페루나 멕시코와 많은 유사점이 있었다. 주로 지역행정을 책임지는 므푸무 Mufumu라는 엄격하게 선발된 세습귀족과 더불어 일시적인 신분계급이 로앙고Loango[37]에서는 지배층의 강력한 기둥을 이루었다."[38]

한때 대왕국이었던 국가가 이렇게 해서 국법상으로든 사실상으로든 간에 서로 독립적인 소국가들로 분열하더라도, 옛 과정이 다시 시작한다. 큰 국가가 작은 국가를 삼켜 마침내 새로운 대왕국이 생겨났다. "가장 힘센 지주들이 나중에 황제가 된다"고 마이첸August Meitzen[39]은 독일에 대해 간결하게 말하였다.[40] 그러나 군주의 이 큰 영토도 전쟁가신들에게 지주권[영주권]을 줄 필요성 때문에 분산되어 사라졌다. "이때는 왕들이 직접 나누어주었다. 삼각주에 있는 그들의 광대한 토지 재산이 녹아 없어졌다"고 슈나이더(제1장 38쪽)는 제6대 왕조의 파라오들에 대해 말한다. 프랑크 왕국에서는 메로빙거 왕가와 카롤링거 왕가의 영지가 사라진 것처럼, 독일에서는 작센 왕가와 슈타우퍼 왕가의 영지가 사라졌다.[41] 우리는 이에 대한 증거

---

37 16세기부터 19세기까지 지금의 콩고 공화국 서부 지역에 있었던 아프리카 왕국. (역자 주)

38 Ratzel, 1, ch.Ⅱ, p. 344. (원주)

39 독일의 통계학자이자 경제학자(1822–1910). (역자 주)

40 Meitzen, 1, ch. Ⅱ, p. 633. (원주)

41 Inama-Sternegg, 1, ch. Ⅰ, p. 140/1. (원주)

를 더 이상 나열할 필요가 없다. 누구나 그 증거를 가질 수 있기 때문이다.

결합과 분열이 끝없이 교대로 나타나는 이 마법의 순환에서 어떤 힘이 원시 정복국가들을 마침내 해방시켰는가에 대해서는 나중에 고찰할 것이다. 우선은 이 역사적인 과정의 정치적인 측면 다음으로 **사회적인** 측면을 고찰해야 한다. 그 과정은 계급 편성을 가장 결정적으로 변화시킨다.

이 과정은 어디에서나 지배집단의 하층인 촌락 자유민들에게 무서울 정도로 깊은 충격을 준다. 그들은 **농노**로 전락한다. 그들의 몰락은 중앙권력의 쇠퇴와 동시에 진행될 수밖에 없다. 양쪽 모두 대영주의 점점 뻗어나가는 권력에 똑같이 위협을 느끼기 때문에 자연스럽게 결합한다. 국왕이 영주를 지배할 수 있는 것은 자신이 다스리는 지역의 자유민들을 징집해 모은 병력이 영주의 근위대, 즉 영주의 "수행원"보다 그 수가 더 많을 때뿐이다. 그러나 우리가 이미 서술한 바와 같은 숙명적인 필연성에 의해 국왕은 농민들을 토지 귀족에게 넘기지 않을 수 없다. 이렇게 해서 토지 귀족은 자신의 권력을 늘린다. 그리고 토지 귀족의 근위대가 국왕이 소집한 병력보다 힘이 더 세면, 자유농민은 토지 귀족에게 넘어간다. 영주가 국가 주권을 위임받아 갖고 있었던 곳에서는, 즉 영주가 어느 정도 독립된 지방군주가 된 곳에서는 자유민에 대한 억압이 적어도 부분적으로는 위장된 법의 형태로 일어난다. 지방군주가 왕조를 세우려는 의도에서 새로운 땅과 새로운 사람들을 추구하면 할수록 점점 더 자주 요구되는 전쟁복무 때문에, 자유민은 파산한다. 지방군주는 자유민의 부역의무를 남용하고 사법권을 악용한다.

그런데 영주들이 가장 중요한 왕권 즉 아직 점령되지 않은 땅에 대한 처분권을 형식상 위임받거나 또는 사실상 찬탈함으로써, 촌락 자유민은 결정적으로 타격을 받는다. 그 땅은 본래 "주민", 즉 자유민들이 공동으로 사용하는 것이었다. 그러나 아마도 어디에서나 통용될 것으로 보이는 관습에 따라 족장이 그 땅에 대한 처분권을 갖고 있다. 이 처분권도 다른 왕권과 함께 "지방영주"에게 넘어간다. 이렇게 해서 지방영주는 나머지 자유민들마저 목 졸라 죽일 수 있는 수단을 손에 넣는다. 그는 아직 경작되지 않은 모든 땅을 자기 재산이라고 선언하고 자유농민들의 점유를 금지하고는, 단지 자신의 최고통치권을 인정하는 자들에게만 (즉 어떤 식으로든 의존하고 예속 상태에 있는 자들에게만) 접근을 허락한다.

이것은 촌락의 자유를 관에 묻어버리는 마지막 못이다. 지금까지는 재산 상태에서의 평등이 어느 정도 보증되었다. 그리고 농부가 열두 명의 아들들이 있었어도, 유산은 분할되지 않았다. 왜냐하면 그들 중 열한 명은 마을의 공유지에 있는 새로운 농지를 개간하거나, 아니면, 아직도 지역주민들에게 분배되지 않은 공용지에 있는 새로운 농지를 개간하였기 때문이다. 이것이 이제부터는 불가능하다. 많은 자식들이 자라난 곳에서는 농지가 분할되고, 남자 상속인과 여자 상속인이 결혼한 곳에서는 농지가 하나로 합쳐진다. 지금은 광대한 지면을 경작하는 것을 도와주는 "노동자들" 즉 후페Hufe의 1/2을 지닌 소농, 1/4을 지닌 소농, 1/8을 지닌 소농이 있다. 따라서 자유로운 촌락공동체가 부자와 가난한 자로 분열된다. 이미 이것은 지금까지 화살 묶음을 부러뜨리기 어렵게 한 유대를 느슨하게 하였다. 그리고 너무 비참해진 촌락민이 압박을 피해 영주에게 자신을 "맡겼기" 때문에, 또는 영주가 주인이 죽거나 빚을 너무 많이 져 비어 있는 땅이 된 농지를 자신의 농노로 채우기 때문에, 부자유가 촌락공동체에 침투한다. 이렇게 되면 모든 사회적 결속력이 느슨해지고, 계급이나 재산의 차이로 분열된 농민층은 권력자에게 힘없이 굴복한다.

그런데 대귀족이 국가의 통치권을 내세울 수 없을 때에도 다르게 진행되지 않는다. 이때 공공연한 폭력과 뻔뻔스런 법률 위반은 똑같은 목적을 수행한다. 그리고 멀리 떨어져 있는 힘없는 군주는 법 위반자나 폭력 행사자의 선한 의지에 기댈 뿐 간섭할 힘도 그럴 가능성도 없다.

이 사항에 대해서도 예를 들 필요가 없다. 독일에서는 자유농민층이 몰수와 계급 하락의 과정을 적어도 세 번 겪었다. 한 번은 켈트족 시대에 겪었다.[42] 독일 본토의 자유농민들은 9세기와 10세기에 두 번째 몰락하였다. 그리고 똑같은 종류의 세 번째 비극은 15세기부터

---

42 Mommsen, 1. ch.V, p. 84. (원주)

예전에 슬라브인들의 땅이었던 식민지역에서 연출되었다.[43] 그것은 일반적으로 군주의 권위가 없는 곳에서 농민들에게 가장 심한 타격을 주었다. 군주와 피지배자들 간의 자연스러운 이해利害유대가 거의 어디에서나, 특히 "귀족공화국"에서는 적어도 억압의 외적인 형태에 영향을 주었기 때문이다.

케자르 시대의 갈리아에 있었던 켈트족이 가장 이른 예들 중의 하나를 제공한다. 여기에서는 "중요한 가족들이 경제, 군사, 정치에서 우위를 차지하고 있었다. 그들은 국가의 돈벌이 사업권의 임차를 독점하였다. 그들은 세금의 부담에 짓눌린 촌락 자유민들에게 자신들로부터 돈을 빌리도록 강요해서, 처음에는 사실상 채무자가 되게 하고 그 다음에는 법적으로 농노가 되게 해 자유를 포기하게 하였다. 그들은 자신들의 이익을 위해 종사제도, 즉 급료를 받는 많은 무장 하인들(소위 암박트Ambakt)을 거느릴 수 있는 귀족의 특권을 발전시켰으며 이렇게 해서 국가 안에 하나의 국가를 구성하였다. 이러한 자기 부하들에 기대어 그들은 합법적인 관청과 지방의 소집된 군대에 도전해, 국가공동체를 사실상 파괴하였다 … 여전히 농노만은 그의 영주에게서 보호를 구하였다. 그리고 영주는 자신의 의무와 이익을 고려해 자신의 예속평민에게 가해진 부당한 짓을 처벌할 필요가 있었

---

43 다음에 있는 자세한 설명을 참조하라. Franz Oppenheimer, Grossgrundeigentum und soziale Frage, Buch Ⅱ, Kap. 3. (원주)

다. 국가는 자유민들을 보호할 힘이 더 이상 없었다. 따라서 그들은 점점 더 많이 유력자에게 예속자로서 자신을 맡길 수밖에 없었다."[44] 우리는 바로 이와 똑같은 사정을 1500년 후에 쿠를란트Kurland, 리브란트Livland, 스웨덴령 포메라니아Schwedish-Pommern, 동홀슈타인 Ost-Holstein, 메클렌부르크Mecklenburg, 특히 폴란드에서 찾아볼 수 있다.[45] 독일에서는 자유농민이 토지 귀족에게 굴복한 것처럼, 폴란드에서는 자유롭고 귀족에 속하는 슐락지즈Schlachziz[하위귀족]가 토지 귀족에게 굴복하였다. "세계사는 단조롭다"고 라첼은 말한다. 그런데 똑같은 과정이 이미 고대 이집트에서는 농민층을 쓰러뜨렸다: "전쟁이라는 막간극 다음에 온 중왕국 시대에는 남부 농민들의 처지가 한층 더 악화되었다. 지주들의 수는 줄어들었지만, 그들의 토지 재산과 권력은 커졌다. 농민들의 세금은 정확한 재산평가에 입각해서,

---

44 Mommsen, 1. ch. Ⅲ. p. 234/5. (원주)

45 쿠를란트: 발트해 연안 라트비아 공화국의 서부지역. 이 지방은 원래 라트비아인들의 거주지였지만, 13세기 초부터 독일 기사단들에게 정복된 이후 1237년에는 독일 기사령이 되었다. 이 상태가 중세까지 계속되었기 때문에 지배자는 독일인(특히 발트 독일인이라고 한다), 피지배자는 라트비아인이라는 독특한 사회구조가 이루어졌다.
리브란트(리보니아Livonia라고도 한다): 라트비아와 에스토니아의 옛 이름. 12세기 이후 덴마크인과 독일인의 강점이 적극적으로 이루어졌다. 13~16세기에는 독일 기사단이 지배하였는데, 당시의 기사단이 지배한 발트해 동쪽 해안지역을 리브란트(리보니아)라고 하였다.
스웨덴령 포메라니아: 포메라니아는 유럽 중북부, 발트해 남쪽 연안에 자리잡은 역사상의 지방으로, 1648년~1720년(일부는 1814년)까지 포메라니아 전체가 스웨덴령이었다.
동홀슈타인: 독일의 최북단에 있는 슐레스비히홀슈타인의 한 지역.
메클렌부르크: 독일 북동쪽 끝에 있는 옛 주의 이름. 이곳은 원래 슬라브인들의 거주지였지만, 12세기 이후 독일인의 식민이 추진되어 독일의 정치·문화권에 편입되었다. (역자 주)

즉 일종의 토지 대장을 통해 엄격하게 확정되었다. 이런 압력 때문에 많은 농민들은 지역 영주들의 부역 영지나 도시로 몰려들었다. 그들은 그곳에서 노예나 수공업자, 또는 관리가 되어 농장 및 궁정의 경제조직에 편입되었다. 이렇게 해서 그들은 그때그때의 전쟁포로들과 함께 영주들의 영지 관리를 확대시키고 농민들을 그들 자신의 소유지에서 쫓아내는 데 기여하였다(이러한 축출은 아마도 당시에는 널리 행해졌을 것이다).[46]

이 과정의 불가피성을 로마 제국의 예보다 더 분명하게 보여주는 것은 없다. 로마 제국이 "근대"에 처음으로 무대에 등장했을 때, 이곳에서는 예속 개념이 이미 실종되었다. 노예제도만이 알려져 있다. 그렇지만 1500년 후 로마가 지나치게 넓은 대국가가 되어 국경지역들이 중심부에서 점점 더 많이 벗어나자, 자유농민들은 또다시 진정한 예속상태에 빠진다. 자신들의 소유지에서 낮은 정도의 재판권과 경찰 행정권을 위임받은 대지주들은 "자신들의 소작인들을 ― 이들은 본래 조세의무가 있는 토지를 소유한 자유민이었지만 ― 궁정법으로 정한 신분으로 전락시켜, 일종의 특전으로서 사실상 토지에 부속된 농노들을 발달시켰다."[47] 이주해온 게르만인들은 갈리아와 다른 지방에서 이러한 봉건 질서를 그대로 물려받은 수 있었다. 이미

---

46 Thurnwald, 1, P. 771. (원주)
47 Meitzen, 1, ch. I, p. 362이하. (원주)

여기에서는 예전에는 매우 엄청나게 컸던 노예와 자유식민자 간의 차이가 완전히 사라졌다. 처음에는 경제사정에서, 그 다음에는 당연히 법제도에서도 완전히 사라졌다.

어디에서나 촌락 자유민들이 정치적으로나 경제적으로 인근의 대영주에게 의존하며 농노로 전락할 때, 전에는 복종하였던 계층이 올라가기 시작한다. 두 계층은 서로를 향해 가다가 중간에서 만나며, 마침내는 하나가 된다. 우리가 방금 후기 로마의 자유식민자들과 농업노예들에게서 관찰한 것이 도처에서 일어난다. 따라서 독일에서는 촌락 자유민들이 전직 농노들과 합쳐져 경제적으로나 법적으로나 통일된 계층 즉 "영지에 예속된 농민"이 된다.[48]

전직 "예속민" — 나는 그들을 간단히 "평민Plebs"이라고 부르겠다 — 의 대두는 자유민의 몰락과 똑같은 결과를 초래한다. 그들의 대두는 국가 질서 전체의 기초가 되는 기본전제, 즉 점점 더 소수의 손에 토지 재산이 쌓이는 것에서 일어난다.

평민은 중앙권력의 자연스러운 적이다. 왜냐하면 중앙권력은 그들의 정복자이자 과세자이기 때문이다. 또한 평민은 촌락 자유민들의 자연스러운 적이다. 왜냐하면 이들은 평민을 경멸하고 또 정치적으로뿐만 아니라 경제적으로도 억압하기 때문이다. 대귀족도 마찬가지로 중앙권력의 자연스러운 적이다. 왜냐하면 중앙권력은 그의 정

---

48 Inama-Sternegg, 1, ch. 1, p. 373, 386. (원주)

치적 독립을 막는 장애물이기 때문이다. 대귀족은 또한 촌락 자유민들의 자연스러운 적이다. 왜냐하면 촌락 자유민들은 중앙권력을 지지할 뿐만 아니라, 자신들의 소유지로 공간적으로 대귀족의 지배 확대를 막고 권리의 평등에 대한 요구로 그의 영주로서의 자존심에 불편함을 주기도 하기 때문이다. 따라서 정치적 및 사회적인 이해관계의 일치는 지방영주와 평민들을 동맹자로 만들 수밖에 없다. 지방영주는 국왕이나 촌락 자유민들과 권력 투쟁할 때 믿을 만한 전사들과 온순한 납세자들을 자기 마음대로 할 수 있을 때에만 완전히 독립할 수 있다. 평민들은 몹시 밉고 오만한 자유민들이 몰락할 때에만 경제적으로나 사회적으로 자신들의 천민 지위에서 벗어날 수 있다.

우리는 여기에서 영주와 그 예속민들 간의 유대를 두 번째 만난다. 처음에는 그 유대가 이미 국가 형성의 두 번째 단계에서 희미하게 나타났다. 이러한 유대로 인해 군주나 다름없는 영주는 자기 지역에 있는 자유민들은 가혹하게 다루면서 자기에게 예속된 소작농들은 부드럽게 다룬다. 결국 소작농들은 그만큼 더 기꺼이 영주를 위해 싸우고 세금을 낼 것이다. 반면에 억압받은 자유민들은 그만큼 더 순순히 영주의 억압에 굴복할 것이다. 특히 그들의 부분적인 주권은 중앙권력의 쇠약과 함께 말의 그림자[의미 없는 말]에 불과한 것이 되었기 때문이다. 여기저기에서 — 독일에서는 10세기 말경에 완전히 의식적으로 일어났다[49] — 지방영주는 특히 "부드러운" 지배를 행사해 이웃 권력자의 예속민들을 자기 쪽으로 끌어들이고, 그렇게 해서 자신의 군사력과 조세력을 강화시키며 아울러 자신의 자연스러운 적인 그 이웃 권력자의 힘을 약화시킨다. 따라서 평민은 형식적으로든 사실상으로든 점점 더 많은 권리, 더 나은 소유권, 공동체 문제에서 자치권과 독자적인 재판권도 갖는다. 촌락 자유민들이 아래로 내려가는 만큼 평민들은 위로 올라온다. 마침내 양쪽은 중간에서 만나 융합해 법적으로나 경제적으로나 대충 같은 계층이 된다. 반은 농노이고 반은 국가의 백성인 그들은 아직도 국법과 사법의 분명한 구분을 모르는 봉건국가의 특징적인 구성을 나타낸다. 이것은 **사적인 경제 권리를 위해 국가의 지배**를 세운 그 역사적 발생의 직접적인 결과이다.

d) 인종 융합

몰락한 자유민들과 상승한 평민들 간의 법적 및 사회적 융합이 이제는 말할 것도 없이 인종의 침투도 된다. 처음에는 피정복민이 자유민과 교류하거나 결혼하는 것이 엄격하게 금지되었지만, 지금은 양자 간의 혼합이 더 이상 저지되지 않는다. 마을에서 사회계급을

---

49 다음을 참조하라. Franz Oppenheimer, Großgrundeigentum und soziale Frage, p. 272. (원주)

결정짓는 것은 더 이상 귀족 혈통이 아니라 부이다. 그리고 목축민 전사의 순수혈통을 지닌 후손이 마찬가지로 순수한 노예 자손에게 고용된 농업 일꾼으로 일하지 않으면 안 되는 경우도 꽤 자주 있었을 것이다. 백성이라는 사회집단은 이제 옛 지배자들이라는 인종집단의 일부와 옛 피지배자집단의 일부로 구성되었다.

마지막에 언급한 피지배자집단의 일부만으로 구성되었다! 왜냐하면 그들의 다른 부분은 지금 옛 지배자들이라는 인종집단의 다른 부분과 융합해 하나의 동질적인 사회집단이 되었기 때문이다. 말하자면 평민의 일부는 많은 촌락 자유민들이 내려간 지점까지 올라갔을 뿐만 아니라, 그것을 넘어서기도 했다. 즉 평민의 일부는 지금 그 수가 줄어든 만큼이나 지위는 엄청나게 높아진 지배집단에 완전히 수용되었다.

이것 역시 세계사적으로 일반적인 과정이다. 왜냐하면 이 과정은 어디에서나 봉건적인 지배질서의 조건에서는 불가피하게 일어나기 때문이다. 중앙권력의 주인으로서든 지방권력의 소유자로서든 간에 군주 지위를 차지한 동료들 중의 제1인자primus inter pares는 그의 동료들보다 더 순종적인 지배수단을 필요로 한다. 그의 동료들이란 그 자신이 올라가고자 한다면 그가 짓밟아야 하는 계급을 나타낸다. 모든 사람은 그것을 바라며 또 바라지 않으면 안 된다. 권력 추구는 여기에서는 자기보존 추구와 똑같기 때문이다. 그의 이러한 노력은 고분고분하지 않고 고개를 뻣뻣하게 쳐드는 친척들이나 귀족들의 방해를 받는다. 이런 이유에서 우리는 가장 강력한 봉건제국의 대왕에서 거의 순전히 사적인 "대토지 소유"의 영주에 이르기까지 모든 궁정에서, 출신이 분명치 않은 사람들이 신뢰받는 관리로서 지배집단의 대표자들 곁에 있는 것을 볼 수 있다. 이들은 종종 군주의 관리라는 가면을 쓰고 있지만, 실제로는 "최고 관리" 즉 그 집단의 대리인으로서 군주 권력의 공유자이다. 반투족의 왕궁에 있는 인두나 Induna들이 생각난다. 군주가 부담스럽고 까다로운 고문들보다 완전히 자신이 만들어낸 사람들을 더 잘 신뢰한다는 사실은 결코 놀라운 일이 아니다. 이들의 지위 전체는 군주의 지위와 분리될 수 없을 만큼 완전히 연결되어 있다. 군주가 실각하면 그들도 함께 불행에 빠질 수밖에 없다.

여기에서도 또 다시 역사적인 증거는 거의 필요없다. 모든 사람들이 아는 것처럼, 서유럽 봉건왕국의 궁정에는 왕의 친척과 몇몇 대봉신들 이외에 하위집단 출신으로 높은 지위에 오른 자들(성직자들[50], 무술에 능한 평민들)이 있었다. 칼 대제의 측근 신하들은 그의 왕국의 모든 인종과 민족을 대표하는 자들로 구성되어 있었다. 디트리히 전설[51]에서도 피정복민족 중 용감한 자제들의 이러한 출세를 찾

---

50 이런 문맥에서 군주들은 낯선 종교도 기꺼이 받아들일 필요가 있다. 성직자들은 적어도 처음에는 그들의 자연적인 동맹자이며, 또한 정령에 대한 두려움 덕분에 매우 유효한 동맹자이다. (원주)

51 디트리히 폰 베른Dietrich von Bern은 게르만 전설에 나오는 영웅이다. 이 전설은 493~526

아볼 수 있다. 나는 여기에서도 잘 알려지지 않은 몇 개의 증거를 제시한다.

파라오의 나라[이집트]에는 이미 고대 왕국 때 목축 정복민의 봉건 귀족 출신 국가관리들(이들은 국왕의 대리인으로서 지사知事의 전권을 가지고 지방 행정구역을 다스렸다) 외에 "몇 가지 행정기능을 맡은 **궁정관리**"가 있었다. 이 궁정관리는 "지배군주의 궁정에 배치된 다수의 하인들 — 전쟁포로, 망명자 등 — 중에서 선발되었다."[52] 요셉 우화[53]도 한 노예가 전능한 대신으로 신분 상승한 것을 이 시대에는 흔히 있는 현상으로 보여주고 있다. 황제 치하의 로마에서도 그러하였다.

그리고 오늘날에도 여전히 그러한 경력이 페르시아, 터키, 모로코 등 동양의 모든 궁정에서는 전혀 못 들어본 것이 아니다. 노년의 데르플링게르Georg von Derfflinger[54]는 훨씬 더 최근의 시대에서, 즉 발전된 봉건국가에서 신분국가로 이행하는 단계에서 *끄*집어낸 하나의 예를 든다. 이런 예는 수많은 용감한 무사들의 예로 더 많이 늘릴 수 있을 것이다.

년에 이탈리아를 통치했던 동고트족의 왕인 테오도릭 대제에서 유래한 것으로 여겨진다. 디트리히는 현명하고 공정한 통치자의 전형으로 그려지고 있다. (역자 주)

52 Ratzel, 1. ch. II, p. 706. (원주)

53 요셉은 구약성서 《창세기》에 나오는 야곱의 열두 아들 중 열한 번째 아들. 형제들의 시기를 사 이집트에 팔려갔다가, 왕의 꿈을 해몽한 것을 계기로 왕의 신임을 크게 얻어 마침내 총리대신이 되었다. (역자 주)

54 프러시아의 육군 원수(1606~1695). (역자 주)

그리고 "역사가 없는 사람들"의 예를 몇 개 더 인용해 보자. 라첼은 보르누Bornu왕국[55]에 대해 보고한다: "자유민들은 셰이크Scheich[족장, 추장]의 노예들에 대해서는 자신들이 자유민의 자손이라는 의식을 잊지 않았지만, 지배자는 자신의 친척이나 같은 부족의 자유민보다 노예들을 더 많이 신뢰하고 이들의 충성을 기대하였다. 궁정 일뿐만 아니라 국토 방위도 오래 전부터 주로 노예들에게 맡겼다. 군주의 형제들뿐만 아니라 야심이 있거나 추진력이 있는 자식들도 의심의 대상이었다. 궁정에서 가장 중요한 직책들이 노예들의 수중에 있는데 반해, 정부 청사로부터 멀리 떨어진 곳에 있는 직책들은 왕자들의 수중에 있다. 직책과 지방의 수입이 그들의 봉급을 부담한다."[56]

풀베족에서는 "사회가 군주, 추장, 촌락민, 노예로 구분되어 있다. 왕의 노예들은 병사나 관리로서 큰 역할을 하기 때문에 국가에서 가장 높은 자리를 바랄만 한 충분한 이유가 있다."[57]

이러한 궁정귀족은 사정에 따라 왕국의 관리가 될 수도 있다. 그러므로 앞에서 서술한 지방영주가 되는 길이 그에게 열려 있다. 이 경우 그는 발달된 봉건국가에서는 높은 지위의 귀족을 대표한다. 그

---

55 아프리카 중서부에 있는 차드 호수 서쪽에 14세기 말경 세워진 왕국, 1846년에 유럽의 간섭을 받아 멸망하였다. (역자 주)

56 Ratzel, 1. ch.Ⅱ, p. 503. (원주)

57 Ratzel, 1. ch.Ⅱ, p. 518. (원주)

리고 더 강력한 이웃 국가가 그 나라를 합병해 속국의 지위로 떨어뜨렸을 때에도, 그는 흔히 그의 지위를 유지한다. 프랑크 왕국의 고위귀족 중에는 확실히 태어날 때부터 하층민집단에 속한 자들이 있었다.[58] 그리고 유럽 문화권 전체의 고위귀족 대부분이 적어도 간접적으로는 혼인관계를 통해 이 혈통에서 나왔기 때문에, 우리는 현재의 피지배집단처럼 지배집단의 최고위층에서도 인종 융합을 볼 수 있다. 이집트의 경우도 마찬가지이다: "멸망시기에 왕의 권위가 실추될 때 고위관리들은 자신들의 권력을 개인적인 목적으로 이용해 그들의 관직을 자기 가족들에게 세습시켜 인종적으로 그 밖의 인구와 구분되지 않는 관리귀족을 만들어낸다."[59]

마지막으로 똑같은 과정이 똑같은 이유에서 현재의 중간계급, 지배집단의 하위층, 대영주의 관리와 장교에게 타격을 준다. 처음에는 대영주가 영지를 준 자유로운 가신들(친척, 다른 귀족가문의 둘째 이하의 자제들, 가난해진 동료들, 자유롭게 태어난 몇몇 농민자제들, 자유로운 망명자들, 자유로운 신분 출신의 전문적인 무술가들)과 평민 출신의 소위 근위대 하급장교들 사이에 사회적 차별이 여전히 존재한다. 그러나 부자유는 증가했으며, 자유의 사회적 가치는 하락하였다. 여기에

---

58 Meitzen, 1, ch. I, p. 579: "살리카법전[ex salica[게르만인 부족법 중에서 가장 오래된 법전] 이 공포되자 오랜 세습귀족은 촌락 자유민으로 전락하거나 사라졌다. 그러나 관리들은 이미 세배의 살인 배상금(600솔리더스, 그리고 그가 '왕의 아이'라면 300솔리더스)을 받는다." (원주)

59 Thurnwald, 1, P. 712. (원주)

서도 군주는 자신의 동료들보다 가신들을 더 많이 신뢰한다. 따라서 여기에서도 조만간 완전한 융합이 생겨난다. 독일에서는 궁정에 소속된 귀족이 1085년만 하더라도 농노servi와 리토네스litones 사이에 있었지만, 100년 후에는 이미 자유민liberi이나 관직귀족nobiles에 속하였다.[60] 13세기 중에 궁정귀족은 자유로운 봉신들과 함께 기사귀족이 되었다. 그러는 동안에 궁정귀족은 기사귀족과 경제적으로 똑같아졌다. 양쪽 모두 군대 소집에 응하는 의무의 대가로서 하위봉토, 즉 복무봉토를 갖고 있었다. 그리고 신하들, 즉 "가신들"의 복무봉토도 그러는 사이에 자유로운 봉신들의 봉토와 마찬가지로 세습된다. 마치 오랜 귀족 중에서 지방영주에게 병합되지 않고 자신의 지위를 유지한 약간의 소영주들의 세습재산이 그 전부터 그랬던 것처럼 말이다.

이 과정은 서유럽의 다른 모든 봉건국가에서도 아주 비슷하게 진행된다. 그것과 정확하게 짝을 이루는 것은 유라시아대륙의 극동, 즉 일본에서 찾아볼 수 있다. 대명大名은 고위귀족이며, 사무라이는 기사계급 즉 무사귀족이다.

이렇게 해서 봉건국가는 완전히 발전하였다. 봉건국가는 정치적으로나 사회적으로 수많은 계층들로 이루어진 위계질서를 구성한다. 하위계층은 언제나 상위계층에 대해서 부역의무가 있으며, 상위

---

60 Inama-Sternegg, 1. ch.Ⅱ, p. 61. (원주)

계층은 하위계층에 대해서 보호 의무를 진다. 이 위계질서의 기초를 이루는 것은 노동하는 민중들인데, 이들의 대부분은 언제나 농민들로 구성되어 있다. 이들의 노동 잉여인 지대, 즉 경제수단의 "잉여가치" 전체는 상류층의 생활을 유지하는 데 쓰인다. 이 지대는 다수의 토지에서 소봉신들에게로 넘어간다(그 토지들이 더 이상 지방영주나 국왕의 직접적인 직할령이 아닌 한은 말이다). 이 소봉신들은 그 대신 계약에 따라서 군대 소집을 수행해야 하며, 또 어떤 경우에는 경제상의 의무를 완수해야 한다. 소봉신보다 더 중요한 봉신도 똑같이 대봉신에게 의무를 갖고 있으며, 이 대봉신은 적어도 형식적–법률적으로는 중앙권력의 보유자에게 의무가 있다. 그리고 황제든 왕이든 술탄이든 샤Schah[페르시아 왕]든 파라오든 간에 이들은 또 다시 부족신의 봉신으로 여겨졌다. 이렇게 해서 정교하게 등급이 매겨진 신분질서가 (농민들이 모든 것을 부담하고 모든 사람을 먹여 살리는) 경작지에서 "하늘의 왕"으로까지 올라간다. 이 신분질서가 국가 생활 전체를 사로잡고 있기 때문에, 관습과 법에 따라 어느 한 조각의 땅도 어떤 인간도 그 신분질서에서 벗어날 수 없다. 그렇지만 본래 촌락 자유민들을 위해 만들어진 모든 법이 무효가 되거나 지방영주의 승리로 인해 목적에 맞지 않게 왜곡되었다. 봉건제도 안에 있지 않은 자는 사실상 법률의 보호 밖에 있다. 그는 보호도 없고 "권리"도 없다. 즉 법만이 만들어주는 힘이 없다. 따라서 어쩌면 토지 귀족의 오만함에서 나온 것처럼 보일지도 모르는 원칙, 즉 "군주 없는 토지는 없다"는 것도 실제로는 새로 만들어진 법률상태의 성문화成文化에 불과하다. 그리고 경우에 따라서는 완전히 극복된 원시 정복국가의 몇몇 잔재들이 더 이상 참을 수 없을 만큼 시대에 뒤떨어졌기 때문에, 그 잔재들을 제거하는 것에 불과하다.

역사철학의 만능열쇠로서 인종론을 주장한 사람들은 공인되지 않은 사실에서 많은 결론을 이끌어내지 않았는가? 게르만인만이 그들의 우수한 "국가건설 재능" 덕분에 발전된 봉건국가의 정교한 구조를 완성하였다는 그런 사실에서 말이다. 이러한 주장은 이미 신뢰를 많이 잃어버렸다. 그 후 몽골인종도 일본에서 완전히 똑같은 일을 수행했다고 우리는 확신할 수밖에 없었기 때문이다. 더 강력한 문화의 침입이 길을 차단하지 않았다 하더라도, 어쩌면 흑인은 그것을 달성하지 못했을 것이다. 예를 들면 우간다는 중세 문화의 "전통가치"를 제외하면 카롤링거 왕국이나 붉은 머리 볼레슬라프의 왕국과 크게 다르지 않겠지만 말이다. 그 전통가치는 게르만인종의 공적이 아니라, 그들이 운명으로부터 지참금으로 받은 선물이었다.

그러나 흑인은 제쳐놓자. 국가 형성 능력이 전혀 없다고 사람들이 말하는 "셈족"도 천 년 전에 바로 그 봉건제도를 구축하였다. 적어도 이집트 왕국의 건설자는 셈족이었다. 투른발트의 다음과 같은 보고를 읽으면, 슈타우퍼Staufer[61]시대에 서술한 것 같다는 생각이 들지 않는가[62]: "한 권력자의 시종이 된 자는 그렇게 해서 그 권력자의 보호를 받는다. 가장의 보호를 받는 것처럼 말이다. 이 관계는 … 군신 관계와 비슷한 충성관계를 나타낸다. 이 보호 대 충성 관계는 이집트 사회조직 전체의 기초가 된다. 이 관계는 파라오와 그 관리들의 관계의 기초가 되는 것처럼, 마찬가지로 봉건영주와 소작인들이나 농민들의 관계의 기초도 된다. 공동의 보호자 밑에 있는 집단으로의 개인들의 결합은 이러한 형식에 근거를 둔다. 이때 그 후원자들이 위계질서는 사회피라미드의 정점, 즉 자신을 '자기 아버지의 자리를 맡아 놓고 있는 자', 지상에서의 신의 봉신으로 여기는 왕에까지 이른다. 이러한 사회적 결합 밖에서 사는 자, 즉 '주인(=보호자)'이 없는 사람'은 보호받지 못하며 따라서 권리가 없다."

우리는 지금까지 어떤 특별한 인종 재능 가설을 사용하지 않았는데, 앞으로도 이 가설을 필요로 하지 않을 것이다. 그 가설은 스펜서Herbert Spencer[63]가 말한 것처럼 역사철학을 만들 경우 그러한 시도 중에서 가장 어리석은 시도이다.

상호의존하는 단 하나의 피라미드 속에 신분들이 다양하게 배치되어 있는 것이 발달한 봉건국가의 첫 번째 특징이다. 처음에는 분

---

61 슈타우퍼라는 이름은 독일 남서부 슈바벤에 지은 호엔슈타우펜Hohenstaufen 성채에서 유래한다. 호헨슈타우펜 가문은 중세 전성기인 12-13세기에 독일, 이탈리아, 시칠리아, 신성 로마 제국의 황제들을 배출하였다. (역자 주)

62 Thurnwald, 1, P. 705. (원주)

63 영국의 사회학자이자 철학자(1820-1903). (역자 주)

리되었던 인종집단들이 융합해 하나의 민족성을 나타내는 것은 그 두 번째 특징이다.

예전에 있었던 **인종**차이 의식은 완전히 사라졌다. **계급**차이만 남아있다.

이제 우리는 더 이상 인종집단을 다루지 않고 사회계급을 다룰 것이다. **사회적** 대립은 국가의 생활만을 지배한다. 따라서 인종 집단의식은 계급의식으로 변하며, 집단이론은 계급이론으로 바뀐다. 그럼에도 불구하고 그 본질은 전혀 바뀌지 않는다. 새로운 지배계급은 옛 지배집단처럼 정통주의이며 자신의 인종에 대해서 자랑스럽게 여긴다. 신흥 무사귀족도 자신들이 피정복민집단 출신이라는 것을 빨리 또 완전히 잊어버리려고 한다. 또 다른 한편으로 더 낮은 계급으로 하락한 자유민이나 몰락한 귀족은 "자연법"을 내세운다. 전에는 피지배자들만이 그랬는데 말이다.

그리고 발전한 봉건국가의 본질은 여전히 원시적인 국가 형성의 두 번째 단계의 것과 근본적으로 똑같다. 그 형식은 지배이며, 그 본질은 경제수단의 정치적 이용이다. 그리고 이 이용은 국법에 의해 제한된다. 국법은 정치수단 행사자들에게 보호 의무를 부과하고, 피착취자들에게는 공물 제공 능력을 유지할 권리를 보장해주기 때문이다. 지배의 본질은 바뀌지 않았다. 좀 더 다양하게 등급이 나누어졌을 뿐이다. 그리고 이와 같은 것은 착취나 오늘날 경제이론이 "분배"라고 부르는 것에도 해당된다.

이전과 마찬가지로 지금도 국가의 국내정치는 (지금은 계급투쟁으로 변한) 집단투쟁의 원심력과 공동이해共同利害의 구심력으로 이루어진 평행사변형이 나타내는 궤도를 돌고 있다. 그리고 이전과 마찬가지로 지금도 국가의 대외정치는 그 지배계급이 새로운 땅과 사람들을 추구하는 것에 의해 결정된다. 이 확장의 추구는 동시에 언제나 자기보존 본능이기도 하다.

그러므로 발전한 봉건국가는 훨씬 더 세분화되었고 훨씬 더 강력하게 통합되었어도, 그것은 성숙기에 도달한 원시국가에 지나지 않는다.

V. 입헌국가의 발전

우리가 앞에서처럼 또 다시 "결말"이라는 개념을 외부의 힘에 의해 기계적으로 일어난 마지막 단계로 이해하지 않고 발전한 봉건국가가 내부의 힘에 의해 앞으로든 뒤로든 나아간 유기적인 발전으로 이해한다면, 발전한 봉건국가의 결말은 경제수단에 기초한 사회제도의 독자적인 발전에 의해서만 결정된다고 말할 수 있다.

이러한 영향은 외부에서도 올 수 있다. 즉 경제발전이 잘 이루어진 덕분에 엄격한 중앙집권제, 우수한 군대조직, 강력한 추진력을 갖춘 외국으로부터도 올 수 있다. 우리는 그러한 경우를 이미 언급하였다: 지중해연안 봉건국가들의 독자적인 발전이 중단된 것은 경제적으로 훨씬 더 부유하고 엄격하게 중앙집권화 된 해양국가들, 즉 카르타고나 특히 로마와 충돌했기 때문이다. 알렉산더 대왕에 의한 페르시아 왕국의 파괴도 그 예로 내세울 수 있을 것이다. 마케도니아는 그 당시에 이미 그리스 해양국가들의 경제성과를 자신들의 것으로 만들어버렸기 때문이다. 그렇지만 그러한 외국 영향의 가장 좋은 예는 최근의 일본이 또 다시 제공한다. 일본의 발전은 서유럽 문화권의 군사적 및 평화적 영향을 통해 거의 믿을 수 없을 정도로 단축되었기 때문이다. 한 세대가 지나기도 전에 일본은 발전된 봉건국가에서 완성된 근대적인 입헌국가로 나아갔다.

내 생각에 여기에서는 과정의 단축만이 문제인 것 같다. 우리가 알 수 있는 한 — 왜냐하면 지금은 역사적인 증거가 매우 드물고 민족지학은 우리에게 일반적으로 그 이상의 것을 제공하지 않기 때문에 — 내부의 힘은 발전된 봉건국가를 강력한 외부의 영향 없이도 아주 일관되게 똑같은 결말에 이르는 똑같은 길로 나아가게 할 수밖에 없다.

이러한 진행을 지배하는 경제수단을 만들어낸 것은 도시와 이 도시에서 발달한 화폐경제이다. 화폐경제는 물물교환 경제를 점차 쫓아내고 동시에 국가 생활 전체의 중심축을 완전히 다른 곳으로 옮긴다: 토지 재산의 자리를 점차 유동자본이 물려받는다.

a) 농민층의 해방

이 모든 것은 봉건적인 물물교환 국가의 근본전제에서 필연적으로 나온다. 대토지 재산이 지방영주의 영토가 될수록, 봉건적인 물물교환 경제는 그와 동일한 속도로 붕괴한다.

대토지 재산이 아직도 비교적 작은 한, 농민에게 생활필수품만은 허용하는 원시적인 양봉자 원칙이 실행될 수 있다. 그러나 대토지 재산이 공간적으로 엄청나게 늘어나면, 즉 일반적으로 그런 것처럼 소영주들 간의 분쟁이나 보호위탁, 유산, 결혼정책 때문에 본래의 소유지 주위에 널리 흩어져 있는 땅들을 차지하게 되면, 양봉자 정책은 더 이상 실행될 수 없다. 지주가 많은 감시인들에게 급료를 지불하고 싶지 않다면(이것은 비용이 많이 들 뿐만 아니라 정치적으로도 위험하다), 그는 농민들에게 어떤 제한된 공과금(반은 지대, 반은 세금)을 부과하지 않으면 안 된다. 따라서 행정개혁의 경제적 필요성이 — 우리가 앞에서 본 것처럼 — "평민"의 지위를 향상시킬 정치적 필요성과 일치한다.

그런데 지주가 사경제의 주체로 있는 것을 그만두고 전적으로 공법상의 주체 즉 지방영주가 될수록, 앞에서 서술한 바 있는 군주와 백성 간의 유대는 더욱더 많이 실현된다. 우리가 본 것처럼, 대토지 재산과 영주령 사이의 과도기에는 이미 몇몇 귀족들은 "부드러운 통치"를 하는 데 가장 큰 관심이 있었다. 이는 자신들의 평민들에게 강력한 국가의식을 심어주기 위해서뿐만 아니라, 아직도 고분고분하지 않은 촌락 자유민들을 쉽게 예속시키고 이웃 귀족들이나 경쟁자들에게서 귀중한 인적 자원을 빼앗아오기 위해서였다. 이러한 관심으로 인해 사실상 완전히 독립한 지방영주는 일단 접어든 길을 밀고 나가지 않을 수 없다. 그러나 무엇보다도 그가 이제 다시 땅과 사람들을 자신의 관리나 장교에게 줄 때도, 그의 가장 큰 정치적 관심은 이들에게 자신의 예속민들을 무조건 넘기지 않는 것이다. 이 예속민들을 계속 장악하기 위해, 군주는 "기사"의 지대 요구권을 일정한 현물 지급과 부역으로 제한하는 반면, 지방이익에 필요한 그 밖의 것 (도로나 다리 등을 놓는 데 필요한 부역)은 자신이 보유한다. 발전한 봉건국가에서 농민들이 적어도 두 주인에게 봉사해야 한다는 사정이 자신들이 나중에 상승하는 데 얼마나 결정적이었는지는 곧 알게 될 것이다.

발전한 봉건국가에서는 이 모든 이유에서 농민에게 부과되는 과세가 어떻게든 제한될 수밖에 없다. 모든 잉여물은 이제부터 그가 자유롭게 처분한다. 이렇게 해서 토지 재산의 성격이 완전히 변하였다. 즉 이제까지는 경작자의 생활에 필요한 것을 제외하면 모든 수확물이 당연히 토지 재산에 속하였다. 그러나 지금은 토지 소유자에게 납부하는 고정된 지대를 제외하면, 모든 수확물이 당연히 경작자의 것이다: 대토지 소유가 **영주권**領主權이 되었다. 이것이 인류가 자신들의 목적을 위해 내딛은 위대한 두 번째 발걸음이다. 첫 번째 발걸음은 곰 단계에서 양봉자 단계로의 이행이었는데, 이 첫 번째 발걸음은 노예제도를 **생각해냈다**. 하지만 두 번째 발걸음은 이 노예제도를 **폐지하였다**. 이제까지는 권리의 **대상**에 불과했던 노동하는 인간이 지금 처음으로 권리의 **주체**가 되었다. 그는 그의 주인의 권리 없는 노동력이었으며 그의 주인도 그의 몸과 생명에 대해 필요한 보장밖에 해주지 않았는데 군주에게 납세 의무가 있는 **신민**이 되었다.

이제 경제수단은 처음으로 그 성공을 확신하면서 자신의 힘을 아주 다르게 펼친다. 농민은 전과는 비교할 수 없을 정도로 더 많은 근면함과 꼼꼼함을 갖고 일하고, 잉여를 얻는다. 이와 동시에 엄밀한 경제적인 의미에서 "도시", 즉 공업도시가 만들어진다. 농민의 잉여 생산물은 농민경제가 자체적으로 만들어내지 못하는 재화에 대한 수요를 의미한다. 그리고 농업경영의 집약화는 지금까지 농가의 가내공업이 틈틈이 만들어낸 공업생산물의 감소를 의미한다. 왜냐하면 토지 경작과 축산은 농가의 노동력을 점점 더 많이 흡수하기 때문이다. 원료 생산과 공업 간의 분업이 가능해지고 필요하게 된다. 촌락은 주로 전자의 장소가 되고, 공업도시는 마지막에 언급한 것의 장소로서 생겨난다.

b) 공업도시의 발생

오해하지 말라: 생겨난 것은 도시가 아니라 **공업도시**이다. 실제의 역사적인 도시는 오래 전부터 있었다. 도시 없이 발전된 봉건국가는 없다. 도시는 순수한 정치수단에 의해 성城으로 생겨났거나,[1] 정치수

단과 경제수단의 공동작용에 의해 시장으로 생겨났거나, 아니면 종교적인 욕구에서 사원의 교구로 생겨났다.[2] 역사적인 의미에서 그런 도시들이 인접지역에 있으면, 새로 생겨난 공업도시는 그것들에 병합된다. 그리고 다른 곳에서는 도시가 이제까지 발전된 분업에서 자연발생적으로 생겨나는데 이 경우에는 대개 성이나 신전으로도 개조된다.

그러나 이것은 역사상의 우연한 혼합이다. 엄밀하게 말하면 경제적인 의미에서 "도시"란 경제수단의 장소, 즉 원료 생산과 공업 사이에 등가교환이 행해지는 장소를 의미한다. 언어의 관용도 그것에 일치한다: 아무리 크다하더라도 순수한 성, 제아무리 큰 사원들, 수도원들, 순례지들을 모아놓은 것(이것이 시장 없이 가능하다면 말이다)은 언제나 그 외적인 특징에 따라서 "도시와 비슷하다" 또는 "도시 같다"라고만 말할 뿐이다.

역사상의 도시는 외부 모습에서는 변화가 거의 없었지만, 도시 발생의 전조를 알리는 내부 변화는 매우 강력하였다. 공업도시는 국가

---

1 "라인란트 군대의 큰 야영지는 일부는 군대에 가담한 상인들을 위해, 일부는 무엇보다 제대 후에도 자신들의 익숙한 숙소에 머물러 있는 노병들을 위해 도시의 부속물, 즉 진짜 군인숙소와는 격리된 간이숙소canbae를 갖고 있었다; 어디에서나 특히 게르마니아에서는 부대의 야영지와 특히 본부 근처에서 서서히 진짜 도시들이 생겨났다." (Mommsen, 1. ch.Ⅴ, p. 153.) (원주)
2 "성직자들의 거처, 학교, 순례자들을 위한 숙소는 언제나 숭배장소 주위에 몰려 있다" (Ratzel, 1. ch.Ⅱ, p. 575). 물론 모든 큰 성지는 강력한 상거래의 중심지가 된다. 우리 북유럽의 큰 시장이 종교 의식 "미사Messen"와 같은 이름을 가진 데에는 그만한 이유가 있다. (원주) [독일어Messe는 미사와 큰 장이라는 두 가지 의미를 갖고 있다_역자 주]

와는 **상극**이자 국가의 **적**이다. 국가가 발전된 **정치수단**인 것처럼, 공업도시는 발전된 **경제수단**이다! 세계사를 가득 채우는, 아니 세계사 자체를 의미하는 대투쟁이 이제부터 도시와 국가 사이에 벌어진다.

정치적 및 경제적 조직체로서의 도시는 정치와 경제의 무기를 가지고 봉건제도를 전복한다. 도시는 봉건 지배계급에게서 정치를 무기로 **힘을 억지로 빼앗고**, 경제를 무기로 **힘을 속여서 빼앗는다**.

이 과정이 정치분야에서 일어나는 이유는 독자적인 힘의 중심지로서 도시가 발전된 봉건국가를 움직이는 정치적인 힘의 작용에 관여하며 중앙권력, 지방영주, 백성 사이에 끼어들기 때문이다. 도시는 전쟁하는 사람들의 성채이자 주거지이며, 전쟁 수행에 필요한 물자(무기 등)의 저장소이다. 나중에는 화폐경제의 중심지가 된다. 그러므로 도시는 중앙권력과 대두하는 지방영주들 간의 투쟁이나 이 지방영주들 서로 간의 투쟁에서 중요한 거점이 되는 동시에 중요한 동맹자가 되며, 현명한 정책을 펼 경우 의미 있는 권리를 얻을 수 있다.

일반적으로 도시들은 이러한 투쟁에서 중앙권력의 편에 서서 봉건 지방귀족[대지주]들과 싸운다. 사회적인 이유에서는, 토지 귀족이 부유한 도시민이 요구하는 사회적 평등을 인정하지 않기 때문이다. 정치적인 이유에서는, 중앙권력이 군주와 백성 간의 유대 덕분에 공동이익을 대토지 소유자(이들은 자신들의 사익만을 꾀한다)보다 훨씬 더 많이 고려하기 때문이다. 그리고 마지막으로 경제적인 이유에서는, 도시의 번영은 평화와 안전에서만 이루어질 수 있기 때문이다. 자위권이나 도전권, 기사의 여행자 강탈은 경제수단과 일치하지 않는다. 따라서 도시들은 대부분의 경우 평화와 권리의 보호자에게 즉 처음에는 황제에게, 그 다음에는 주권을 행사하는 지방영주에게 충성한다. 그리고 무장한 시민들이 어떤 강도[봉신]의 소굴을 부수고 그를 몰아낸다면, 이것은 바로 그 강력한 대립이 역사라는 대양★※에서와 같이 작은 물방울 속에 반영된 것에 불과하다.

이러한 정치적 역할을 성공적으로 수행할 수 있으려면, 도시는 가능한 한 많은 시민들을 끌어들여야 한다. 이 경향은 순전히 경제적인 고려에 의해서도 요구된다. 왜냐하면 시민의 수와 함께 분업과 부가 증가하기 때문이다. 따라서 도시는 이주를 전력을 다해 장려하고, 이렇게 해서 또 다시 지방귀족과 본질적으로 대립하는 모습을 나타낸다. 왜냐하면 도시가 끌어들인 새로운 시민들이란 영지에서 빠져나온 사람들로서, 도시가 강해지면 영지는 조세력이나 방어력에서 그만큼 약해지기 때문이다. 도시는 강력한 참여자로서 경매에 뛰어드는데, 이 경매에서 예속농민은 가장 높은 값을 부르는 자(가장 많은 권리를 부르는 자)에게 낙찰된다. 도시는 그에게 **완전한 자유**, 때로는 집이나 땅도 제공한다. "도시의 공기가 자유롭게 한다"는 원칙이 관철된다. 그리고 중앙권력은 도시는 기꺼이 강하게 만들고 고분고분하지 않은 귀족은 약하게 만들고 싶기 때문에, 새로 생겨난 권리를 대개는 기꺼이 공인한다.

세계사의 세 번째 위대한 전진: **자유노동**의 명예가 발견, 아니 재

발견되었다. 그것이 실종된 지는 아주 오래되었다. 먼 옛날에나 자유로운 사냥꾼과 아직 정복되지 않은 원시농민이 자신들의 노동산물을 소비했기 때문이다. 농민은 아직도 부자유민이라는 천민 표시를 갖고 있으며, 그의 권리는 여전히 미약하다. 그러나 성벽으로 둘러싸여 방어능력이 있는 도시에서는 시민이 머리를 높이 쳐든다. 그는 모든 법적 의미에서 자유민이다.

그렇지만 도시의 성벽 안에도 여전히 정치적 자격의 서열이 있다. 오래된 주민들, 기사 신분으로 태어난 자들, 오래 전부터 자유민이었던 사람들, 부유한 토지 소유자들은 이주민들, 부자유민 신분으로 태어난 자들, 가난한 수공업자들이나 소매상인들과 정치를 함께 하는 것을 거부하였다. 그러나 우리가 앞에서 해양도시를 서술할 때 본 것처럼, 도시 분위기에서는 그러한 서열이 유지될 수 없다. 똑똑하고 의심이 많고 빈틈없이 조직화되었으며 잘 통합되어 있는 다수의 사람들은 평등한 권리를 요구한다. 단지 발전된 봉건국가에서는 투쟁이 보통 더 오래 지속될 뿐이다. 왜냐하면 이제는 당사자들끼리만 그 문제를 해결할 수 있는 것이 아니기 때문이다. 인근의 대영주들과 군주들이 힘의 작용에 개입해 방해한다. 이 어부지리를 얻는 제3자가 고대 해양국가에는 없었다. 도시 바깥에 강력한 봉건영주층이 존재하지 않았기 때문이다.

다음의 것들은 봉건국가와 싸울 때 도시의 정치 무기이다: 국왕과의 동맹, 직접적인 공격, 자유로운 도시 분위기로 소농들이 도망치는 것. 그러나 도시의 경제 무기, 즉 도시와 서로 떨어질 수 없는 화폐경제도 그에 못지않게 효력이 있다. 왜냐하면 화폐경제는 물물교환 국가, 따라서 봉건국가를 완전히 파괴하기 때문이다.

c) 화폐경제의 영향

화폐경제가 불러일으키는 사회학적 과정은 잘 알려져 있을 뿐만 아니라 그 역학도 일반적으로 인정받고 있다. 따라서 우리는 짧게 언급하는 것으로 만족해도 된다.

전능할 정도로까지 **중앙권력이 강해지는 것** 그리고 무기력할 정도로까지 **지방권력이 약해지는 것**은 해양국가와 마찬가지로 여기에서도 침투하고 있는 화폐경제의 결과이다.

지배는 목적이 아니라 지배자들이 자신들의 본래 목적을 달성하기 위한 수단이다. 이때 그 본래의 목적이란 가능한 한 많고 가능한 한 비싼 향락재[기호품]를 노동 없이 즐길 때 생기는 "위세"를 얻는 것이다. 물물교환 국가에서는 지배가 그것을 얻을 수 있는 유일한 수단이다. 변경의 태수나 지방의 영주에게 부를 주는 것은 그의 정치권력이다. 그에게 봉사하는 농민들이 많으면 많을수록, 그의 병력은 그만큼 커지고, 그의 지배 영역과 함께 그의 수입도 그만큼 늘어난다. 그러나 풍요로운 시장이 농업생산물을 매혹적인 상품과 교환할 수 있게 되면, 아직도 주로 사적인 모든 경제주체 즉 아직도 지방 영주가 되지 못한 지주들(여기에는 기사도 들어간다)에게는 농민 수를 가능한 한 줄이고 악착같이 노력해 가능한 한 많은 생산물을 경작지에서 얻는 데 필요한 수만 남기고 이들에게 그 생산물 중 가능한 한 적은 몫을 주는 것이 훨씬 더 합리적이다. 그리고 엄청나게 늘어난 토지 재산의 "순생산물"도 이제는 더 이상 용감한 근위대를 유지하는 데 쓰지 않고 — 완전히 합리적으로 — 시장에 가지고 가 상품과 교환된다. 수행원단은 해체되고, 기사는 **기사영지의 영주**가 된다. 이렇게 해서 중앙권력(국왕이든 지방영주든 간에)은 지배를 놓고 다투는 경쟁자들을 단번에 따돌리고 정치적으로 전능해진다. 반항적인 봉신들은 전에는 [실권 없는] 명목상의 왕을 떨게 했지만, 신분제 국가에서 공동지배의 짧은 간막극 다음에는 곧바로 언행이 세련된 궁신이 되어 태양왕에게 굽실거린다. 지금은 그들이 그에게 의지한다. 왜냐하면 지금은 그가 혼자 (군대의 통수권자로서) 장악한 군사력만이 자신들을 보호해주기 때문이다. 극한에 몰린 소작농들이 반란을 시도할 때 말이다. 물물교환 경제에서는 국왕이 거의 언제나 농민이나 도시와 동맹을 맺고 귀족과 대립하였는데, 지금은 봉건국가에서 태어난 절대주의가 귀족과 동맹을 맺고는 경제수단의 대표자들과 대립한다.

아담 스미스 이래로 사람들은 이 근본적인 변화를 이런 식으로 서술하곤 했다. 즉 마치 어리석은 지방귀족들은 쓸데없는 사치품을 받고 지배권을 팔아버렸기 때문에 자신들의 장자 특권을 보잘 것 없는 것과 바꾸었다는 식으로 말이다. 개인은 자신의 이익을 보호하는 데 있어서 종종 잘못 생각한다. 계급은 장기적으로는 결코 잘못 생각하지 않는다.

진실은 이렇다: 농업혁명의 개입이 없었어도 화폐경제가 직접 중앙권력을 정치적으로 강화시켜 토지 귀족의 저항을 의미 없게 만들어버렸을 것이다. 고대의 역사가 증명하는 것처럼, 재정적으로 강한 중앙권력의 군대는 봉토의 징집병보다 언제나 우월하다. 돈으로 농가의 젊은이들을 무장시키고 직업병사로 훈련시킬 수 있기 때문에, 기사 무리의 느슨한 부대는 저들의 잘 짜인 집단에 상대가 되지 못한다. 게다가 이 단계에서는 군주가 아직도 도시 동업조합의 무장부대에 의지할 수 있다. 서유럽에서는 총포류가 나머지 일을 한다. 그것 또한 부유한 도시의 공업경제에서만 생겨날 수 있었던 산물이다. 이런 군사기술적인 이유에서, 사치품에 신경 쓰지 않고 자신의 상대적인 독립성을 유지하거나 높이고 싶은 봉건영주는 자신의 지역에서 농업혁명을 일으키지 않을 수 없다. 왜냐하면 강해지려면 그 역시 지금은 무엇보다도 **화폐**가 필요하기 때문이다. 무기를 구입하기 위해서든 직업병사들을 고용하기 위해서든 간에, **화폐**가 이제는 만물의 근원der nervus reum이 된다. 화폐경제가 일으킨 혁명이 두 번째 자본주의 대경영을 만들어낸다. 대규모 농업과 함께 전쟁 대기업이 나타난

다. 즉 용병대장들이 무대에 등장한다. 용병 자원 즉 실제로 지방영주를 떠난 봉건 호위병들이나 토지를 몰수당한 농부들이 시장에 충분히 있기 때문에, 그들은 군대를 모을 수 있다.

이렇게 해서 용병대장으로서의 지방귀족은 일단 지방영주 지위에 오를 수 있다. 이탈리아에서는 이런 일이 종종 있었고, [독일에서는] 알브레히트 발렌슈타인Albrecht Wallenstein[3]이 이미 그것을 달성하였다. 그러나 이것은 개인적인 운명이며, 최종적인 결과를 변화시키지는 못한다. 독립된 권력의 중심으로서의 지방세력들은 정치적인 힘의 작용에서 사라진다. 그들은 왕이 재정의 원천으로서 필요로 하는 한에서만 옛 영향력의 잔재를 갖고 있다: 신분제 국가.

국왕의 무한한 권력 증대는 이제 화폐경제의 두 번째 산물, 즉 관리계급에 의해 더욱 고조된다. 관리들에게는 "땅과 사람들"을 지불하고 그렇게 해서 그들은 독립된 권력요소로 육성하지 않을 수 없다. 봉건국가가 어쩔 수 없이 결합과 분열 사이에서 달려갈 수밖에 없었던 "마법의 원"에 대해서는 이미 자세히 서술한 바 있다. 그런데 화폐경제가 이 마법의 원을 부수었다. 이제부터 중앙권력은 자신에게 계속 의존하는 **유급** 관리들을 통해서 직무를 수행한다.[4] 이제부터는

---

3 황제군의 장군으로서 많은 공을 세워 프리틀란트공소에 이르렀다(1583−1634). 30년전쟁(1618−1648:독일을 무대로 신교와 구교 간에 벌어진 종교전쟁) 때는 황제군 총사령관으로 기용되었다. (역자 주)

4 Eisenhart, Geschichte der Nationalökonomie, p. 9: "현금화하기 쉬운 새로운 지불수단

빈틈없이 중앙집권화된 통치가 가능하며, 화폐경제를 발전시킨 해양국가 이후 더 이상 존재하지 않았던 제국들이 다시 생겨난다.

　정치세력들의 배치에서 이러한 변화는 — 내가 알 수 있는 한 — 어디에서나 화폐경제의 완성과 연관되어 있었다. 혹시 단 하나의 예외가 있다면, 그것은 이집트였을 것이다. 이집트에서는 — 정통한 소식통에 따르면 확실하게 말할 수는 없지만 — 화폐경제가 그리스시대에 와서야 비로소 발전된 것 같다. 그때까지는 농민이 현물로 세금을 냈다.[5] 그렇지만 힉소스족의 축출 후에는 이미 신왕국에서 왕의 절대주의가 완전히 발달하였다: "군사력은 외국병사들에 의해 유지되었고, 행정은 왕의 손에 **집중된 관리계급**에 의해 행해졌으며, **봉건귀족계급**은 사라졌다."[6]

　그럼에도 불구하고 바로 이 예외가 그 규칙이 옳다는 것을 증명한다. 이집트는 지리적으로 독특한 성격을 지닌 나라이다. 사막과 산맥 사이에 좁게 끼어있는 이 나라의 길이 전체를 하나의 자연적인 길이 관통하는데, 이 길은 많은 화물을 아주 훌륭한 육지 길보다 훨씬 더 쉽게 수송한다. 그것은 나일 강이라는 물길이다. 그리고 이 길 덕

덕분에 이제는 군인과 관리라고 하는 부속기구를 새롭게 설치할 수 있었다. 그들은 일정한 기간마다 봉급을 받았기 때문에, 자신들에게 돈을 주는 사람으로부터 독립하거나 그를 배반할 수 없었다." (원주)

5 Thurnwald, 1, p. 773. (원주)

6 Thurnwald, 1, p. 699. (원주)

분에 파라오는 모든 행정구역의 세금을 자신의 창고, 즉 "왕의 집"[7]
에 모았다가 거기에서 다시 관리들과 주둔병들에게 현물로 급료를
지불할 수 있었다.[8] 따라서 예전에 대국가에 합병된 후 외국세력들
에 의해 국가로서의 존재가 끝날 때까지도, 이집트는 중앙집권 상태
에 있었다. "물물교환 경제 상태에서 지배자는 직접적으로 또 독점
적으로 향락재들을 처분한다. 그리고 그는 모든 수입 중에서 자신이
보기에 바람직하거나 유용하다고 생각되는 그런 양과 종류만을 관
리들에게 나누어준다. 또한 사치품의 분배도 거의 전적으로 자신이
관리한다. 바로 이러한 상황이 그의 권위가 엄청나게 큰 원천이다."[9]

거대한 강이 수송 과제를 해결한 이 하나의 예외가 있긴 하지만,
화폐경제는 언제나 봉건국가의 해체를 일으켰다.

이러한 변화의 부담은 농민과 도시가 졌다. 평화조약이 체결되면
국왕과 지방귀족들은 농민을 서로 분할한다. 즉 농민을 ― 말하자면
― 관념상 둘로 나눈다. 국왕은 농민들의 공유지 대부분과 아직 징
발되지 않은 농민들의 노동력 대부분을 귀족에게 넘겨준다. 귀족은
국왕에게 농민층과 도시에 대한 징집과 조세의 권리가 있다고 인정
한다. 자유로운 분위기 속에서 부유해진 농민들은 다시 가난해지면

---

7 Thurnwald, 1, p. 709. (원주)
8 창고에서의 지불 지시서는 일종의 지폐로 유통되었다. (원주)
9 Thurnwald, 1, p. 711. (원주)

서 사회적으로 낙오한다.

예를 들면 북부이탈리아처럼 도시들이 이미 봉건적인 중앙권력이 되지 못한 곳에서는, 이젠 서로 연합한 옛 봉건세력들이 그 도시들을 굴복시킨다. (중앙권력이 되었을 때도 그 도시들은 대부분 용병대장의 수중에 들어간다.) 적의 공격력은 더 강해지고, 자신들의 힘은 더 약해진다. 왜냐하면 도시의 번영이 농민들의 구매력으로 생겨난 것처럼, 농민들의 구매력이 줄어들면서 도시의 번영도 쇠퇴하기 때문이다. 작은 지방도시들은 정체되고 가난해져서 군주의 절대주의에 여지없이 굴복한다. 영주들의 사치품 수요가 대규모 공업을 낳은 대도시들은 사회적으로 분열해 이로 인해 정치적인 힘을 잃어버린다. 왜냐하면 지금 도시들의 성벽 안에서 일어나는 대량이주는 **프롤레타리아**의 지주이기 때문이다. 마르크스의 용어로 말하면 "자유노동자"가 처음으로 도시의 노동시장에 대량으로 나타난다. 이때 다시 "응집의 법칙"이 작용해 재산과 계급을 형성하였으며, 도시주민들을 격렬한 계급투쟁 속에서 분열시킨다. 그리고 지방영주는 이 투쟁을 이용해 거의 언제나 지배력을 얻는다. 소수의 진정한 "해양국가"나 "도시국가"만이 군주의 이러한 병합에서 오래도록 벗어날 수 있다.

해양국가의 경우처럼 또 다시 국가 생활의 축이 다른 곳으로 옮겨졌다. 국가 생활은 토지 재산을 중심으로 해서 움직이지 않고 이제는 자본 재산을 중심으로 해서 움직인다(왜냐하면 토지 재산도 지금은 "자본"이 되었기 때문이다). 그런데 왜 발전이 해양국가의 경우처럼 자본주의적 노예 노동으로 이어지지 않는가?

이에 대해서는 두 가지 원인이 결정적이다: 내부원인과 외부원인. 외부원인은 이것이다. 즉 도달할 수 있는 인근 지역에 있는 거의 모든 국가도 마찬가지로 강력한 국가로 조직되었을 경우, 수익성 있는 노예 사냥이 거의 어디에서도 가능하지 않다는 것이다. 수익성 있는 노예 사냥이 가능한 곳에서는, 예를 들어 서유럽인이 아메리카 식민지에서 한 것처럼 그 노예 사냥이 즉시 이루어진다.

그러나 내부원인은 이것이다. 즉 해양국가와는 달리 여기에서는 농민이 한 명이 아니라 적어도 두 명의[10] 권리자에게 납부의무가 있다는 것이다: 지주와 영주. 이 둘은 농민들에게 공물제공 능력을 보존시키기 위해 서로를 감시했다. 이 공물제공 능력은 그들의 이익을 위해 반드시 있어야 할 것이기 때문이다. 특히 강력한 군주들(예를 들면 브란덴부르크의 프러시아 군주)은 농민을 위해 많은 일을 하였다. 이러한 이유에서 농민은 가혹하게 착취당해도 ― 화폐경제가 시작되어 봉건제도가 충분히 발전된 곳에서는 어디에서나 ― 여전히 개인적으로 자유로웠으며 권리의 주체였다.

이러한 설명이 옳다는 것은 봉건제도가 완전히 발전하기도 전에 화폐경제에 돌입한 국가들의 사정을 보면 분명하게 나타난다. 예전

---

10 중세 독일에서는 농민이 지주와 영주 이외에 종종 영주의 집사나 관리인에게도 세금을 바쳤다. (원주)

에 슬라브인들이 차지했었던 독일 지역, 특히 **폴란드**가 그렇다. 서쪽의 거대한 공업중심지의 곡물수요가 기사(즉 국법의 주체)를 기사령 소유자(즉 사경제의 주체)로 변화시켰을 때도, 이곳에서는 여전히 봉건국가가 다듬어진 모습을 갖추지 못하였다. 따라서 농민은 단 한 명의 주인, 즉 지주에게만 납부의무가 있었다. 그리하여 이미 지적한 바 있는 귀족공화국이 여기에서 생겨난다. 이것은 자본주의적 노예경제에 매우 가깝다. 정치적으로 앞선 이웃 국가들의 압력이 허용하는 한에서는 말이다.[11]

이제 다음에 말하는 것은 일반적으로 잘 알려져 있기 때문에 몇 마디 말로도 충분하다. 자본주의로까지 발전한 화폐경제는 토지 소유와 함께 계급을 구성한다. 자본가는 평등권을 요구하며, 마침내는 그 평등권을 강제한다. 이 때 자본가는 지위가 낮은 평민들을 선동해서 오랜 지배질서에 반대하는 투쟁을 일으킨다. 물론 "자연권"이라는 깃발 아래에서 그렇게 한다. 승리를 얻자마자 유동재산 계급 즉 부르주아는 바로 무기를 평민에게로 향하고 옛날의 적과는 평화조약을 맺었다. 그리고 그들은 정통주의라는 이름으로 또는 적어도 정통주의와 사이비자유주의를 추악하게 혼합한 주장을 내세우며 평민과 싸운다.

---

11 다음을 참조하라. Franz Oppenheimer, Großgrundeigentum und soziale Frage, Ⅱ. Buch 3. Kap. (원주)

이렇게 해서 점차 국가는 원시 약탈국가에서 발전된 봉건국가로, 절대주의로, 근대 입헌국가로 발전하였다.

d) 근대 입헌국가

근대국가의 정태靜態와 동태動胎를 좀 더 자세히 살펴보자.

근대국가라 할지라도 근본적으로는 원시 약탈국가나 발전된 봉건국가와 그 본질이 똑같다. 단 **하나**의 새로운 요소만이 추가되었을 뿐이다. 그 임무는 적어도 계급들 간의 이익투쟁에서 국가 전체의 공동이익을 대표하는 것인데, 이 새로운 요소란 **관리계급**이다. 이들이 실제로 임무를 어느 정도 해내는지는 다른 곳에서 고찰할 것이다. 우선은 국가가 그 초기 시대부터 계승해온 특징들을 연구하자.

그 **형식**은 언제나 지배이고, 그 **내용**은 경제수단의 착취이다. 이 착취는 언제나 국법에 의해 제한되어 있다. 이 국법은 한편으로는 국민총생산의 전통적인 "분배"를 보호하고, 다른 한편으로는 납세자들의 납부능력을 유지하려고 한다. 국가의 국내정치는 언제나 계급투쟁의 원심력과 국가 공동이익의 구심력으로 이루어진 평행사변형이 나타내는 궤도를 돈다. 그리고 국가의 대외정책도 언제나 지배계급의 이해관계에 의해 결정되는데, 이 지배계급의 이익은 지금 토지 이익 외에 화폐이익도 포함하고 있다.

근본적으로는 여느 때와 같이 두 개의 사회계급만을 구분할 수 있다: 지배계급과 피지배계급. 지배계급에게는 국민노동(경제수단)의 총생산물 중에서 그들이 기여한 것보다 더 많은 몫이 주어진다. 피지배계급에게는 그들이 기여한 것보다 적은 몫이 주어진다. 이 각각의 계급은 또 다시 경제발전의 정도에 따라 여러 하위계급이나 하위계층으로 나누어진다. 그리고 이 하위계급이나 하위계층은 그들에게 할당된 분배 열쇠의 운과 불운에 따라 등급화된다.

고도로 발달한 국가에는 두 개의 주요계급 사이에 하나의 과도계급이 끼어있는데, 이 계급도 마찬가지로 세분화될 수 있다. 그 구성원들은 자신들보다 높은 계급에 대해서는 납부의무가 있고, 자신들보다 낮은 계급에 대해서는 받을 권리가 있다. 예를 하나 들어보자. 근대 독일의 지배계급은 적어도 세 개의 계층으로 대표된다. 첫째, 지방의 대귀족들이다. 이들은 동시에 공장이나 광산의 소유자이다. 둘째, 대기업가와 금융귀족이다. 이들은 동시에 때로는 이미 대토지 소유자이며 따라서 첫 번째 계층과 빨리 융합한다(푸거가[12], 도너스마르크 백작가문[13]). 셋째, 가난한 지방귀족들이다. 피지배계급은 적어도 소농, 농장일꾼, 소수공업자를 포함한 산업노동자 그리고 하급 관리들로 이루어져 있다. 과도계급은 "중간신분"이다. 이것은 대농,

---

12 푸거Fugger가: 남독일의 상업도시 아욱스부르크를 거점으로 해서 근대 초기에 번영한 대부호 가문. (역자 주)

13 독일의 헨켈 폰 도너스마르크Henckel von Donnersmarck 귀족가문. (역자 주)

중농, 소기업가, 형편이 좋은 수공업자, 부유한 부르주아(상류계급과 결혼하는 것을 가로막는 전통적인 어려움을 극복할 수 있을 정도로 아직은 충분히 부유하지 못한 부르주아, 예를 들면 유대인)으로 이루어져 있다. 이들은 상위계급에 대해서는 무보수로 봉사하는 동시에, 하위계급으로부터는 무상으로 봉사를 받는다. 결국 중요한 것은 개인적인 운명이다. 이것에 따라 계층이나 개인이 겪는 결과(즉 상위계급에 완전히 수용되는 것, 아니면 하위계급으로 완전히 추락하는 것)가 결정된다. 오늘날 독일의 과도계급 중에서 예를 들면 대농과 중간기업가는 상승하는 반면에, 대다수의 수공업자는 하락하고 있다. 이렇게 해서 우리는 이미 계급의 동태에 도달하였다.

각 계급의 이해관계는 많은 사람들을 결속시킬 뿐만 아니라 이들로 하여금 일정한 속도로 일정한 목적을 달성하도록 부추긴다. 그 목적은 모든 계급에게 똑같다: 모든 국민이 생산적인 노동을 투자해 재화를 산출할 때, 각 계급은 이 국민생산물에서 가능한 한 많은 몫을 추구한다. 그리고 모든 계급은 똑같은 것을 추구하기 때문에, **계급투쟁**이 모든 국가 역사의 내용을 이룬다(국가의 이익에 의해 나타나는 공동행위에 대해서는 여기에서 논하지 않겠다. 지금까지의 역사 고찰에서는 그것을 — 대개는 아주 편파적으로 — 전면에 내세웠기 때문이다.) 이 계급투쟁은 역사적으로 볼 때 **당파투쟁**이다. 하나의 당파란 본래 또 결국은 하나의 계급을 조직적으로 대표한 것에 지나지 않는다. 하나의 계급이 사회분화에 의해 서로 다른 특수한 이해관계를 지닌 여러 계층으로 분열될 경우, 즉시 그 당파도 그에 따라서 많은 새로운 당파들로 분열된다. 그리고 이 새로운 당파들은 계급이익 차이의 정도에 따라 동맹자가 되거나 불구대천의 원수가 된다. 반대로 오랜 계급대립이 사회분화에 의해 사라지는 경우, 오래된 두 당파도 곧 융합해 하나의 새로운 당파가 된다. 첫 번째 경우의 예로는 독일의 자유주의로부터 중산층 및 반유대주의 당파들의 분리를 들 수 있다. 이것은 그 중산층 및 반유대주의의 당파들이 하락하는 계층을 대표하고 자유주의는 상승하는 계층을 대표한다는 사실의 결과이다. 두 번째 경우는 정치적 융합으로 특징지을 수 있다. 동엘베의 지방소귀족들과 서엘베의 대농들이 결합해 농장경영자 연맹을 만들었기 때문이다. 소귀족들은 하락하고 대농들은 상승하기 때문에, 그들은 중간에서 만난다. 모든 정당정치는 하나의 내용밖에 없다: 국민생산물에서 가능한 한 많은 몫을 대표계급에게 마련해 주는 것. 달리 말하면: 특권계급은 자신들의 몫을 적어도 옛날 수준으로는 유자하고, 가은하다면 최대한으로 늘리고 싶어 한다. 즉 피착취계급에게는 바로 납부능력만 남겨놓고(완전히 원시 양봉자의 경우처럼), 경제수단의 모든 잉여생산물(인구밀도와 분업이 증가하면서 엄청나게 늘어나는 잉여생산물)을 몰수하고 싶어 한다. 피착취계급 집단은 그들의 세금을 가능한 한 영_零으로 줄이고, 국민총생산물을 자신들이 소비하고 싶어 한다. 그리고 과도계급은 위에 바치는 세금은 가능한 한 많이 줄이고, 아래로부터 받는 무상수입은 가능한 한 많이 늘이려고 애쓴다.

이것이 당파투쟁의 목표와 내용이다. 지배계급은 획득한 통치권이 자신들의 손에 쥐어준 모든 수단을 이용해 투쟁한다. 지배계급은 자신들의 목적에 도움 되는 법을 만든다(계급입법). 그리고 그들은 법을 적용할 때 아래에 대해서는 언제나 날카로운 칼날을, 위에 대해서는 언제나 무딘 칼등을 내세운다(계급사법). 지배계급은 국가행정을 그 계급구성원들의 이해관계에 따라 이중적으로 집행한다. 지배계급은 첫째, 영향력과 이득을 가져다주는 모든 중요한 자리는 그 계급구성원들에게 남겨놓는다(군대, 고위행정직, 사법부). 둘째, 국가 정책은 이러한 그들의 기관을 통해 수행한다(계급정치: 무역전쟁, 식민지 정책, 보호관세정책, 노동자정책, 선거정책 등). 귀족이 지배하는 한, 그들은 국가를 기사의 영지처럼 이용한다. 부르주아는 권력을 잡자마자, 국가를 마치 공장처럼 착취한다. 그리고 계급종교는 모든 것을 금기로 덮는다. 이 금기가 통하는 한 그렇게 한다.

아직도 국법에는 지배계급을 위한 정치적 특권과 권세 있는 지위가 많이 있다: 금권정치의 선거제도, 정당 간의 연립 제한, 고용인 고용법, "희사[기증품, 헌금]" 등. 그러므로 천 년 내내 국가 생활을 지배한 **헌법투쟁**은 아직 끝나지 않았다. 이 **헌법투쟁**은 대개 의회에서 평화적으로 행해지지만, 때로는 거리에서의 시위, 대중의 파업, 폭동을 통해서도 행해진다.

그러나 평민들은 자신들의 적의 본거지가 이 봉건세력들의 잔재에

208

있지 않다(적어도 더 이상 있지 않다)는 것을 이해하였다. 근대적인 입헌국가에서조차 "부의 분배"가 근본적으로 변하지 않은 것은 정치적인 원인 때문이 아니라 경제적인 원인 때문임에 틀림없다. 여느 때와 같이 다수의 대중은 극심한 가난 속에서 살았으며, 기껏해야 간신히 생계를 이어갔고, 뼈가 으스러지고 정신이 혼미해질 정도로 힘든 부역에 동원되었다. 그리고 여느 때와 같이 극소수의 사람들, 즉 특권층과 벼락부자들이 혼합되어 만들어진 신지배계급은 엄청나게 늘어난 세금을 걷어 흥청망청 쓴다. 이제부터는 계급투쟁이 점점 더 이 불완전한 분배의 경제적인 원인에 초점을 맞춘다. 따라서 계급투쟁이 프롤레타리아와 착취자 간의 직접적인 임금투쟁이 되며, 투쟁무기는 파업, 노동조합, 협동조합이다. 경제조직이 처음에는 정치조직과 동등한 권리를 가지고 나가지만, 나중에는 정치조직을 완전히 이끈다. 영국과 미국에서는 국가발전이 지금까지 그 정도로 잘 진척되었다.

입헌국가가 아무리 세밀하게 분화되고 아무리 강력하게 통합되었어도, 관리계급이 새로운 요소로 나타나지 않았다면, 입헌국가 역시 형식으로나 내용으로나 그 이전단계들과 근본적으로 다르지 않았을 것이다.

관리는 국가재원에서 봉급을 받기 때문에 근본적으로 경제 이익투쟁에서 멀리 떨어져 있다. 따라서 잘 정비된 관료제에서 관리가 수익사업에 관여하는 것은 당연히 직무에 어울리지 않는 것으로 간주된다. 만약 이 원칙이 완전히 실현될 수 있다면, 그리고 가장 우수한 관리라 하더라도 자기 출신계급의 국가관을 그의 "개인적인 뜻"으로 갖고 있지 않다면, 이익투쟁을 초월해 분쟁을 조정하고 질서를 유지하면서 국가를 새로운 목표로 이끌 수 있는 기관이 관리계급에게 실제로 주어질 것이다. 그 기관은 아르키메데스의 점[14]이 될 것이고 국가라는 세계는 여기에서부터 움직이게 될 것이다.

그러나 유감스럽게도 이 원칙은 완전히 실현될 수도 없고, 관리들도 계급의식이 없는 추상적인 인간들이 아니다. 일정한 종류의 사업 즉 대농업에의 관여가 토지 귀족이 지배하는 모든 국가에서 관리의 최고 자격으로 간주되었다는 것은 제쳐놓는다 하더라도, 강력한 경제적 이해관계는 수많은 관리들에게, 특히 가장 영향력이 큰 관리들에게 영향을 미친다. 그리고 이 경제적 이해관계는 그들을 무의식적으로 또 그들의 의사와는 달리 그 투쟁에 연루시킨다. 아버지나 장인의 보조금, 상속받은 재산, 토지이익이나 화폐이익 관계자들과의 가까운 친척관계가 "어릴 적부터" 가진 지배계급과의 연대를 강화시킨다. 이 관리계급은 거의 예외 없이 지배계급 출신이기 때문이다. 반면에 그러한 경제적 관계가 사라질 경우 이 연대는 순수한 국가이

---

14 아르키메데스의 점: 관찰자가 탐구주제를 총체적인 관점에서 객관적으로 지각할 수 있는 유리한 가설적 지점. 이 표현은 고대 그리스의 철학자이자 수학자인 아르키메데스가 충분히 긴 지렛대와 그것이 놓일 장소만 주어진다면 지구라도 들어 올릴 수 있다고 주장한 것에서 유래한다. (역자 주)

익에 의해 쉽게 뒤로 밀려날 것이다.

이러한 이유에서 일반적으로 아주 유능하고 공정하며 비당파적인 관리계급은 가난한 국가들에서 찾아볼 수 있다. 예를 들면 프러시아는 예전부터 특히 가난했기 때문에, 모든 난관을 잘 헤쳐나간 저 훌륭한 관리계급을 가질 수 있었다. 실제로 그 구성원들은 일반적으로 모든 영리(직접적이든 간접적이든)로부터 완전히 벗어나 있었다.

부유한 국가에서는 이 이상적인 관리계급을 거의 찾아볼 수 없다. 금권정치의 발달은 개인을 다소간에 그 소용돌이 속에 끌어들여, 그에게서 객관성 즉 비당파성을 조금 빼앗아버린다. 그럼에도 불구하고 관리계급은 자신들에게 주어진 임무, 즉 국가이익을 계급이익으로부터 지키는 것을 언제나 어느 정도 수행한다. 그리고 비자발적으로 또는 적어도 분명한 의식 없이 관리계급이 국가이익을 지킨다면, 이는 관리계급을 만들어낸 경제수단이 정치수단을 서서히 이겨냈기 때문이다. 확실히 관리들은 국가에서의 세력분포가 그들에게 지시하는 계급정치를 행한다. 확실히 그들은 근본적으로 자신들이 나온 지배계급의 대리자에 불과하다. 그러나 그들은 투쟁의 날카로움을 부드럽게 하고, 극단에 치우치는 것을 저지한다. 또한 공개적인 투쟁이 불타오르기 전에, 그들은 사회발전에 의해 성숙해진 법의 변화를 승인한다. 유능한 군주혈통이 지배하는 곳에서는(이러한 혈통을 지닌 지배자는 자신을 프리드리히 대왕[15]처럼 "국가의 첫 번째 관리"에 불과하다고 여긴다), 지금 말한 것이 지배자에게 더욱 강력하게 적용된다.

왜냐하면 국가라는 지속적인 존재의 지속적인 수익자로서의 그 이해관계가 그에게 무엇보다도 구심력을 강화하고 원심력을 약하게 하도록 요구하기 때문이다. 우리는 연구를 진행하면서 종종 군주와 백성 간의 자연적인 연대가 유익한 역사적인 힘이라는 사실을 알게 되었다. 완성된 입헌국가에서는 군주는 여전히 비교적 아주 적은 정도로 사경제의 주체에 불과하고 거의 완전히 "관리"이다. 이런 입헌국가에서는 그러한 이익결합이 봉건국가나 전제주의 국가보다 훨씬 더 강하게 관철된다. 봉건국가나 전제주의 국가에서는 지배가 여전히 적어도 그 절반 정도는 사경제이기 때문이다.

통치의 외적 형식은 입헌국가에서도 결정적으로 중요한 것이 아니다. 계급투쟁은 공화국에서나 군주국에서나 똑같은 수단을 갖고 행해지며 또 똑같은 목표를 지향한다. 그럼에도 불구하고 다른 조건이 같을 경우 군주국에서는 국가발전의 곡선이 굴곡이 적고 순조롭게 펼쳐질 개연성이 대단히 크다. 왜냐하면 군주는 단기로 선출된 대통령보다 그날그날의 흐름에 영향을 덜 받고 일시적인 인기 상실을 덜 두려워하며 자신의 정책을 장기적으로 추진할 수 있기 때문이다.

또한 관리계급의 한 변종도 생각해야 한다. 고도의 국가 발전에 미치는 이들의 영향을 과소평가해서는 안 되기 때문이다. 이들은 대

---

15 프리드리히Friedrich 2세: 1740년부터 1786년까지 재위한 프로이센의 국왕(1712–1786). 탁월한 능력으로 큰 업적을 남긴 전형적인 계몽군주로 여겨져 프리드리히 대왕으로도 불린다. (역자 주)

학에 있는 학문상의 관리들이다. 그들은 관리계급 일반과 마찬가지로 경제수단의 산물일 뿐만 아니라, 동시에 우리가 지금까지 정복국가의 동맹자로만 알고 있었던 한 역사적인 세력의 대표자 즉 **인과욕구**의 대표자이기도 하다. 우리는 이 욕구가 원시단계에서 미신을 만들어내는 것을 보았다. 그리고 이 미신의 사생아인 금기가 어디에서나 지배계급의 수중에 있는 강력한 무기로 사용된다는 사실도 우리는 알아냈다. 그러나 이제는 바로 그 인과욕구에서 **과학**이 생겨났다. 과학은 지금 미신을 공격하고 타파하면서 발전에 길을 만들어주는 데 도움을 준다. 이것은 과학, 특히 대학의 굉장히 큰 역사적인 업적이다.

VI. 국가 발전의 경향

　큰 강을 그 원천에서 출발해 평지에 나올 때까지 추적하는 탐험가처럼, 우리는 아주 먼 과거에서 현대에 이르기까지 국가 발전의 주요 특징을 찾아내려고 시도하였다. 강의 물결은 폭넓게 세게 출렁이며 그의 앞을 흘러간다. 결국 강은 수평선의 안개 속에서 아직 탐험되지 않은 미지의 곳으로, 그로서는 탐험할 수 없는 곳으로 사라진다.

　역사의 흐름도 폭넓게 세게 출렁이며 우리 앞을 흘러간다(오늘날까지의 모든 역사는 국가의 역사이다). 그 진행은 미래의 안개 속에서 사라진다. 이 진행이 "기다리고 있는 창조주의 가슴에 기쁨을 일으키며"[괴테의《마호멧의 노래》] 가라앉을 때까지 장래의 그 진행에 대해서 우리는 감히 추측할 수 있는가? 미래의 국가 발전에 대해서 과학적으로 근거 있는 진단을 할 수 있는가?

나는 그것이 가능하다고 생각한다. 국가 발전의 경향[1]은 분명히 그 본질에 따라 국가를 해체하는 쪽으로 나간다.[1] 국가는 더 이상 "발전된 정치수단"이 되지 않고 "자유 시민사회"가 될 것이다. 말하자면 외적인 **형식**은 본질적으로 입헌국가에 의해 만들어진 형식, 즉 관리계급에 의한 행정이 될 것이다. 그러나 지금까지 국가 생활의 **내용**, 즉 한 계급에 의한 다른 계급의 경제적 착취는 사라질 것이다. 그렇게 되면 계급도 계급이익도 더 이상 없을 것이기 때문에, 미래 국가의 관료제는 공동이익의 비당파적인 수호자라는 이상에 실제로 도달할 것이다. 오늘날의 관료제 역시 그 이상에 가까이 가려고 애쓰지만 말이다. 미래의 "국가"는 자치를 통해 관리되는 "사회 Gesellschaft"가 될 것이다.

국가와 사회라는 개념을 정의하고 경계를 긋는 데 사람들은 많은 책들을 썼다. 우리 관점에서는 이 문제에 대해 쉽게 대답할 수 있다. "국가"는 **정치수단**에 의해 결합된 모든 인간관계의 총체이며, "사회"는 **경제수단**에 의해 결합된 모든 인간관계의 총체이다. 지금까지 국가와 사회는 하나로 얽혀있었다. "자유 시민사회"에서는 "국가"도 "사회"도 없을 것이다.

국가 발전에 대한 이러한 예측은 위대한 역사철학자들이 세계사

---

1 "경향, 즉 법칙의 절대적인 관철은 반작용하는 사정에 의해 저지되고 느려지며 약해진다." (Marx, Kapital, Ⅲ, 1, p. 215.) (원주)

의 "가치 있는 결과"를 표현하려고 한 모든 유명한 공식들의 종합이
다. 그 예측은 생 시몽Saint Simon[2]의 "호전적인 활동에서 평화적인 노
동으로의 진보"를 포함할 뿐만 아니라 헤겔의 "부자유에서 자유로의
발전"도 포함하고 있다. 또한 그것은 헤르더Johann Gottfried von Herder[3]
의 "인류의 발전"을 포함할 뿐만 아니라 슐라이에르마허Friedrich Ernst
Daniel Schleiermacher[4]의 "자연으로의 이성의 침투"도 포함하고 있다.

   우리 시대는 고전 작가들과 인문주의자들의 기분 좋은 낙관주의
를 잃어버렸다. 사회학적 비관주의가 정신을 지배하고 있다. 여기에
서 제시한 예측은 어디에선가는 지지자를 거의 만들어내지 못할 것이
다. 이 예측이 지배의 수익자들에게는 그들의 계급분위기 때문에
황당무계한 것으로 보일 것이다. 그 뿐만이 아니다. 피지배계급의 지
지자들도 이 예측에 대해서 아주 회의적인 견해를 갖고 있다. 프롤
레타리아의 이론은 근본적으로 똑같은 최종상태, 즉 모든 착취에서
벗어난 계급 없는 사회를 예언한다. 그러나 이 이론은 그 최종상태
가 진화의 길로는 가능하지 않고 혁명의 길로만 가능하다고 여긴다.
그 이론은 그 최종상태를 역사적으로 생성된 사회와는 근본적으로

---

2 프랑스 공상적 사회주의의 대표자 중 한 사람(1760-1825). (역자 주)
3 독일의 철학자(1744-1803): 직관주의적인 신비주의 신앙을 앞세우며 칸트의 계몽주의적인
이성주의 철학을 반대하였다. (역자 주)
4 독일의 신학자이자 철학자(1768-1834). (역자 주)

다른 "사회"(말하자면 경제수단의 조직)의 모습으로, 즉 시장 없는 경제질서로 집산주의로 상상한다. 아나키즘이론은 "국가"의 형식과 내용을 주화의 앞뒤처럼 서로 분리할 수 없는 것으로 간주한다. 즉 착취 없는 "통치"는 없다! 따라서 이 이론은 국가의 형식과 내용을 때려 부수고 무정부상태를 열려고 한다. 대대적으로 분업화되어 있는 국민경제의 모든 경제적 이득이 희생되더라도 그렇게 하려고 한다. 여기에서 설명한 국가론에 처음으로 기초를 놓은 중요한 사상가 루트비히 굼플로비치는 사회학적 비관론자인데, 그것도 그와 매우 격렬하게 싸운 아나키스트들과 똑같은 이유에서 비관론자이다. 굼플로비치 역시 형식과 내용, 즉 통치와 계급착취를 영원히 분리할 수 없는 것으로 여긴다. 그렇지만 그는 ― 당연히 ― 많은 사람들의 공동생활이 강제력을 갖춘 통치 없이는 불가능하다고 여기기 때문에, 그는 계급국가를 단지 하나의 역사적인 범주에 불과한 것으로가 아니라 하나의 "내재적인" 범주로 설명한다.

소수의 사회자유주의자들[5]이나 자유주의적 사회주의자들만이 계급지배와 계급착취가 없는 사회(개인의 정치활동의 자유 이외에 경제활동의 자유도 당연히 경제수단의 한계 안에서 보장하는 사회)의 진화를

---

5 사회자유주의sozial liberalismus: 자유주의가 사회정의를 보장해야한다는 정치사상. 사회복지나 사회보장제도를 중시한다는 점에서 사회주의와 가까우나, 그러한 정책을 자유주의 안에서 실현하려고 한다는 점에서 근본적으로는 자유주의로 분류되는 사상이다. (역자 주)

지금까지 믿고 있다. 이것은 맨체스터학파[6] 이전의 오랜 사회자유주의의 신조였다. 이 사회자유주의는 케네François Quesnay[7]와 특히 아담 스미스가 선언하였으며, 근래에는 헨리 조지Henry George[8], 뒤링Eugen Dühringen[9], 헤르츠카Theodor Hertzka[10]에 의해 받아들여졌다.

이 예측은 이중적으로, 즉 역사철학적으로는 국가발전의 경향으로 그리고 국민경제학적으로는 경제발전의 경향으로 설명될 수 있다. 이 두 경향 모두 분명히 하나의 점을 향해 달려가기 때문이다.

국가발전의 경향은 정치수단과 경제수단이 끊임없이 투쟁하는 것인 동시에 정치수단에 대해서 승리를 거두는 것임이 밝혀졌다. 우리가 알다시피 경제수단의 권리, 평등이나 평화의 권리는 처음에는 혈연관계에 있는 무리의 좁은 범위에 한정되었다. 그런 권리는 선사시대 사회상태의 기본 재산이었다.[11] 이 평화의 섬 주위에서 정치수단

---

6 맨체스터학파: 19세기 전반 영국의 맨체스터를 근거지로 해서 전개된 자유무역운동의 실천가 집단. (역자 주)

7 프랑스의 경제학자(1694-1774). 중농주의 체계를 확립하는 한편, 국내시장의 확장을 위해 자유방임정책의 채용과 세제개혁을 주장하였다. (역자 주)

8 미국의 경제학자(1839-1897). 토지공유의 필요성을 설파하고, 모든 지대를 조세로 징수해 사회복지 등의 지출에 충당해야 한다고 주장하였다. 그의 사상은 19세기 말 영국 사회주의 운동에 커다란 영향을 끼쳐 "조지주의운동"이 확산되었다. (역자 주)

9 독일의 철학자이자 경제학자(1833-1921). 유물론적인 실증주의 입장에서 사회민주주의 사상을 주장하며 마르크스를 비판하였다. 엥겔스의《반反두링론》의 주제인물이다. (역자 주)

10 오스트리아의 경제학자이자 저널리스트(1845-1924). 1890년에는 유토피아 소설《자유국가 Freiland》를 발표하였다. (역자 주)

11 표트르 크로포트킨의 훌륭한 저작을 참조하라.《Gegenseitige Hilfe in der Entwicklung》, 구스타브 란다우어의 독일어 번역. Leipzig 1904. (원주)

과 그 권리의 큰 바다가 파도치고 있었다. 그러나 우리가 본 것처럼 이 범위는 점점 넓어졌으며, 평화의 권리는 그 반대자를 이 범위 밖으로 쫓아냈다. 그리고 이 범위의 확대는 어디에서나 경제수단의 확대, 즉 집단 상호간의 등가교환 확대와 관련되어 있었다. 처음에는 불의 교환을 통해, 다음에는 여자 교환을 통해, 마침내는 재화 교환을 통해 평화권리의 영역이 점점 더 크게 확대되었다. 이 권리는 시장을 보호했고, 다음에는 시장에 이르는 길을 보호했으며, 그 다음에는 길에 다니는 상인들을 보호했다. 그 이외에도, "국가"가 이 평화조직을 어떻게 흡수했고 발전시켰는지, 그리고 어떻게 해서 이 평화조직이 국가 자체 안에서 폭력의 권리를 점점 더 줄였는지를 우리는 보았다. 상인의 법이 도시의 법이 된다. 공업도시, 즉 발전된 경제수단은 그 상품경제와 화폐경제를 통해 봉건국가, 즉 발전된 정치수단을 무너뜨린다. 도시주민은 마침내 공공연한 투쟁 속에서 봉건국가의 정치적 잔재를 없애고, 국가의 전 국민을 위해 자유와 평등권을 다시 찾는다. 도시의 법이 국가의 법이 되고, 마침내는 국제법이 된다.

지금까지 지속적으로 작용한 이 경향을 막을 수 있는 힘은 이제 어디에서도 볼 수 없다. 반대로 이 과정을 지금까지 가로막았던 것들은 분명히 점점 더 약해지고 있다. 국민들 간의 교환관계는 국제적으로 전쟁이나 정치관계보다 점점 더 중요한 의의를 얻고 있다. 그리고 국내적으로는 경제발전이라는 똑같은 과정을 통해 유동자본(즉 평화권리의 산물)이 토지 재산(즉 전쟁권리의 산물)을 점점 더 압도한다. 이와 동시에 미신은 점점 더 영향력을 잃어버린다. 따라서 다음과 같이 결론짓지 않을 수 없다. 즉 그 경향은 정치수단과 그 산물을 완전히 제외시키고 경제수단이 완전히 승리할 때까지 관철될 것이다.

그러나 다음과 같이 반론을 제기하는 사람이 있을 것이다: 승리는 이미 얻었다. 근대의 입헌국가에서는 오랜 전쟁권리의 두드러진 잔재가 모두 없어졌다.

그렇지 않다. 아직도 그 잔재는 남아있다. 그것은 경제 가면을 쓰고 있어 겉보기에는 법률상의 특권이 아니라 하나의 경제 재산이다. 그것은 대토지 재산으로 정치수단의 최초의 산물이자 마지막 보루이다. 그 가면 덕분에 그것은 다른 모든 봉건적 산물이 겪는 운명을 피하였다. 전쟁권리라는 이 마지막 잔재는 의심할 바 없이 인류의 길에 있는 단 하나의 마지막 장애물이다. 그리고 의심할 바 없이 경제 발전은 지금 막 그 장애물을 없애려고 한다.

이곳에서는 이 주장을 증명할 만한 공간이 나에게 없다. 나는 다른 책들에서 이 주장이 옳다는 것을 증명하였기 때문에 독자들은 그 책들을 참조하기 바란다.[12] 여기에서는 주요 명제만을 나열하겠다.

---

12 Die Siedlungsgenossenschaft usw. Berlin 1896. Großgrundeigentum und soziale Frage. Berlin 1898. (원주)

입헌국가의 몇몇 계급 사이에서 경제수단의 총생산물이 나누어지는 것 즉 "자본주의적 분배"는 봉건적 분배와 근본적으로 다르지 않다.

중요한 경제학파들 모두의 일치된 견해에 따르면 그 원인은 오로지 다음과 같은 점에서 찾을 수 있다. 즉 "자유로운" (마르크스에 따르면 정치적으로 자유롭고 동시에 경제적으로는 자본이 없는) 노동자들의 공급이 수요를 지속적으로 능가한다는 것, 말하자면 "자본관계"가 존재한다는 것에서 그 원인을 찾을 수 있다. "언제나 두 명의 노동자가 한 명의 기업가에게 달려가 서로 싸게 부른다." 따라서 자본가계급에게는 "잉여가치"가 남는데 반해, 노동자는 스스로 자본을 만들어 기업가가 되는데 성공하지 못한다.

자유로운 노동자들의 공급과잉은 어디에서 생겨나는가?

이 공급과잉이 프롤레타리아가 자식을 너무 많이 낳기 때문에 일어나는 것이라는 부르주아이론의 설명은 논리적으로 보았을 때 잘못된 결론에 근거를 두고 있으며 잘 알려진 모든 사실과 모순된다.[13]

자본주의 생산과정 자체가 "해고"를 통해 "자유로운 노동자들"을 항상 다시 충분한 숫자로 재생산한다는 프롤레타리아이론의 설명은 논리적으로 볼 때 잘못된 결론에 근거를 두고 있으며 잘 알려진

---

13 다음을 참조하라. Franz Oppenheimer, "Bevölkerungsgesetz des T. R. Malthus. Darstellung und Kritik." Berlin-Bern 1901. (원주)

모든 사실과 모순된다.[14]

오히려 모든 사실은 "자유로운 노동자들"의 **대량공급**이 대토지 재산에서 유래한다는 것을 보여준다. 그리고 이런 결론은 모순 없이 이끌어낼 수 있다. 도시로의 이전과 외국으로의 이민이 자본주의적 분배의 원인이다. 여기에는 골츠Theodor von der Goltz[15]가 1893년(이 해는 존 스튜어트 밀이 죽은 지 20년이 되었고, 칼 마르크스가 죽은 지 10년이 된 해이다) 처음으로 밝혀내서 공식화한 진정한 **사회학적 법칙**이 존재한다: "이동은 대토지 재산의 규모와는 병행하고, 농민 소유의 규모와는 반대방향으로 진행된다."

이제 경제발전의 경향이 대토지 재산의 축출을 향해 있다는 것은 의심할 바 없다. 대토지 재산은 도시 발전으로 인한 농노들의 법적 해방 때문에 치명적인 타격을 입는다. 거주 이전의 자유가 농촌으로부터의 탈출을 초래하였다. 이민은 "해외의 경쟁"과 생산물가격의 하락을 일으켰으며, 이주는 임금의 계속적인 상승을 강제한다. 지대는 양쪽으로부터 공격을 받아 줄어들어서 점차 영零으로까지 떨어질 수밖에 없다. 여기에서도 그 과정을 다른 데로 돌릴 수 있는 대항세력을 확인할 수 없기 때문이다.[16] 이렇게 해서 대토지 재

---

14 다음을 참조하라. Franz Oppenheimer, "Grundgesetz der Marxschen Gesellschaftslehre. Darstellung und Kritik", Berlin 1903. (원주)

15 독일의 농업경제학자(1836-1905). (역자 주)

16 다음을 참조하라. "Grundgesetz der Marxschen Gesellschaftslehre", IV. Teil. 특히 12.

산은 몰락한다.[17] 그런데 대토지 재산이 사라지면, 자유로운 노동자들의 공급과잉이 더 이상 없게 된다. "두 명의 기업가가 한 명의 노동자에게 달려가 서로 **비싸게** 부른다." 자본가계급에게 "잉여가치"가 남지 않는다. 노동자는 스스로 자본을 만들어 자신이 — 협동조합을 통해 — 기업가가 될 수 있다. 이렇게 해서 마지막까지 남아있는 정치수단의 흔적이 없어질 것이며, 경제수단만이 지배할 것이다. 이 사회의 **내용**은 재화 대 재화의 등가교환 또는 노동력 대 재화의 등가교환이라는 "순수경제"[18]이다. 그리고 이 사회의 정치형식은 "자유 시민사회"이다.

이 이론적인 추론은 이제 역사의 경험을 통해 확인될 것이다. 어떤 대토지 재산도 지대의 증가를 일으키지 않은 곳에서는, "순수경제"가 존재했으며 국가의 형태는 "자유 시민사회"에 가까웠다.

독일은 거의 400년 동안 그러한 공동체였다.[19] 기원 후 1000년경부터(이때 원시적인 대토지 재산이 사회적으로 해롭지 않은 대토지 지배

Kapitel "Die Tendenz der kapitalistischen Entwicklung", p. 128이하 계속. (원주)

17 　내가 1929년 신판의 교정쇄를 읽고 있는 오늘날, 1896년에 처음 글로 쓴 이 예언이 거의 완전히 실현되었다. 러시아에서는 대토지 재산이 완전히 사라졌고, 루마니아, 폴란드, 남슬라브, 체코슬로바키아에서는 크게 줄어들었다. 독일에서는 위기가 발생했는데, 가난한 프로이센은 이번에는 아무래도 이 위기를 더 이상 쫓아버릴 수 없을 것이다. (원주)

18 　다음을 참조하라. "Großgrundeigentum und soziale Frage", Berlin 1898, Ⅰ. Buch, 2. Kap., 3. Abschn.: Physiologie des sozialen Körpers, P. 57이하 계속. (원주)

19 　다음을 보라. "Großgrundeigentum und soziale Frage", Ⅱ. Buch, 2. Kap., 3.Abschn., p. 322이하 계속. (원주)

로 변했다) 1400년 무렵까지 (이때 슬라브인 지역에서 정치수단 즉 약탈 전쟁에 의해 새로 생겨난 대토지 재산은 서부지방 출신의 농민들에게 이주용 땅의 공급을 중단시켰다) 그러했다.[20] 몰몬교의 주 유타Utah는 그러한 공동체였으며 아직도 거의 변하지 않았다. 그곳에서는 현명한 토지 입법이 소농과 중농만을 허용하였다.[21] 모든 이주자가 지대의 증가 없이 토지를 유지할 수 있는 한, 미국 아이오와주의 백작령과 바인랜드Vineland시가 그러한 공동체였다.[22] 지금은 무엇보다도 뉴질랜드가 그러한 공동체이다. 뉴질랜드 정부는 소농과 중농의 토지 소유는 온 힘을 다해 지원하는 반면에, 대토지 소유(자유로운 노동자들이 없기 때문에 지대가 생겨날 수 없어도)는 모든 수단을 다해 제한하거나 해체한다.[23]

여기에서는 어느 경우에나 놀라운 복지, 놀라울 정도로 균형을 이루며 분배된 — 기계적으로 똑같이 분배되는 것이 아니라 — 복지가 있다. 부가 있는 것이 아니다. 왜냐하면 **복지는 향락재화에 대한 지배이지만, 부는 인간에 대한 지배이기 때문이다.** 여기에서는 어느 경우에

---

20 "Großgrundeigentum und soziale Frage", Ⅱ. Buch, 3 Kap., 4. Abschn., 특히 p. 423 이하 계속. (원주)

21 나의 논문을 참조하라. "Die Utopie als Tatsache", Zeitschrift für Soziale-Wissenschaft, Ⅱ(1899), p. 190이하 계속. 이 논문은 나의 강연과 논문들을 모은 책에 다시 수록되었다: "Wege zur Gemeinschaft", Jena 1924. (원주)

22 Franz Oppenheimer, "Siedlungsgenossenschaft", p. 477이하 계속. (원주)

23 다음을 참조하라. André Siegfried, "La démocratie en Nouvelle-Zélande", Paris 1904. (원주)

도 생산수단은 "자본"이 아니다. 그것들은 잉여가치를 낳지 않는다. "자유로운" 노동자들이 없으며 또 "자본관계"도 없다.[24] 그리고 이러한 공동체의 정치형식은 — 아직도 전쟁법에 따라 조직화된 주위세계의 압력이 허용하는 한 — 어디에서나 자유 시민사회에 가까우며 또 이것에 점점 더 가까워진다. "국가"는 쇠퇴하거나, 아니면 유타 주나 뉴질랜드에서처럼 새로운 땅에서 맹아상태로만 발전한다. 계급투쟁을 거의 알지 못하는 자유로운 인간들의 자유로운 자치가 점점 더 강력하게 실행된다. 예를 들면 [중세의] 독일에서는 (당시에 도시의 모든 "평민"을 포함하고 있었던) 동업조합들의 해방과 세습귀족들의 몰락은 도시 연맹의 정치적 상승 및 봉건국가의 몰락과 동일한 속도로 동시에 진행되었다. 그리고 동쪽 국경에서 새로운 원시국가의 건립만이 이 유익한 발전을 중단시키고 그 경제 번영을 꺾을 수 있었다. 역사에서 어떤 의식적인 목적을 믿는 사람은 이렇게 말할지도 모른다: 인류는 구원받기 전에 우선은 새로운 고난의 시련을 거치지 않으면 안된다. 중세는 자유노동 제도를 발견하였지만, 미처 그 능력을 충분히 발전시키지 못하였다. 자본주의의 새로운 노예제도는 비교할 수 없을 만큼 효율적인 협동노동 체계, 즉 작업장에서의 분업을 처음 발견해 확대 발전시켰으며, 그렇게 해서 인간을 자연의 힘의 주인, 즉 지

24　이것이 바로 칼 마르크스 자신이 그의 "자본" 제1권 마지막(25)장에서 말한 것이다. 모든 마르크스주의자들, 특히 소련의 지도자들에게는 그것을 주의 깊게 연구해볼 것을 권한다. (원주)

구의 왕위에 오르게 했다. 고대의 노예제도와 자본주의의 노예제도
는 필요했다. 지금은 그것들이 불필요한 것이 되었다. 사람들이 전하
는 것처럼 아테네의 자유시민이 각각 다섯 명의 인간노예를 데리고
있었다면, 우리는 현대 사회의 각각의 시민 옆에 이미 여러 종류의
노예들(생산할 때 고생하지 않는 철로 된 노예들)을 배치하였다. 이제 우
리는 페리클레스시대의 문화보다 더 높은 수준의 문화를 가질 수 있
을 만큼 성숙해졌다. 우리나라의 인구수, 힘, 부가 아티카$_{Attika}$[25]라는
매우 작은 소국보다 더 우월한 것처럼 말이다.

아테네는 노예경제 때문에, 즉 정치수단 때문에 몰락할 수밖에 없
었다. 거기부터는 장차 국민의 죽음 이외에 다른 길이 없었다. 그러
나 우리의 길은 생명에 이른다!

그러므로 국가 발전의 경향을 연구한 역사철학적 고찰과 경제 발
전의 경향을 연구한 경제학적 고찰은 똑같은 결론에 도달한다. 즉
"경제수단"이 모든 면에서 승리하는 반면에, "정치수단"은 그 가장
오래되고 끈질긴 창조물과 함께 사회생활에서 사라진다. 대토지 재
산 및 지대와 함께 자본주의는 쇠퇴한다.

이것은 인류의 고통과 구원의 길 즉 인류의 골고다$_{Golgatha}$[26]이며,
영원한 왕국으로의(전쟁에서 평화로의, 무리들의 적대적인 분열에서 인

25 아티카 반도의 아테네 주변지역. 그리스 문화의 중심지. (역자 주)
26 예수가 십자가에 못 박혀 처형된 예루살렘 교외의 언덕 골고다는 라틴어로 칼바리
Calvary(갈보리)라고 하여 해골을 뜻한다. (역자 주)

류의 평화적인 통일로의, 야수성에서 인간성으로의, 약탈국가에서 자유
시민사회로의) 인류의 부활이다.

I. 국가의 우상숭배*

. . .

프란츠 오펜하이머

국가란 무엇인가? 모든 사람이 국가를 우상시하는 것 같다. 어떤 사람들은 국가를 사람들이 마음과 영혼을 모두 바쳐 숭배해야 하는 신 중에서도 가장 자비로운 신으로 여긴다. 반면에 또 어떤 사람들에게는 국가가 악마 중에서도 가장 나쁜 악마, 인류의 저주이기 때문에, 국가는 그것이 생겨난 지옥으로 돌려보내야 마땅하다.

진실은 이 두 극단 사이에서 어느 것인가? 내가 《사회학 체계》에서 제시한 대답은 국가란 인간관계의 혼합된 형태, 힘과 정의의 잡종이라는 것이다. 즉 에토스ethos[정신]와 크라토스kratos[힘]가 결합해서 국가가 생겨났다는 것이다.

인간관계의 원시적인 형태는 두 가지이다: 첫 번째 형태를 나는 "우

---

* "The Idolatry of the State", 《Review of Nations》, 2, 1927, pp. 13–26.

리"관계라고 불렀다. 왜냐하면 그것에서는 "나"라는 의식이 뒤로 물러나거나 실제로 완전히 사라지기 때문이다. 그의 가치관, 판단, 행동에서 개인은 집단의 동료들과 하나가 되어 분할할 수 없는 통일체를 이룬다. 그는 자신을 이 전체의 부분이 아니라 그 구성원으로 생각한다. 원시시대에는 이러한 집단의식과 집단적인 이해관계가 부족 안에, 즉 같은 무리나 같은 씨족 구성원들 간의 관계에 존재하였다. 인간관계의 두 번째 형태, "우리가 아닌" 관계는 부족과 부족 사이에 존재하였다. 즉 한 씨족의 사람들과 낯선 사람들 또는 다른 무리나 다른 씨족 구성원들 간의 관계에 존재하였다. 이 관계에서는 개인 자아와 집단 자아가 다른 낯선 씨족의 자아와 강력하게 대립하였다.

"우리"관계는 평화, 도덕, 자연정의를 의미한다. "우리"관계가 널리 퍼져있는 집단은 퇴니에스[1]가 자연공동체라고 부르는 것과 어느 정도 일치한다. 이 자연공동체에 대해 그는 이렇게 썼다: "공동체생활이란 상호적인 소유 및 향유이며, 공동재화의 소유 및 향유이다. 소유와 향유의 의지는 방어와 단결의 의지이다." 이러한 경우가 존재하는 곳에서는, 그 구성원들 간의 관계가 협동 관계이다.

이에 반해 "우리가 아닌"관계는 이질성異質性 의식으로 특징지어진다. 이 말은 외부인은 "우리"에 대해서 권리가 없으며 "우리"도 그에게 의무가 없다는 것을 의미한다. 그러나 이것이 반드시 원시시대에

---

1 페르디난트 퇴니에스Ferdinand Tönnies(1855–1935). 독일의 사회학자. (역자 주)

(에피쿠로스학파와 홉스Thomas Hobbes가 인류 역사의 초기에는 그랬다고 주장하는) 만인에 대한 만인의 끊임없는 전쟁을 초래하지는 않으며, 또는 (구스타프 라첸호퍼Gustav Ratzenhofer[2]가 상상한 바와 같은) "절대적인 적대행위"를 초래하지는 않았다. 반대로 우리는 — 예를 들면 오스트레일리아에서는 — 여러 씨족들이나 부족들 사이에 평화적인 교류가 있었다는 수많은 사례의 증거가 있다. 이 단계에서는 전쟁이 아직 목적 자체가 되지 않았다. 전쟁을 가능한 한 피했는데, 이는 외부인들의 이익을 고려해서가 아니라 부족 자신의 최선의 이익을 위해서였다. 씨족들은 여전히 매우 작아 전쟁에서 몇 사람만 잃어도 심각할 정도로 약해질 수 있다. 어떤 경우에는 그들의 존재 자체가 위험해진다. 따라서 처음부터 적대행위가 "우리가 아닌"관계를 만드는 것이 아니다. 오히려 원시인도 동물에 대해서는 냉정한 무관심을 느낀다 — 외부인의 행복과 불행에 대해서는 전혀 관심이 없다. "나의" 이해관계나 "우리의" 이해관계가 관련된 곳에서는, 그의 이해관계는 전혀 중요하지 않다. 외부인의 재산이나 생명을 빼앗아도 죄가 되지 않는다. 죄는 오로지 자기 동료들과의 교제에서만 존재한다.

선사시대와 역사시대 사이의 과도기는 이주와 정복의 시대이다. 이 단계에서는 씨족들이 더 커져서 발전하거나 결합해 부족을 형성하였다. 부족들이 연합해 집단을 이룬 경우도 많았다. 여기저기에서

---

2 오스트리아의 사회학자이자 정치학자(1842-1904). (역자 주)

그들의 원시적인 경작방식에도 불구하고 그들이 소유한 영토는 너무 작다. 따라서 확대경향이 생겨난다. 구성원이 더 많거나 더 잘 무장한 부족, 또는 전술적인 협동이 더 잘 되거나 규율이 더 잘 잡혀있는 부족이 다른 부족을 공격해서 정복한다. 이것이 세계의 모든 곳에서 국가의 기원이다. 국가 형성에서 적극적인 요인은 구세계에서는 유목민족과 이들에게서 생겨난 항해민족이다. 신세계에서는 적극적인 요인이 고도로 발달한 수렵민족이다. 소극적인 요인은 일반적으로 고도로 발달하지 못한 농민이다. 이들은 여전히 손으로 괭이질을 해서 땅을 경작한다. 경작하기 위해 쟁기를 사용한 것은 국가가 생겨났을 때 비로소 시작되었다. 즉 짐을 운반하는 동물들이 유목민족에 의해 길들여져서, 이들이 말, 소, 낙타에 마구를 채워 경작도구로 사용할 때이다. 다른 씨족들을 정복해 굴복시키는 목적은 어디에서나 똑같다: 그것은 착취이다. 정복당한 자들은 정복자들을 위해 보상 없이 일하거나 그들에게 공물을 바치지 않을 수 없다. 착취의 형식은 지배mastership이다. 이것은 그 이전 시대의 지도leadership와 혼동해서는 안 된다. 지도는 어떤 종류의 착취도 수반하지 않았기 때문이다. 지배는 착취와 결합된 지도이다.

두 개의 제도가 지배를 위해 만들어졌다: 계급 분화와 대토지 소유권. 이 두 개는 분할될 수 없는 하나의 전체를 형성한다. 대토지 소유권은 다음과 같은 경우에만 실제적인 경제적 의미가 있다(왜냐하면 그 경우에만 소득을 가져다주기 때문이다). 즉 스스로 일하지 않는 소유자를 위해 땅을 경작하는 예속된 노동계급이 있을 때만이다. 반대로 노동계급이 존재할 수 있는 경우는 합법적인 토지 소유 형태로서의 대농장이 확대되어 많은 면적의 땅에 사람들이 자유롭게 정착할 수 없게 되었을 때뿐이다. 이때 땅 없는 많은 사람들이 굶어죽지 않으려면 주인의 땅에서 일할 수밖에 없다. 토지 소유와 계급 우위 간의 동일성은 언어에 반영되어 있다. 게르만 부족들이 정복해 생겨난 국가에서는 귀족이 "아델Adel"이라고 불린다. "아델"(세습지Odal)은 단지 대토지 소유자임을 의미할 따름이다.

　과정 전체를 제대로 이해하려면 그 과정이 경제 관점에서 설명되어야 한다. 그 과정은 정복자들 쪽에서 경제 욕구를 만족시키는 행위이다. 예전에 약탈하는 유목민이었을 때 그들은 자신들의 이익을 위해 이웃 사람들의 가축 무리나 말들을 빼앗아갔는데, 바로 이와 똑같은 방법으로 또 바로 똑같은 목적을 위해 그들은 복종하는 주민들에 대해서 지배력을 얻는다. 그러나 경제는 획득한 재산이 잃어버리거나 상하지 않게끔 조심스럽게 관리할 것을 요구한다. 빼앗아 온 가축 무리는 그것들을 빼앗고 싶어 하는 적들로부터 보호한 것처럼 인간 무리도 보호해야 한다. 가축 무리의 건강이나 영양의 상태를 유지하고 가능하면 향상시키기 위해 주의한 것처럼, 인간 무리의 숫자가 줄어들거나 그들이 노동능력을 잃어버리지 않도록 주의해야 한다. 국가의 창설 이래로 존재해온 지배계급은 이 목적을 위해서 두 개의 과제를 동시에 수행해야 한다: 국경의 방어와 정의의 유지. 국경은 대초원지대나 해안지대의 호전적이고 약탈적인 다른 부족들로부터 방어되어야 한다. 그리고 지금은 복종하는 자들의 반란 시도를 미리 막기 위해서뿐만 아니라 백성의 생산능력을 감소시킬 수도 있는 지배계급 자체의 다른 구성원들의 지나친 행위를 막기 위해서도 정의가 지켜져야 한다. 이렇게 해서 국가란 계급들로 나누어진 사회이면서 아울러 국경 방어와 정의 유지를 위한 제도들을 지닌 사회이다. 그 형식은 지배이고, 그 내용은 착취이다. 달리 말하면 국가란 착취와 지배의 수단이다.

사회학은 현재까지 거의 언제나 역사상의 국가의 한 측면만 보았다. 사회학은 국가를 평화와 정의의 수호자로만 보았다. 사실 보통은 국가가 생겨날 때까지 평화와 정의가 존재하지 않았다고 생각하였다. 이것은 아주 그릇된 생각이다; 국가보다 먼저 있었던 공동체는 그 영토 그리고 그 구성원들의 생명과 재산을 최대한 방어하였으며, 아울러 권리들의 내적인 평등을 대단히 정력적으로 유지하였다. 국가는 공동체로부터 두 가지 과제를 물려받았을 뿐이다. 어떤 종류의 사회라도 존재할 수 있으려면 그 두 가지 과제가 수행되지 않으면 안 되기 때문이다 이전以前의 사회학이 고이 간직한 이 잘못된 생각이 국가를 우상시하며 국가 숭배 형식을 취하는 원인이다. 평화와 정의는 사회에 아주 이롭다. 따라서 국가가 평화와 정의의 수호자로 간주될 뿐만 아니라 그 평화와 정의를 만들어낼 수 있는 유일한 수단으로도 여겨지기 때문에, 국가가 모든 이로운 존재 중에서도 가장 큰 것임에 틀림없다고 사람들은 생각한다. 그러나 실제로 국가는 기생충처럼 다른 공동체의 도움으로 사는 공동체에 지나지 않는다. 말하자면 승리한 집단이 피지배집단을 파먹는다. 마치 뮌히하우젠 남작Baron von Münchhausen[3]의 늑대가 말을 파먹고는 자신이 마구를 쓰고 썰매를 끌어야하는 것처럼 말이다. 이와 마찬가지로 승리한 집단은 사회의 가장 중요한 기능들을 수행하면서 전체로서의 사회라는 수레를 끌어야 한다.

조금 예측하는 것이 허용된다면, 여기에서 말할 수 있는 것은 아나키즘이라고 하는 하층계급의 가장 극단적인 사회교의는 정반대의 오해에 기초한다는 것이다. 이 교의는 국가에서 지배와 착취만을 보며, 평화와 정의의 보호자로서의 그 기능은 보지 않는다. 따라서 그 교의는 국가를 완전히 없애고 싶어 한다. 그리고 인간의 본성을 대체로 과대평가하면서, 평화와 정의가 나중에는 자동적으로 확립되며 스스로 유지될 것이라고 믿는다. 이것 또한 국가를 우상 숭배하는 것이다. 그러나 국가는 신이 되는 것이 아니라 악이 된다. 이 이론도 다른 이론과 마찬가지로 지지할 수 없다.

---

3   중부 독일의 수렵가이자 군인, 모험가(1720-1797). "허풍쟁이 남작"으로 알려져 있다. 자신의 무용담으로 주위에 말한 거짓말 같은 이야기가 만담으로 전해진다. (역자 주)

국가가 창설되자마자 죄악이 세상에 나타난다. 정복자들과 피정복자들이 이제는 단일사회를 형성하기 때문이다. 이 사회에서는 ─ 대체로 국가의 방어기능의 영향을 받아 ─ "우리"의식이 빠르게 존재한다. 긍정적으로 보면 이 "우리"의식은 국가의 모든 구성원들을, 즉 상위계급뿐만 아니라 하위계급도 포용한다. 반면에 부정적으로 보면 그 의식은 국가의 구성원이 아닌 모든 사람을 "우리가 아닌 자"로 간주해 배척한다. 국가를 구성하는 두 집단이 결혼을 통해서나 결혼 이외의 결합을 통해 피가 섞이고 똑같은 언어를 말하며 똑같은 신들을 숭배한다. 그리하여 그들은 곧 대체로 영광스러운 승리들로 세워진 공통된 전통을 갖게 된다. 이 영광스러운 승리들이란 그들이 연대해서 외부의 적과 싸워 얻은 것이다. 요컨대, 그들은 맥두걸[4]이 고도로 조직화된 집단이라고 부르는 것이 된다. 그렇지만 이런 종류의 집단에서는 동료정신이 널리 퍼져있어야 된다. 평화, 도덕, 자연정의(무엇이 올바른가에 대해 타고난 관념에 기초한 정의)가 있어야 한다. 그리고 정의란 모든 사람이 똑같이 존엄한 존재로 인정받아야 한다는 것을 의미한다. 이것은 모든 것을 그 자신의 개인적인 생각에 따라 정리하고 싶어 하는 철학자, 즉 생활에서 멀리 떨어져 있는 철학자의 요구가 아니다. 그것은 도덕 자체의 요구이다. 도덕은 우리 각자 안에서 분명하게 또 확고하게 양심의 목소리로서 말하기 때문이

---

4 윌리엄 맥두걸William McDougal(1871-1938): 미국의 심리학자. (역자 주)

다. 인간이란 인간 이전의 무리 속에서 훈련 받아 인간성을 갖추었기 때문에 아리스토텔레스가 오래 전에 말한 것처럼 "사회적 동물"이다. 이것은 다음과 같은 사실을 의미한다. 즉 그가 자기 마음속에서 정언명령을 느끼는데, 이 명령은 각자에게 자기 집단의 동료들을 자신과 동등한 자로 대우하고 각자의 개인적인 존엄을 존중하며 그를 결코 다른 사람의 의지의 대상으로 삼지 말고 언제나 자유로운 행위자로 대우하라는 것이다. 이런 이유에서, "우리"의식을 갖고 있는 집단 안에서 지배와 착취는 죄악이다.

사실이 그렇다는 것은 두 가지 방법으로 증명될 수 있으며, 추상적인 철학이라는 높은 곳으로 올라갈 필요조차 없다. 첫 번째 증거는 다음과 같은 것이다: 하층계급을 가장 많이 경멸하는 아주 거만한 귀족은 지하 감옥에 가두어라. 그를 굶기고 학대하고 모욕하라. 그는 체념하며 자신의 운명을 단순한 불행이나 신의 행위로 받아들이지 않을 것이다. 그는 분노하며 자신의 운명을 불의라고 느낄 것이다. 이렇게 해서 그는 자기 나름의 귀류법reductio ad absurdum[5]을 얻는다. 두 번째 증거는 모든 지배계급이 그 나름의 특별한 계급이론을 만들어 일반적인 불공평상태를 정당화했으며, 아울러 그런 상태를 하층계급뿐만 아니라 자신들에게도 공정한 상태인 것처럼 보이게

---

5 어떤 명제가 참임을 증명하려 할 때 그 명제의 결론을 부정함으로써 가정 또는 공리가 모순임을 보여 간접적으로 그 결론이 성립한다는 것을 증명하는 방법이다. (역자 주)

했다는 것이다. 이렇게 해서 정언명령은 그것이 부정될 때에도 인정된다.

이 정당화를 위한 문구는 플라톤이 오래 전에 주었다: "동등한 자들에게는 평등을, 동등하지 않은 자들에게는 불평등을." 이것이 지배계급의 모든 계급이론이 지닌 의미이다. 가장 극단적인 형태의 계급제도인 노예제도를 정당화하고 싶어 한 곳이나 아직도 정당화하고 싶어 하는 곳에서는 언제나 제시되어 왔고 아직도 제시되는 견해는 아리스토텔레스가 표명한 것이다: "야만인들은 태어난 때부터 노예이다. 따라서 그들은 그리스인이라는 고귀한 인종에게 봉사할 목적으로 존재한다." 미국 남부지방의 농장주들은 비록 아리스토텔레스에 대해 들은 바가 없다하더라도 흑인에 대해서 아주 똑같이 말했을 것 같다. 그리고 토지를 소유한 모든 지주는 그들의 농노나 노예에 대해서 똑같이 말했을 것이다. 에다Edda[6]에서조차 우리는 다음과 같은 것을 읽는다. 즉 만물이 시작될 때 신들은 세 인종을 창조하였는데, 한 인종은 호리호리하고 품위 있는 금발의 귀족이며, 또 하나의 인종은 몸이 튼튼한 농민(시골뜨기)이고, 세 번째 인종은 거칠고 우둔한 평발의 노예(타고난 하인)라는 것이다. 모든 인종이론은 어느 정도 불공평을 정당화하려는 시도이다. 이것은 또한 오늘날의 "인기 있는" 반反유대주의에도 해당된다. 현대 민속학의 발견에 따르면 모

---

6   고대 북유럽의 신화 시가집. (역자 주)

든 국민의상과 모든 민요는 단지 귀족이 예전에 입었던 의상이며 세상에 전해져온 예전의 궁정노래에 불과한 것처럼, 오늘날의 대중에 대한 인종이론들도 단지 세상에 전해지는 과정에서 크게 변질된 귀족의 계급이론에 불과하다. 그것은 군중의 잘못된 자부심인데, 이들은 소위 "아리아인Aryan"혈통 때문에 자신들이 자연적으로 우월하며 더 귀족적이라고 믿는다. 예전에 귀족이 "푸른" 피 때문에 자신이 우월하다고 믿은 것처럼 말이다.

약간 다르게 채색되었지만, 부르주아의 계급이론도 근본적으로는 똑같다. 부르주아는 그들의 부를 통해 하층계급을 넘어선다. 그 다음에는 역사의 과정에서 부르주아는 무엇보다도 먼저 봉건국가의 두 지배계급 즉 귀족 및 성직자계급과 충돌한다. 이 싸움에서 이긴 다음 부르주아는 전에는 자신들의 계급이었지만 아직까지 올라오지 못한 다른 구성원들, 즉 프롤레타리아와 충돌한다. 여기에서 다시 표어는 이것이다: "동등한 자들에게는 평등을, 동등하지 않은 자들에게는 불평등을." 그렇지만 이 경우 불평등은 인종에 있지 않고 재능에 있는 것으로 간주된다. 상인이 올라올 수 있었던 것은 근면, 시간 엄수, 절제, 절약과 같은 미덕들 덕분인데, 이러한 미덕들이 본래는 동일한 덩어리였던 것을 점차 분화시켰다고 여겼다. 처음에는 소득의 양에서, 그 다음에는 곧 재산의 양에서 차이 나는 계층들로 분화되었다. 그리고 이 계층들은 점점 다양한 사회계급으로 굳어졌다.

이것이 칼 마르크스가 《자본》의 한 유명한 구절에서 노파들의 이야기라고 조롱한 "본원적 축적의 법칙"이다: "이 법칙은 인간의 타락이 신학에서 하는 것과 거의 똑같은 역할을 경제학에서 한다. 아담이 사과를 먹었다. 따라서 인류는 죄를 지었다 … 지난 오랜 세월 동안 한편으로는 근면하고 똑똑하고 무엇보다도 검소한 엘리트가 있었으며, 다른 한편으로는 게으르고 가진 것 이상을 낭비한 쓸모없는 사람들이 있었다 … 이렇게 해서 전자는 부를 축적했고, 후자는 자신들의 몸 이외에는 팔 것이 아무것도 없게 되었다. 그리고 이 인간의 타락에서 대중의 빈곤이 시작되었는데, 이들은 아무리 열심히 일해도 여전히 자기 자신들 이외에는 팔 것이 없다. 그런데 소수 사람들의 부는 그들이 오래 전부터 일하기를 그만 두었는데도 계속 늘어난다.

이러한 정당화 시도는 귀족의 정통주의 정당화와 마찬가지로 불합리하다. 우선 인간사회에서 재능의 분포는 직접적으로 측정될 수 있는 신체발달, 근육의 힘, 감각의 예민함 등과 같은 자질들의 분포와 본질적으로 다르지 않다고 추측할 충분한 이유가 있다. 지능의 차이는 유감스럽게도 측정될 수 없다. 그러나 지능의 차이가 크라수스[7]같은 사람과 한 시칠리아 농장의 노예간의, 또는 록펠러[8]같은 사

---

7 크라수스Marcus Licinius Crassus(기원전 115-기원전 53): 로마 공화정 말기의 정치가이자 장군. (역자 주)

8 록펠러John David Rockefeller(1839-1937): 미국의 사업가이자 석유 왕으로 불리었다. (역자 주)

람과 이스트 엔드East End[9]의 한 프롤레타리아 간의 소득이나 재산 차이의 원인이 된다하더라도, 인간들의 정신은 틀림없이 서로 다를 것이다. 걸리버Gulliver[10]가 릴리퍼트의 난쟁이들이나 브롭딩낵의 거인들과 다른 것만큼 뿐만 아니라 또한 릴리퍼트인들이 브롭딩낵인들과 다른 것만큼이나 말이다. 둘째, 정신능력에서 그처럼 엄청난 차이가 실제로 존재했더라도, 그 차이가 결코 소득과 재산에서 차이를 일으킬 수는 없었을 것이다. 물론 계급을 형성하기에 충분할 만큼의 중요성을 지닌 소득 차이나 재산 차이도 당연히 일으킬 수 없었을 것이다. 지구상에서 경작할 수 있는 모든 땅은 소규모나 중간 규모의 소작지를 경작하는 농민들이 완전히 차지해서, (장 자크 루소가 표현하듯이) 다닥다닥 붙어있는 모든 소작지가 땅 전체를 뒤덮을 때까지는 말이다. 이것은 부르주아이든 사회주의자이든 모든 권위자들이 받아들이는 분명히 참인 진술이다. 위대한 튀르고[11]는 말하였다: "근면한 사람이 독립적으로 일할 수 있는 땅을 여전히 찾아낼 수 있는 한, 그는 다른 사람을 위해 일하려고 하지 않을 것이다." 경제학의 아버지 아담 스미스는 땅이 완전히 차지될 때까지는 노동계급, 지대, 자본에서 생겨나는 이윤이 있을 수 없다고 단호하게 주장한다. 칼

---

9 런던의 북동부에 있는 한 구역의 속칭으로 빈민가 지역을 가리킨다. (역자 주)

10 영국의 작가 조나선 스위프트(1667-1745)가 쓴 《걸리버 여행기》(1726)의 주인공. (역자 주)

11 튀르고Anne Robert Jacques Turgot(1727-1781): 프랑스의 정치가이자 중농주의 경제학자. (역자 주)

마르크스도 《자본》 제1권 마지막 장에서 바로 똑같은 견해를 표명한다: "한 식민자가 여전히 한 구획의 땅을 자신의 사유재산 및 개인적인 생산수단으로 삼으면서도 앞으로의 식민자들이 바로 그렇게 하는 것을 못하게 하지 않는다면" 임금 노동자계급은 없으며 결국 자본주의도 없다.

그렇지만 사실 노동계급과 자본주의는 지난 500년 동안 존재하였다. 결국 땅이 필요한 재산 없는 사람들이 자유롭게 이용할 수 있는 땅은 더 이상 없다. 단 하나의 문제는 실제로 그 땅이 튀르고와 아담 스미스가 믿은 "노파들의 이야기"가 전제한 방식으로 차지되었는가이다. 다닥다닥 붙어있는 모든 소작지가 땅 전체를 뒤덮을 때까지 한 자유로운 농민이 실제로 다른 농민 옆에 자리 잡았는가? 이 물음에 대해서는 간단히 대답할 수 있다. 독립한 농민이 유급노동자들을 농장의 일꾼으로 고용할 처지에 있지 않다면 얼마나 많은 땅을 필요로 하는지 우리는 정확하게 알고 있다. 평균적으로 그는 기껏해야 1인당 1헥타르 정도 필요하다. 가족 전체를 위해서는 즉 가구당 5-7헥타르를 필요로 한다. 만일 우리가 지구상에서 경작할 수 있는 땅의 면적을 이 수치로 나눈다면, 놀랍게도 우리는 땅에서 먹고 살 수 있는 독립농민들의 수가 전세계 인구의 네 배에서 여덟 배가 된다는 것을 알게 된다(지구상에서 경작할 수 있는 땅의 면적에 대한 여러 지리학자들의 추정치는 아주 다양하다). 만일 우리가 세계에서 인구밀도가 가장 높은 나라의 하나인 독일을 예로 든다면, 중간규모의 경작지를 지닌 독립농민 수가 농촌인구 전체 수의 두 배가 될 수 있는 공간이 있다는 것을 우리는 알게 된다. 그렇지만 아직도 농촌인구의 절반 이상이 땅이 없는 농업프롤레타리아들이며, 땅이 있는 사람들 중에서도 엄청나게 많은 수는 그것만으로는 먹고 살 수 없는 작은 경작지나 작은 구획의 땅밖에 갖고 있지 않아 유급노동으로 소득을 보충하지 않으면 안 된다.

따라서 지구 또는 어느 한 큰 나라에서의 식민이 루소가 믿었던 식으로 일어났다면, 지구의 1/4 어쩌면 1/8만을 차지했을 것이며 또 독일 같은 나라에서는 겨우 절반만 차지했을 것이다. 그리고 노동계급의 형성과 결과적으로 생겨나는 소수의 손에서 부의 축적은 개인 재능의 차이에도 불구하고 (그 차이가 아무리 크다 하더라도) 수백 년 동안 어쩌면 수천 년 동안 시작조차 할 수 없었을 것이다.

땅의 완전한 점유는 그러므로 루소가 믿은 것과는 다른 방식으로 일어났음에 틀림없다. 다른 가능성밖에 없다: 대중은 땅에서 쫓겨났음에 틀림없다. 땅은 대농장이라는 합법적인 형태로 정복계급에 의해 독점되어, 노동계급이 생겨났으며 아울러 많은 소득과 부의 축적이 가능해졌다. 합법적인 형태의 대농장 때문에 땅에 자유롭게 정착할 수 없고, 그 결과 많은 잉여인구가 굶어죽는 것을 피하려면 한 주인의 땅에서 일할 수밖에 없게 된 곳에만 노동계급이 존재할 수 있다고 앞에서 말하였다. 우리는 지금 이러한 진술이 사실임을 증명하였다.

이러한 고찰은 근대국가의 성질과 작동방식을 이해할 수 있게 해준다. 모든 국가가 지배와 착취의 수단이라는 것은 이미 말한 바 있다. 이것은 또한 근대국가에도 적용된다. 근대국가가 구현하는 동시에 보호하는 착취형태는 자본주의이다. 그러므로 자본주의는 땅에의 접근을 마감한 것의 직접적인 결과이다.

　이러한 사실을 지금까지 깨닫지 못했다면, 그 주된 이유는 자본주의의 성질뿐만 아니라 그 출현 시기에 대해서도 아주 좁게 인식해왔다는 것이다. 부르주아사회학, 더욱이 부르주아경제학은 ― 다른 많은 점과 마찬가지로 이 점에서도 일반적인 사회주의이론은 거의 맹목적으로 부르주아경제학을 따른다 ― 산업에 집중한다. 부르주아사회학은 도시에서 일어난 일에 홀려있어, 시골에서의 사태 전개를 전혀 설명하지 못하고 있다. 우연한 관찰자에게조차 다음과 같은 사실이 아주 분명한데도 말이다: 도시의 무역, 상업, 산업은 국가경제라는 주요 줄기에서 자라난 이차적인 것에 불과하며, 그것들의 성장, 번영 및 쇠퇴는 도시산업 생산물을 위한 시장을 나타내는 주요 줄기의 성장, 번영 및 쇠퇴와 밀접하게 관련되어 있다. 이 잘못된 관점에서 출발했기 때문에, 역사적으로 자본주의가 상품 축적 체계 및 공장의 발달과 함께 시작되었으며 도시에서의 동력 기계 발달과 함께 완전히 발전했다고 생각한다. 자본주의가 실제로 기계시스템과 동일시된다. 그러나 실제로 자본주의는 훨씬 더 오래 전에 생겨났으며 또 훨씬 더 널리 퍼져있었다. 착취당하는 프롤레타리아들의 노동을 사용할 수 있는 고용주들이 발달된 금융제도하에서 시장에 상품을 공급하는 곳에는 어디에서나 자본주의가 존재한다. 착취당하는 노동자들이 자유시민일 필요는 없다. 그들은 노예일지도 모른다. 따라서 고대 그리스와 고대 로마의 자본주의적 노예제도에 대해 말하는 것이 관례이다. 그들은 또한 농노, 머슴 또는 땅에 묶여 있는 농업노동자일지도 모른다. 그리고 실제로 근대 자본주의는 어디에서나 땅에 묶여 있는 노동자들을 착취하는 제도로서 시골에서 시작되었다. 브로드니츠Georg Brodnitz[12]는 그의 《영국경제사》에서 이것이 자본주의 국가의 고전적인 예인 영국의 경우 사실임을 결정적으로 보여주었다. 그 나라에서는 노동자들이 중세 시대부터 줄곧 개인적인 자유를 누렸지만 이동의 자유는 누리지 못하였다. 왜냐하면 교구법은 땅으로부터의 자유이동을 막았으며, 또 한편에서는 동업조합과 자치단체의 규약들은 도시로의 이주를 거의 불가능하게 했기 때문이다. 따라서 농업자본주의, 즉 도시시장으로의 식량공급은 산업자본주의를 수백 년이나 앞섰다. 산업자본주의는 매우 느리게 더듬거리면서 뒤따라왔을 뿐이다. 산업자본주의가 실제로 발달한 것은 이동의 자유가 획득되었을 때였다.

독일에서 일어난 일이 바로 그것이었다. 크납Georg Friedrich Knapp[13]

---

12 독일의 경제학자(1876~1941). (역자 주)
13 독일의 경제학자(1842~1926). (역자 주)

은 "엘베 강 동쪽에 있는 대농장이 근대의 최초 자본주의 기업"임을 증명하였다. 이 경우에도 농업노동자들은 땅에 묶여 있었거나 노골적인 폭력이나 법적으로 감추어진 힘에 의해 자연스럽게 땅에 묶이게 되었다. 여기에서도 농업자본주의가 산업자본주의보다 수 세기 먼저 생겨났다. 이때에도 산업자본주의는 느리게 더듬거리면서 뒤따라왔을 뿐이다. 산업자본주의가 완전히 발달한 것은 이동의 자유가 획득되었을 때였다. 독일에서는 슈타인[14]과 하르덴베르크[15]의 해방법에 의해서, 오스트리아-헝가리와 러시아에서는 농노해방 이후에 이동의 자유가 획득되었다.

이것이 일반적으로 자본주의와 (이 자본주의를 소중하게 간직한) 근대국가를 바라보아야 하는 방식이다. 그래야 자본주의와 근대국가를 올바르게 이해할 수 있다.

자본주의를 설명하려고 한 이전의 모든 시도는 산업을 그들의 출발점으로 삼았다. 그들은 다른 모든 것을 설명하는 중심 현상의 원인, 즉 시장에서 지속적인 노동의 과잉을 도시산업의 조건에서만 찾았다. 그 모든 시도는 실패하였다. 부르주아적 설명인 맬더스의 인구법칙과 사회주의적 설명인 기계에 의한 인간노동의 대체 모두 실패

---

14 칼 슈타인Karl Stein(1757–1831). 프로이센의 정치인. (역자 주)

15 칼 아우구스트 폰 하르덴베르크Karl August von Hardenberg(1750–1822): 프로이센의 정치가. 슈타인의 뒤를 이어 길드 특권의 폐지, 재정 개혁, 농노 해방 등 자유주의적인 행정 및 경제 개혁을 추진하였다. (역자 주)

하였다. 앞의 것에 대해서는 말할 필요가 없다. 그것은 지금 완전히 폐기되었다. 그것은 사실상 지지할 수 없다. 두 번째 설명은 모든 통계자료와 반대된다. 모든 자본주의국가에서 공업이나 상업에 종사하는 노동자들과 고용인들의 수는 총인구보다 엄청나게 큰 속도로 증가한다. 외부로부터의 유입이 없다면, 평균임금이 이러한 사정에서는 이 경우에 실제로 일어난 것보다 훨씬 더 많이 올랐을 것이다.

그렇지만 언제나 그러한 유입이 있다. 그것은 시골 이외에 다른 곳에서는 나올 수 없다. 그러나 그것은 모든 농촌지역에서 똑같은 정도로 나오지 않는다. 주로 대농장들이 있는 지역에서 나온다. 그러므로 이 대농장들이 전적으로 시장에서 노동 과잉의 원인이다. 이것은 일찍이 1874년 폰 데어 골츠von der Goltz[16]에 의해 통계적으로 증명되었다. 그것은 연역적으로도 증명될 수 있다. 대농장에서 일하는 일용노동자들은 "한 방향으로부터의 압력증가의 법칙"을 따른다. 이로 인해 어쩔 수 없이 그들은 대량이주를 하게 된다.

이런 식으로 또 이런 식으로만 자본주의 역사의 모든 국면이 이해될 수 있다. 무엇보다도 세계 어디에서나 산업자본주의의 초기 시대에 대한 공포가 있다. 이동의 자유가 획득되기 전에는 산업자본주의가 매우 느리게 발전하였다. 소수의 작은 기업들만 있었다. 이 기업들은 비교적 부유하며 보수가 좋은 소수의 노동자들만을 고용하였

---

16 프로이센의 육군 원수이자 군사저술가(1843–1916). (역자 주)

다. 시골로부터 이동의 자유가 가능해지자마자, 오랫동안 축적되어 온 궁핍의 저수지가 갑자기 터졌다: 농업자본주의는 예속된 농업프롤레타리아를 비참한 상태에 놓이게 했으며 심지어는 최소한의 생리적인 생활수준도 누리지 못하게 하였다. 이렇게 해서 생겨난 노동공급이 노동시장을 넘치게 했고, 그리하여 예전의 노동계급의 임금을 끌어내렸다. 반면에 낮은 임금의 영향으로 도시자본주의는 속성재배용 온실에 있는 것처럼 자라났다. 그런데 이주는 농촌프롤레타리아를 솎아냈지만, 동시에 도시의 급속한 증가는 식료품에 대한 수요 증가를 일으켰다. 결국 식료품 가격은 올랐으며, 농업은 집약적인 방법을 채택하지 않을 수 없었다. 이것은 기계 사용을 의미했을 뿐만 아니라 노동 수요의 증가도 의미하였다. 이것은 다시 임금 상승을 초래하였다. 농업에서의 고임금은 아직도 성장하고 있는 산업보다 더 비싼 값을 부르지 않을 수 없었다. 이것 자체가 산업임금의 추가적인 상승을 초래하였다. 특히 유입하는 농업프롤레타리아들과 이미 기존의 산업프롤레타리아 간의 비율이 끊임없이 후자에게 더 유리해지고 있었기 때문이다: 전에는 수만 명이 있는 곳에 수십만 명이 흘러들어온 반면에, 지금은 수십만 명이 있는 곳에 수만 명이 흘러들어오고 있었다. 노동시장에 대한 압력이 비교적 완만해졌다. 도시로 이주하는 농촌노동자들의 절대 수는 여전히 똑같았지만 말이다. 그러나 둑으로 막은 홍수의 첫 번째 범람이 멈추자마자 그 수는 줄어들었다.

이것이 산업자본주의가 그 존재 초기에 동반한 소름끼치는 빈곤에 대한 아주 간단한 설명일 뿐만 아니라, 자본주의 질서가 오랫동안 지배한 모든 나라에서 노동자들의 임금 및 생활수준의 점차적인 향상에 대한 설명이기도 하다. 이러한 기적을 일어나게 한 것은 매우 많은 사람들이 추측하는 것처럼 노동조합운동이 아니라 농촌노동자 유입의 상대적인 감소이다. 그리고 아직도 산업적으로 발달하지 못했으며 대농장과 결국 농업자본주의가 일반적이었던 외국으로부터 그 모든 나라들이 대규모의 이민자들을 받아들이지 않았다면, 그 결과는 더 좋았을 것이다.

이러한 주장은 미국에서 특히 지난 10년 동안 자본주의의 놀라운 발전에 의해 완전히 증명된다. 그곳에서는 대다수의 노동자들 — 여하튼 간에 그 나라의 언어를 습득했으며 그 나라의 사회상황을 이해하게 된 사람들 — 의 임금과 생활수준이 부르주아이론도 마르크스주의이론도 설명할 수 없을 정도로까지 올라갔다. 20년 전 〈러시아의 농업개혁이 우리에게 의미하는 것Was uns die russische Agrarreform bedeutet〉이라는 제목의 논문[17]에서 나는 다음과 같이 썼다: "여기 구세계의 봉건적인 농업구조에 신세계가 겪는 해악들의 뿌리가 — 분명하게 인식할 수 있을 정도로 — 있다. 노예제도가 여전히 존재하

---

17 Patria, Jahrbuch der Hilfe, 1906. 다음에 재수록 되어 있다.《Wege zur Gemeinschaft》, pp.163이하. 인용된 문장은 pp. 181-182에 있다. (원주)

는 곳에서는 자유가 번영할 수 없다. 왜냐하면 자유란 산과 바다를 건너 퍼져나가는 전염병이기 때문이다. 러시아나 동유럽의 농업개혁의 결과로 미국으로의 대량이민이 10년 동안 멈추었다고 가정해 보라. 미국의 자본주의는 어떻게 되었겠는가? 도시와 농촌 노동자들의 이미 높은 임금이 엄청나게 올라갈 것이다. 국내시장에서 식료품과 산업제품에 대한 이미 엄청난 수요가 현기증이 날 정도로 절정에 도달할 것이다. 노동은 상품 중에서 가장 희귀한 것이 될 것이다." 이 예언은 문자 그대로 실현되었다. 나는 하바드대학교의 교수 카버Thomas Nixon Carver가 1926년에 출간한 책을 갖고 있는데, 이 책의 제목은 《현재 미국의 경제혁명The present economic Revolution in the United States》이다. Ⅷ쪽을 보면 다음과 같은 구절이 나온다: "제한하는 법령을 공포한 데 이어서 특히 전쟁으로 인해 이민이 멈추었기 때문에, 우리나라의 임금노동자들은 여태까지 받은 것보다 더 많은 몫을 계속 받으며 번영하였다." 미국 자본주의는 이민으로만 설명될 수 있다는 것을 저자는 분명하게 알고 있다 (그는 장밋빛 낙관주의에도 불구하고 이것을 부인할 수 없다): "제1차 세계대전 이전의 40년 동안 우리나라는 육체노동자들을 문자 그대로 수백만 명 수입하고 있었다. 고용주나 자본가는 많이 수입하지 못하였다."(p. 37) 이것이 노동시장에서 과잉의 원인이었다. 그러나 "지난 6년 동안 교란요인 — 즉 굉장히 많은 비숙련 노동자들의 이민 — 을 제거했거나 크게 감소시켰기 때문에, 우리는 적어도 두 세대 동안 겪은 취업 정체를 점차 완화시키

고 있다."(pp. 45-46.) 일어난 결과는 이미 예사롭지 않다. 캐나다국
경과 더욱이 멕시코국경을 통한 이민이 여전히 엄청난 수의 노동자
들을 불러들이지만 말이다. 이들은 비숙련이고 여러 인종일 뿐만 아
니라 문맹이어서 문명생활의 조건에 (적응할 수 없는 것은 아니더라도)
적응하기 어렵다 (그들은 사실상 쿨리coolies이거나 피언peons이다). 이것
은 흑인 문제와 비슷한 새로운 문제가 생겨날 수 있는 길을 여는 것
이다. 이와 동시에 동화된 노동자들은 독일 같은 나라의 상위중간
계급조차 부러워할 만한 생활수준을 이미 누리고 있다. 뉴욕에서
성과급 일에 종사하는 벽돌공은 하루에 14달러를 벌거나 한 달에
25일 일하면 한 달에 1500마르크를 번다. 모든 통계는 노동자들이
만일의 경우에 대비해 어느 정도 저축할 수 있을 뿐만 아니라 실제
로 상당한 자본을 모을 수 있다는 것도 보여준다. 노동자은행이 잇
달아 생겨나고 있다. 이 은행들은 노동자계급을 위해 산업자금을 조
달해 주는 적극적인 역할을 하기 시작한다. 브래디Brady는 오늘날 미
국에서 산업노동자들에게 해마다 임금으로 지불되는 총액은 250억
달러이며, 그 중에서 매년 60억에서 70억 달러가 저축된다고 추정
한다. 이것이 상당한 과대평가라 하더라도, 이 정도의 금액이 노동
자은행으로 흘러들어간다면 그들이 곧 점점 커지는 산업부문을 통
제하고 임금 및 가격 정책을 노동자들에게 이익이 되게끔 유도할 수
있다는 사실에는 변함이 없다. 오늘날에도 증명할 수 있는 것은 많
은 대기업이나 아주 영향력이 큰 기업에서도 주식의 상당한 비율이

노동자들과 종업원들의 수중에 있다는 사실이다.

물론 모든 사람은 이러한 종류의 발전이 어떤 위험에 노출되어 있는가를 깨달을 것이다. 어떤 환경에서는 그리고 사악한 자본가들의 수중에 있을 경우 주식회사란 주식시장의 조작을 통해 소액주주의 돈을 빼앗을 수 있는 매우 편리한 제도라는 것을 모든 사람은 알고 있다. 그렇지만 이것은 지금 고찰하는 문제에서 결정적인 요인이 아니다. 결정적인 요인은 노동자들이 그처럼 엄청난 액수를 모을 수 있어야 한다는 것이다. 만일 그들이 실패를 겪는다면, 그들은 저축한 돈을 어디에 투자해야 안전하고 이익이 있는지를 경험을 통해 배울 것이다. 이를 위한 가장 좋은 방법은 확실히 적절한 규정이 있고 전문가들과 믿을 만한 사람들의 감독 하에 있는 노동자은행의 설립이다. 유럽노동자들이 저축한 돈은 개별적인 항목은 매우 작을지 몰라도 전체적으로는 큰 액수의 자본을 나타내는데, 이 돈이 지금까지는 노동자들에게 이익을 주기는커녕 그들의 굴레를 더욱 단단하게 고정시키는 데 도움이 되는 방식으로만 투자되었다. 그들의 얼마 안 되는 예금이 있는 저축은행들은 환어음에의 단기투자와 담보, 주로 도시부동산에의 장기투자를 제외하면 그들에게 개방되어 있지 않았다. 이렇게 해서 저축은행들은 금융업자들의 자본을 늘렸으며 아울러 노동자계급의 가장 나쁜 적(땅 투기와 폭리 획득)을 강하게 하는 데 기여하였다.

미국과 카버교수에게로 돌아가면, 대농장이 이전에도 존재했으며 (그 동안에 일어난 향상에도 불구하고) 여전히 지속되는 모든 해악의 궁극적인 원인이라는 사실을 미국의 여론이 여전히 알아차리지 못했다는 것은 아주 분명하다. 카버는 다음과 같은 엄청나게 중요한 사실을 몇 마디 말로 간단히 처리해 버린다. 즉 지난 200년 동안 국가가 엄청난 넓이의 국토를 자신에게, 즉 상충계급에게 선사했으며 하층계급을 그곳에서 내쫓고는 이들을 어쩔 수 없는 노동자계급으로 만들어버렸다는 사실을 말이다. 《사회학 체계》(Ⅲ, pp. 540이하)에서 나는 미국뿐만 아니라 유럽의 모든 식민지에서 보편화된 이 통탄할 만한 관례를 기술하였다. 이것이 한 세대 동안 내내 유럽 이민자들 중 지나치게 높은 비율이 대도시에 머물러 있었던 진짜 이유이다. 이민자들 대부분이 농업노동자들이었는데도 말이다. 그런데 이 이민자들은 어디에서 왔는가? 거의 전부가 유럽의 대농장 지역에서 왔다. 처음에는 독일의 엘레 강 동쪽 지역, 아일랜드, 영국에서 왔으며, 나중에는 폴란드, 러시아, 루마니아, 스웨덴, 이탈리아 남부 등에서 왔다. 유럽의 농민국가들은 엄청난 흐름에 소수의 작은 지류支流만을 주었을 뿐이다. 즉 총수 중 작은 퍼센트에 지나지 않았다. 그러면 멕시코에서는 사정이 어떤가? 멕시코는 농장이 엄청나게 많은 나라 중의 하나이다. 그곳에서는 땅이 전례가 없을 정도로 울타리로 둘러싸여 있다. 결과는 그 엄청나게 넓은 면적과 얼마 안 되는 인구에도 불구하고 멕시코 국민은 이주하지 않을 수 없다는 것이다. 국내에서 생계를 유지할 방법이 막혔기 때문이다. 또 하나의 결과는 대농장이 보편화된 모든 나라의 농업노동자처럼 날품팔이는 "영혼이 없는 동물"이라는 것이다. 이사야[18]의 말은 멕시코에 해당된다: "불행하여라, 빈터 하나 남지 않을 때까지 집에 집을 더해 가고, 밭에 밭을 늘려 가는 자들! 너희만 이 땅 한 가운데에서 살려하는구나."[19]

이것으로 일련의 증거가 완전하다고 말할 수 있다. 강제적인 정복의 산물이자 공동체의 몸에 붙어있는 기생충parasite인 국가는 생겨나자마자 두 개의 제도를 만들어냈다고 우리는 말하였다: 계급 구분과 대농장. 계급 구분은 영국에서는 1649년의 혁명[청교도혁명]에 의해, 프랑스에서는 1789년의 혁명[대혁명]에 의해, 러시아에서는 1917년의 혁명에 의해 파괴되었다. 대농장은 오늘날까지 러시아에서만 철저하게 폐지되었다. 그렇지만 러시아에서는 혁명이 완전히 불필요할 뿐만 아니라 지나치게 파괴적이기도 한 활동들과 연관되어 있었다. 그리고 그것이 자연자원이 미국 못지않게 많은 이 나라가 번영할 수 없는 단 하나의 이유이다.

다른 국민들이 아직도 해야 할 과제는 자신들 한가운데에서부터 이 마지막으로 남은 원초적인 폭력의 산물을 뿌리째 뽑아버리고, 중간계급 혁명이라는 과업을 완수해 진정한 자유가 생겨나게 하는 것

---

18   이사야Isaiah: 히브리의 대예언자. 기원전 720년경 사람. (역자 주)
19   이사야서 5장 8절. (역자 주)

이다. 루소가 말한 것처럼 "몇몇 사람이 많은 사람을 살 수 있을 만큼 부유하고, 많은 사람이 자신들을 팔수밖에 없을 만큼 가난한" 곳에는 진정한 자유가 결코 있을 수 없기 때문이다.

우리는 지금 현대 국가의 성질과 미래를 확인하였다. 그것은 실제로 자본주의의 수단이다. 그러나 우리가 그 발전의 역사에서 배운 것은 자본주의가 유럽에서 아직도 거의 보편적으로 생각하는 것만큼 그렇게 좋지도 나쁘지도 않다는 사실이다. 자본주의도 또한 크라토스와 에토스의 혼합 속에 있다. 그러므로 자본주의국가는 좋은 우상이든 나쁜 우상이든 우상시할 만한 것이 못되기도 하고, 또 — 하나의 말을 만들어낸다면 — "악마화할apodiabolosis"만한 것도 못된다. 그것은 노예제도와 자유의 잡종의 소산이다. 우리 앞에 있는 큰 과제는 아직도 남아있는 노예제도의 흔적을 없애고 완전한 자유를 만들어내는 것이다. 그때에는 우리 후손들이 아직도 국가이면서 여전히 국가가 아닌 질서 하에서 — 즉 고정된 법과 이것을 강제할 의무나 권력을 지닌 제도를 소유한 한에서는 아직도 국가가 되겠지만, 역사에 알려진 이전의 모든 국가와는 달리 지배와 착취를 나타내지 않기 때문에 여전히 국가가 되지 않는 질서 하에서 — 살 것이다.

II. 서평: 오펜하이머, "국가"*

• • •

머리 로스바드

수세기 동안 국가와 그 지적 변호자들은 국가가 자발적인 사회기구라는 신화를 퍼뜨렸다. 그 신화에서 본질적인 것은 국가가 자발성 — 또는 적어도 자연스러움 — 을 기초로 해서 생겨났으며 사회의 필요에서 조직적으로 발생했다는 사상이다. 왜냐하면 만일 국가가 자연히 또는 자발적으로 생겨났다면, 아마도 그것이 매우 중대한 사회적 기능을 수행했고 또 여전히 그렇게 하고 있을 것이기 때문이다. 국가 기원 신화의 두 개의 주요 변종은 국가가 사회의 모든 구성원이 맺은 "사회계약"에서 생겨났다는 사상이다. 지난 19세기 오스트리아의 사회학자 루트비히 굼플로비치는 국가가 **실제로** 어떻게 생

---

* Murray Rothbard: Oppenheimer, "The State" in 《Libertarian Review》(Vol. Ⅳ, No. 9 —1975년 9월). 로스바드는 미국의 경제학자이자 정치이론가이다(1926–1995).

겨났는가에 대한 현실주의적인 역사적 탐구를 위해 국가가 어떻게 **생겨났어야 했는가**에 대한 이론들을 버린 다음, 사실상 국가들은 한 민족 집단이나 "인종" 집단이 다른 집단을 정복하고 강제한 것에서 탄생했다고 지적하였다.

굼플로비치의 연구에서 영감을 얻은 독일 사회학자 프란츠 오펜하이머는 그의 멘토mentor의 성과를 자신의 짧고 훌륭하게 쓴 책《국가》(1908)에서 체계화하였다. 오펜하이머는 모든 국가가 정복을 통해 생겨났다고 지적하였다. 그의 계열적인 국가역사는 유목민 부족들이 국가가 아닌 농민사회를 정복하는 것으로 시작하였다. 처음에는 정복자들이 보통은 피해자들을 약탈하고 죽인 다음 계속해서 다른 피해자들을 찾아 나섰다. 그렇지만 수 세기 후 정복부족들은 그들의 피해자들 속에 정주하기로 마음먹었다. 이들을 죽이는 대신에, 정복부족들은 약탈을 정기적인 것으로 만들어 영속화하였다. 그래서 그들은 자리를 잡고 이 피해자들을 장기적으로 통치하였다. 해마다의 조공은 "세금"이 되었으며, 농민들의 토지는 군사 지도자들에게 분배되었다. 그리고 이 군사 지도자들은 해마다 봉건지대를 받는 자들이 되었다. 이렇게 해서 국가와 지배계급이 그 전에는 국가가 없었던 사회에서 출현하였다. 따라서 오펜하이머는 국가를 "승리한 인간집단이 패배한 집단에게 강요한 사회제도"로 분석한다. "이 사회제도의 단 하나의 목적은 패배한 집단에 대한 승리한 집단의 지배를 질서정연하게 해서, 내부로부터의 반란과 외부로부터의 공격에서 자신을 안전하게 하는 것이다. 목적론적으로 보면, 지배는 승리자들이 패배한 자들을 경제적으로 착취하는 것 이외에 다른 목적을 갖지 않았다." 오펜하이머는 그 다음에 계속해서 지배계급의 태도와 이데올로기를 보여준다. 이 지배계급의 태도와 이데올로기는 피지배자들에 대한 착취적인 지배를 공고히 하려는 정복자들의 시도에서 나타났다.

굼플로비치는 이 인정사정 봐주지 않는 과정에 잘못된 것이 없다고 냉소적으로 보았는데, 이러한 굼플로비치와는 대조적으로 오펜하이머는 자유지상주의자로서 국가를 계속해서 기생충 같은 반反사회적인 제도로 생기 있고 훌륭하게 분석하였다. 《국가》는 국가를 기생충이자 착취자로 분석한 점에서 타의 추종을 불허한다. 따라서 오펜하이머는 사람들이 소득이나 부를 얻을 수 있을 방법은 두 가지가 있으며 또 두 가지밖에 없다고 지적한다: 한 가지 방법은 생산과 자발적인 교환을 통하는 것이다. 이것을 오펜하이머는 부를 얻기 위한 "경제수단"이라고 부른다. 이 수단은 인간의 본성이나 인류의 성향과 일치하며, 시장이나 교환과정에 참가하는 모든 당사자에게 이롭다. 다른 수단은 강도질, 즉 다른 사람의 생산물을 강제로 약탈하거나 몰수하는 것이다. 이것은 기생적인 수단이다. 이 수단은 인간의 본성에 위배될 뿐만 아니라 피해자들에게 또 생산이나 경제성장에 해를 끼치는 부담을 강제한다. 부에의 이러한 길을 오펜하이머는 "정치수단"이라고 불렀다. 이어서 오펜하이머는 계속 역사 연구를 기초로 해서 국가를 정치수단의 조직화 및 정식화로 정의한다. 국가의 본질적으로 강제적이고 착취적인 성질에 대한 이러한 분석은 미국인 앨버트 제이 녹Albert Jay Nock의 자유지상주의 이론에 주요한 영감이었다.

그런데 고용된 노동자들의 "착취자"이자 지배자로서의 자본가를 포함시키는 마르크스의 지배계급 이론과는 대조적으로, 오펜하이머의 지배계급은 어떻게 해서든 다른 사람들을 정복해서 국가라는 강제장치를 만들어 내거나 관리하는 집단은 모두 해당된다. 이렇게 해서 오펜하이머의 역사와 분석은 국가에 대해 여태까지 쓴 것 중에서 가장 충격적이고 가장 철저한 비판 중의 하나가 된다.

우리에게 중요한 질문은 이것이다: 국가의 기원에 대한 오펜하이머의 역사적 분석은 수십 년이 지난 다음에도 얼마나 견디어 낼 것인가? 대답은 이렇다: 매우 잘 견디어 낼 것이다. "정치"수단 대 "경제"수단에 대한 분석은 물론 영원하다. 국가 기원의 역사에 관해서는, 최근의 인류학적 조사들이 정복이론을 수정했지만 그 본질을 바꾸지는 않았다. 국가는 결코 가족에서 또는 사회계약에 의해 나타나지 않았다는 것을 우리는 지금 — 여태까지보다 더 많이 — 알고 있다. 최근의 수정은 이것이다: 한 부족이 완전히 다른 부족을 정복한 것에서 국가가 나타났다기 보다는, 인구가 늘어난 지리적 공간이 한계에 이르자 중심 마을들이 같은 부족의 이웃 마을들을 정복한 다음 정복당한 마을들에게 지속적인 지배와 조공을 강요한 것에서 많은 국가들이 전형적으로 나타났다. 그러므로 많은 국가들이 한 부족이 다른 부족을 정복한 것에서뿐만 아니라 몇몇 마을들이 같은 부족 내의 다른 마을들을 정복한 것에서도 생겨났다고 우리는 생각한다. 그러나 국가가 언제나 정복과 폭력에서 나타났다고 보는 오펜하이머의 국가관은 손상되지 않고 꿋꿋하게 남아서, 국가의 소위 자연적인 "선행"에 대한 우리의 마지막 환상을 없애준다.

III. 프란츠 오펜하이머는 누구인가?*

• • •

한스 위르겐 데겐

1.

프란츠 오펜하이머는 대체로 잊힌 사람이다. 독일사회학과 국제
사회학에서 그가 예전에 지녔던 중요성도 그러한 사실을 속일 수 없
다. 왜냐하면 사회학에서 그는 오늘날 기껏해야 주변적인 인물이
기 때문이다. 대체적으로 여전히 마르크스주의와 같은 뜻인 사회주
의에서도 그는 마찬가지로 전혀 중요하지 않다: 그의 《사회학 체계
System der Soziologie》도 그의 "자유사회주의"의 "체계"도 받아들여지지

---

* 이것은 프란츠 오펜하이머의 《국가》 1990년판에 저술가 한스 위르겐 데겐Hans Jürgen Degen
이 붙인 〈후기Nachwort〉를 번역한 것이다. 그는 아나키즘연구가로 《아나키스트들의 귀환Die
Wiederkehr der Anarchisten》(2009), 《독일의 아나키즘 1945-1960 Anarchismus in Deutschland
1945-1960》(2015) 등 여러 저작을 발표하였다.

않았다.

프란츠 오펜하이머의 이론적인 사회주의사상, 그의 실험적인 사회주의적 실천(토지 문제, 신주거단지 사상과 실천)은 현실사회주의의 파국을 고려하면 표면적으로는 소극적인 유토피아로 작용한다. 세미나 사회주의자들에게도 오펜하이머의 자유사회주의적인 개념들은 전혀 쓸모가 없다.

그리고 프란츠 오펜하이머의 국가이론이나 국가비판은 **국가 자체를 문제 삼아서는 안 된**다는 금기를 고려하면 오늘날의 학술적인 — 정치이론적인 국가 논의에서 전혀 의미가 없다.

2.

유대인 설교자 겸 종교 교사의 아들인 프란츠 오펜하이머(1864–1943)는 베를린 북부에서 22년간 자신의 병원을 운영하였다. 부르주아 집안 출신인 그는 여기에서 처음으로 오랫동안 사회문제에 직면하게 되었다. 프롤레타리아들이 많이 사는 도시 구역에서 의사로서의 경험은 오펜하이머로 하여금 빌헬름 2세[재위: 1888–1918] 시대의 독일을 "진단"하게 하였다. 현재와 관련되어 있으며 국민경제에 초점을 맞춘 사회학은 현대 위기의 원인과 그 극복가능성에 대한 물음이라는 근본적인 사상에 의해 규정된다.

의사직을 그만 둔 다음 1896년 오펜하이머는 경제학을 집중적으로 공부하였다. 동시에 그는 자유저술가가 되었다. 나중에는 베를린에 있는 자유주의의 《벨트 암 존탁Welt am Sonntag》 편집인이 되었다. 1908년에는 킬에서 철학박사 학위를 받았으며, 1909년부터 강사가 되었고 1917년부터는 베를린에서 교수가 되었다. 1919년부터 1929년까지는 프랑크푸르트 대학교에서 사회학 교수직을 역임하였다. 프랑크푸르트 암 마인에서 오펜하이머는 "프랑크푸르트학파"의 창시자가 되었다. 이 학파는 막스 베버의 "하이델베르크학파"와 더불어 20년대에 독일을 넘어서 사회학에 영향을 미쳤다.

1929년 정년 퇴직한 다음 오펜하이머는 시사평론가로서 활동했으며, 자신의 자유사회주의의 "선전자" 활동을 강화하였다. 좌파학자로서, 사회주의자로서 그리고 유대인으로서 그에게는 나치 독일에 더 이상 어떤 자리도 없었다. 1934년에는 팔레스타인을 여행하고 그곳에 노동운동의 교육과정을 열었다. 그렇지만 그는 그곳에도 정착하고 싶어 하지 않았다. 결국 그는 1938년 말 일본과 중국을 거쳐 미국으로 이주하였다.

프란츠 오펜하이머에게는 그가 9년 동안 "무료 진료소 의사"로 활동한 것이 결정적인 체험이 되어 그를 사회주의자가 되게 했을 뿐만 아니라 당연히도 "사회과학자"가 되게 하였다:

"그때의 경험이 나를 헌신적인 사회주의자로 만들었다. 나는 모든 변종의 공산주의를 올바른 과학적인 근거에서 버리지 않으면 안 되었기 때문에 우리를 이러한 곤경에서 전적으로 벗어날 수 있게 해주는 다른 길을 끊임없이 찾았다 … "[1]

오펜하이머의 사회학자로서의 학문적인 목적은 "젊은 학문분야에 하나의 과제를 주는 것이었는데, 그 과제란 **실천적인** 과학, 즉 정치인과 사회개혁가를 위한 기술학이 되는 것이다."[2]

오펜하이머가 자기 자신에게 과제를 주었다는 것은 — 오펜하이머의 삶과 업적은 이것을 증명한다 — 그에게는 언제나 이론과 실천의 연결이 중요했다는 것을 의미한다. 즉 사회학을 "역사철학적 보편과학"으로 수행하는 것인데, 그 핵심은 인류의 사회 발전의 역사적 과정을 발굴하는 것이다. 모든 사회과학 중 "근본적인 과학"으로서의 사회학은 순전히 이론적인 분석에서 활기찬 실천으로 옮겨가는 과제를 지녔다. 오펜하이머는 결국 "자유사회주의" 모델을 발전시켰다. 이 모델의 중심에는 토지 문제의 해결과 신주거단지 계획이 있다.

자기 자신에 대한 평가에 따르면 오펜하이머는 "세 가지 성질"을 지녔는데, 이 성질들은 (또한) "성공을 방해"하였다: "나는 **이론가이자 종합하는 자**였으며 따라서 **무소속**이었다. (그리고 내가 유대인이었다는 것도 나에게는 확실히 아무런 도움이 되지 않았다 …)"[3]

---

1 Oppenheimer: Erlebtes, Erstrebtes, Erreichtes, Düsseldorf 1964, S. 102f.
2 System der Soziologie, Bd. 1, Stuttgart 1964, S. 2.
3 Oppenheimer: Erlebtes, a. a. O., S. 188

3.

프란츠 오펜하이머는 역사를 "자기순치 과정"으로 해석한다. 따라서 그에게는 지금까지의 역사의 목적이자 그 끝은 "자유 시민사회"의 지배 없는 질서이다. "자유 시민사회"란 사회적으로 필요한 만큼만 관료 기구를 가졌고 국가의 조직이나 행정권도 없으며 군국주의와 국경도 없는 세계, 즉 자유롭고 평화로운 민족들의 세계사회이다. 가난, 억압, 모든 착취로부터 자유로운 이 사회의 기초는 "자유로운 소유자들"이다: 이들만이 실제로 "자유로우며", 따라서 그들만이 상호적인 정의의 법칙에 따라 살 수 있다.

이 이상적인 사회상태는 오펜하이머에 따르면 자연법칙처럼 필연적으로 나타날 **수밖**에 없다. 역사의 고유한 동력 장치는 모든 방해요인을 지속적으로 배제하는 이성이기 때문이다. 이 결정론적 역사철학, 즉 발전역학과 진보사상의 변증법으로 오펜하이머는 초기 사회학자들이나 마르크스 뿐만 아니라 유토피아 사회주의자들과도 연결된다.

오펜하이머는 자신의 사회주의사상이 다른 사회주의 유파와 친화성이 있다는 것을 결코 부정하지 않았다. 그럼에도 불구하고 "권위주의적인" 사회주의학파들과는 단절된 주요 측면들이 있다: 국가와 사회에 대한 오펜하이머의 독특한 견해, "자유사회주의" 및 그 실현에 대한 그의 구상은 그런 사회주의학파들과 명백하게 구분된다.

1910년 프란츠 오펜하이머는 그의 《순수경제와 정치경제의 이론 Theorie der reinen und politischen Ðkonomie》에서 새로운 경제공리를 전개한다: 그것에 따르면 "자연스러운" (학문)체계로, 즉 새로운 (목적)체계학으로 지금까지의 모순된 정치상태나 경제상태를 "자유사회주의"에서 해결할 수 있다. 이 사회주의의 본질은 다음과 같은 점에 있다. 즉 여전히 한 가지 종류의 소득, 말하자면 노동소득만이 존재한다. 왜냐하면 그것만이 "순수경제" 형태이기 때문이다. 다른 두 가지 소득형태는 정치적인 성질을 지녔다: 토지독점에서 나오는 **지대**와 화폐독점에서 나오는 이윤 또는 **자본 이자**. 이 둘 모두는 임금노동자에 대한 지속적인 형태의 "정치적" 강탈이다. 따라서 그것들은 자유사회주의에서는 설 자리가 없다.

오펜하이머는 자유사회주의를 반反정치적인 것으로 그리고 "순수경제"로 정의한다. 자유사회주의는 (정치적인) "마르크스주의의 사회주의"처럼 "과학적"이다. 그러나 바로 이와는 달리 마르크스는 부르주아의 사이비자유주의만을 보았을 것이다. 따라서 그는 자유주의와 사회주의를 서로 화해할 수 없을 만큼 대립하는 것으로 볼 수밖에 없었다. "순수경제"에서는 억지로 꾸며낸 이 대립들이 해소된다. 그것들은 자유사회주 체계에서 통합된다.

자유사회주의란 오펜하이머에게는 "세계를 구제하는 학설"이다. 그는 "경제학의 아버지 아담 스미스의 사회자유주의에서 벗어나는 동시에 소위 '부르주아경제학'에서도 벗어난다. 마르크스주의도 똑같이

이 부르주아경제학의 후손이기 때문이다. (…)

자유사회주의의 단계들이 나타내는 위대한 이름들은 생 시몽의 직접적인 제자인 바자르와 앙팡탱이고, 그 다음은 모든 이들 중에서 확실히 가장 위대한 프루동, 미국인 캐리, 그리고 또한 대단히 중요한 독일인 오이겐 뒤링이다 … 한편으로는 밀에게서 또 다른 한편으로는 뒤링에게서 자극을 받아, 헝가리인 테오도르 헤르츠카가 계열의 마지막 일원을 이룬다. 그리고 헤르츠카를 통해 나는 자유사회주의에 도달하게 되었다."[4]

프란츠 오펜하이머의 자유사회주의는 자유주의적 농업사회주의라고 부를 수 있다. 이에 대해서는 게르하르트 젠프트가 질비오 게젤의 자유지상주의적 사회주의 모델에 대한 연구에서 상세히 설명한다:

"오펜하이머는 그의 고찰의 직접적인 출발점으로 지대를 선택한다. 그는 지대에 결정적인 요인으로서의 우위를 인정하기 때문이다. 땅과 경작지의 사유를 통해 '경작지 독점'이 생겨나며, 이와 함께 '경작지 차단'이 생겨났다. 이 확인된 실재 사실Faktum에서는 자본가와 노동자계급 간의 독점관계의 시작도 볼 수 있다."[5]

---

4 Oppenheimer: Erlebtes, a. a. O., S. 136f.
5 Senft, Gerhard: Systematische Grundlegung der theoretischen und historischen Aspekte der libertär-sozialistischen Variante des Freiwirtschaftsmodells, 미출간, 박사학위 논문(원고) Wien 1989, S. 89; 오펜하이머의 모델과 이윤에 대한 젠프트의 상세한 논의, S.

"경작지 문제"가 오펜하이머에게는 핵심이다. 사회가 이 점에서 분리되기 때문이다: 토지를 소유한 자와 토지가 없는 자는 (의식적으로든 무의식적으로든) 화해할 수 없을 정도로 서로 대립한다. 토지 없는 사람들을 위해 이 문제를 해결해야 비로소 (모든 사람은 토지 획득에 대해서 똑같은 권리와 똑같은 기회를 가져야 한다) 사회정의가 생겨난다
…

농업문제의 해결은 오펜하이머에게는 사회문제의 해결이다. 그것은 "자본주의경제의 모든 무시무시한 해로움을 없애려면 '자유로운 땅'이 다시 생겨나야 한다는 나의 학문적 인식의 핵심이다 …"[6]

그런데 자본주의의 근본적인 악은 오펜하이머에게서도 잉여가치이다. 자유사회주의는 이것을 완전히 없애야 한다:

"우리의 모든 고난이 하나의 중심적인 뿌리에서, 즉 잉여가치(불로소득: 이윤과 지대)에서 유래한다는 것은 의심할 바 없다. 이 단 하나의 문제가 현재의 그외 모든 문제를 포함하고 있다 … 따라서 인류의 구조라는 노력의 목적은 **잉여가치에서 해방되어 계급 없는 미래사회, 즉 사회주의가 될 수밖에 없다**."[7]

89-92. (박사 학위 논문에서의 쪽수는 본시리즈 Archiv für Sozial—und Kulturgeschichte에 있는 제3권과 다른 것 같다 — 편집자 주)

6 Oppenheimer: Erlebtes, a. a. O., S. 156.

7 Nölting, Erik: 《Der liberale Sozialismus Franz Oppenheimers als proletarische Ideologie》, in Wirtschaft und Gesellschaft. Festschrift für F. Oppenheimer, Frankfurt a. M. 1924, S. 365.

오펜하이머는 그의 《회고록》에서 다음과 같이 스스로 묻는다:

"그런데 이러한 목적은 어떻게 달성하는가? 혁명, 즉 보상금이 전혀 없는 강력한 몰수를 나는 민중의 최후수단으로 간주했으며 오늘날에도 그렇게 생각하고 있다. 그렇지만 이것은 목적을 위한 다른 모든 길이 막혀있을 경우에만 고려할 필요가 있는 수단이다. 그러므로 마지막 가능성이 고갈될 때까지는 평화적인 방법을 시도해야 했으며 또 시도해야 한다 …[8]

오펜하이머에게는 "민중의 최후수단" 이전이든 이후든 다름 아닌 "협동조합을 통한 … 경제적 자조라는 수단", 즉 "농업노동자 생산조합"[9]이 있다. 이러한 인식에서 오펜하이머는 일관성 있는 태도를 취하였다. 즉 자신의 이론적인 사회주의 사상에서 다음과 같은 실천적인 결론을 이끌어냈다:

— 오펜하이머는 1894년경 베를린 테겔에서 주택 건설 조합 프라이에 숄레Freie Scholle의 구성에 직간접적으로 관여하였다. 이 주택 건설 조합은 오늘날에도 여전히 존재한다. 마찬가지로 그는 함부르크에서 "강력한 소비, 생산 및 건설 조합"의 창설에 관여하였다. 이 조합은 세기 전환 무렵에 세워졌다.

---

8 Oppenheimer: Erlebtes, a. a. O., S. 156f.
9 Ebd.

"나는 이 모든 일에 관여하였다. 비록 그것들은 나의 진정한 목적을 추구한 것은 아니지만 말이다. 그것들은 나의 관점에서는 단지 보조조직에 불과했다 … 나의 목적은 농업문제를 직접 다루는 것 이외의 다른 것이 될 수 없었다."[10]

___ 1910년 오펜하이머는 팔레스타인에서 키부츠 메르차위나의 건립을 제안하고 물질적으로 후원하였다. 그러나 이미 1905년에 그는 동지들과 함께 아이제나흐의 구트 베니겐루프니츠에 농업 생활공동체를 세웠다. 마찬가지로 그는 베를린 바로 옆에 있는 오라니엔부르크에서 과수 재배 협동조합 단지를 세울 때 추진하는 역할을 하였다. 벨텐(베를린) 바로 옆에 있는 마르크 브란덴부르크에 주택단지 베렌클라우의 설립은 오펜하이머의 주택 단지 설립 시도에서 정점을 이룬다.[11]

프란츠 오펜하이머의 자유사회주의는 이론적인 면에서나 실천적인 면에서나 그 당시에는 인기가 없었다. 그의 "무상토지 유토피아"의 실현은 자본주의의 완전한 소멸을 전제로 한다. 인간들은 — 그리고 어느 특정한 계급의 사람들뿐만 아니라 — 이 자본주의를 떨쳐버렸을 때 비로소 인간으로서의 삶 — 즉 "사회적 인간$_{huminis\ socialis}$" — 의 새로운 성질을 지닐 기회가 있다.

---

10 Ebd., S. 156.
11 오펜하이머의 신서주단지 실험에 대해서는 다음을 참조하라. Ebd., 특히 S. 160-178.

4.

프란츠 오펜하이머의 《국가》는 그의 《사회학 체계》의 제2권이다.[12] 오펜하이머의 사회학에서는, 특히 그의 자유사회주의에서는 국가가 중심적인 의의를 갖고 있다.

헬무트 뤼디거는 그의 저작 《연방주의》에서 "국가 원리의 비판은 오펜하이머에게서" 정점을 이룬다는 명제를 제시한다.[13] 그는 이것을 주로 "자연법적인 계약론과 국가론"을 거부하면서 설명한다.

"그때까지 혼자 있었던 두 사람 사이에 언젠가 한번 계약이 맺어져서 국가가 생겨났다는 사상을 오펜하이머는 어처구니없다고 이미 말하였다. 계약의 체결은 공통된 법개념과 무엇보다도 공통된 언어를 전제로 하기 때문이다. 그렇지만 그 둘 모두는 틀림없이 사회적 산물이다."[14]

프란츠 오펜하이머의 국가이론은 지배의 외부 발생 이론이다: 국가는 한 종족이 다른 종족을 이긴 것에서 생겨났다. 승리자들은 자신들의 특정한 형태의 지배와 착취를 패배자들에게 강제한다. 국가

---

12 본 판은 오펜하이머에게 1926년 《사회학 체계》와 관련해서 나온 같은 이름의 방대한 저작을 준비하는 연구로 이용되었다(머리말에 있는 이에 대한 오펜하이머의 언급을 보라).

13 Rüdiger, Helmut: Föderalimus. Beitrag zur Geschichte der Freiheit, Berlin 1979, S. 119.

14 Ebd., S. 117.

는 여러 단계를 거쳐 발전한다. 오펜하이머는 이 단계들을 이념형으로 구분한다: 첫 번째 단계에서는 죽을 때까지 왕인 자가 지배하고 착취가 시작된다. 그렇지만 "부족" 및 "기계적인 혼합"의 단계가 곧 뒤따른다. 이 단계들은 선사 시대에 있다. 그렇지만 그것들은 실제 국가의 초기 형태에 불과하다. 실제 국가는 언제나 "계급국가"이기도 하기 때문이다. 진짜 국가는 역사에서 두 개의 상이한 형태로 형성되었다: 1. **해양국가**("해양국가는 노예제도나 자본주의로 평지의 인구 감소를 통해 낡은 세계를 몰락시킨다"); 2. **육지국가.** 육지국가는 "봉건국가나 신분제 국가 그리고 절대국가를 거쳐 근대의 입헌국가로 계속 발전한다." 국가를 움직이는 원리는 집단들이나 계급들의 투쟁이다. 계급투쟁은 계급국가를 초래한다. 계급국가는 **경작지 차단**을 생기게 했으며 대토지 소유자들의 **경작지 독점**을 초래하였다.[15]

오펜하이머의 비판은 여기에서 시작될 뿐만 아니라, 경작지 차단이나 경작지 독점의 폐지에 대한 그의 근본적인 요구도 이 점에서 시작한다: 왜냐하면 그것이 마침내 실제로 **자유로운 경쟁**을 불러올 것이기 때문이다. 그러나 사회문제가 최종적으로 해결되려면, 동등한 권리를 지닌 인간들의 자유롭고 특권 없는 사회, 즉 "자유사회주의"가 실현되어야 한다.

———

15 다음을 참조하라. Bernsdorf, Wilhelm:《Oppenheimer, Franz》, Beitrag in: Internationales Soziologen Lexikon, hg. v. Dr. W. Bernsdorf, Stuttgart 1959, S. 423.

프란츠 오펜하이머는 국가를 인간의 불행한 제도로 본다. 그의 관심사는 다음과 같은 것이다: 국가의 역할을 현저하게 줄이고, 국가에는 — 그의 견해에 따르면 — 현대 사회가 더 이상 스스로 다스릴 수 없는 기능만을 맡기는 것이다. 헬무트 뤼디거는 국가의 역할과 기능에 대한 프란츠 오펜하이머의 생각을 다음과 같이 요약한다:

" … 전체의 복리를 어떻게든 가져다줄 수 있을 만큼의 많은 자유를 모든 지역집단이나 직업 집단에 허용하는 공동체는 중앙집권화된 국가와 이와 동시에 권력집중의 위험도 극복하였다고 오펜하이머는 생각한다. 교통체계, 법 집행, 여러 부분의 경찰기능 등의 중앙집중화, 최소한의 임무 수행을 위한 일정한 규범의 수립 그리고 그 실현에 대한 전망은 낡은 국가기구와는 더 이상 아무 관계가 없고, 오히려 다양한 형태의 (다원주의적인) 공동체의 공통된 기능에 불과하다. 공동체의 사회적 및 정치적 활력은 그것의 하위단위들에 있기 때문이다."[16]

5.

프란츠 오펜하이머는 40년대까지는 추종자들이 어느 정도 있었

---

16   Rüdiger: Föderalismus, a. a. O., S. 267.

다. 그리고 이것은 유럽에서만이 아니었다. 오펜하이머 "학파"가 존재했었다. 이 "학파"는 오펜하이머의 사회학, 그의 자유사회주의, 그의 신주거단지 실험과도 이론적으로 또 실천적으로 관련되어 있었다.

"오늘날 소위 시장경제의 비판자뿐만 아니라 그 지지자도 그를 내세운다. 동시대의 경제학에서는 프란츠 오펜하이머의 이론적 접근법이 아주 자주 의심스럽고 시대에 뒤떨어진 것으로 서술되었다. 그렇지만 그의 농업중심적인 출발점은 제3세계의 거의 모든 나라에 여전히 가치 있는 자극을 제공한다고 여겨진다. 생태학 논의에서도 "경작지 보호"에 관한 프란츠 오펜하이머의 생각은 중요한 역할을 한다.

프란츠 오펜하이머의 특별한 중요성은 다음과 같은 점에 있다. 즉 그는 ― 그의 이론적 및 실천적 기여의 총합을 인정할 경우 ― 경제적 자조 사상을 실현하는 데 가장 효과적으로 자극을 준 자로 간주될 수 있다."[17]

프란츠 오펜하이머의 자유사회주의는 ― 다른 사회주의 유파나 학파와 비교하면 ― 19세기 말의 산업화가 제기한 사회문제에 대한 하나의 대답이었다. 오펜하이머는 자신의 저작들에서 다가오는 (자유사회주의의) 독일의 질서 및 사회정치적 구조를 스케치하려고 시도

---

17 Senft, Gerhard: 《Oppenheimer, Franz》, Beitrag in: Lexikon der Anarchie, Verlag Schwarzer Nachtschatten, Bösdorf (출간 예정).

하였다. 여기에서 그에게 결정적인 것은 공업과 농업경제 간의 구조적인 균형이다. 여러 하층계급 간의 사회적 차이를 없애는 것이 그때의 전제이다:

"사회 전체를 개선하려면 가장 낮은 계급 주민들의 생활을 향상시킬 필요가 있다는 마르크스의 명제를 나는 진지하게 생각하였다."[18]

오펜하이머는 권력과 국가의 관계, 사회주의와 국가의 관계를 일찍 인식하였다. 그래서 그의 저작 전체를 통해 철저한 국가비판이 행해졌다. 그러나 사회주의 국가 형성에 대한 그의 사상은 국가가 "모든 냉혹한 괴물 중에서도 가장 냉혹하다" (니체)는 것을 전혀 모르지는 않았다. 오펜하이머는 국가를 자신의 자유사회주의 체계 속에서 고려하였다: 그는 국가에 단지 부수적인 질서기능만을 인정하기 때문에, 그는 국가를 의식적으로 "야경국가"로 만든다.

프란츠 오펜하이머의《국가》신판은 저 국가비판적이고 비非국가적이며 반反국가적인 정치사회적 유파들(절대적인 국가원리의 대표자들은 이 유파들을 이색적이며exotisch 사회적대적이라고 비방하였다)이 다시 국가 논의를 더 많이 채우는 데 기여할 것이다.

베를린, 1990년 8월

---

18 Oppenheimer: Erlebtes, a. a. O., S. 93.

옮긴이의 말

　이 책은 독일의 사회학자 프란츠 오펜하이머Franz Oppenheimer(1864
-1943)의 대표적인 저작 중 하나인《국가: 사회학적 연구 Der Staat:
Eine soziologische Studie》(1990, Libertad Verlag Berlin)를 우리말로 옮긴
것이다. 이 책의 초판은 1907년 프랑크푸르트 암 마인에서 나왔다.
여기에서는 오펜하이머가 마지막으로 손을 댄 1929년 3판에 따라
내용상 변함없이 1990년에 출간된 것을 번역의 대본으로 삼았다.

　19세기 후반 독일에서는 법전 정비, 입헌주의 채택, 사법학私法學의
발달 등의 영향으로 국법학Staatsrechtslehre이 성행하였다. 국법학은
국가의 법률 형태에 관심을 갖고 국가와 국민의 관계, 국가기관 등을
법률학적으로 이해하려고 한 학문으로서 칼 게르버(1823-1891), 파
울 라반트(1838-1918), 게오르크 옐리네크(1851-1911) 등이 주도하였
다. 한편 오스트리아의 법학자이자 사회학자인 루트비히 굼플로비치
(1938-1909)는 국법학을 국가이론으로서는 무능력한 "지루한 수다
das öde Geschwätz"라고 조롱하였다.
　굼플로비치는 폴란드 출신의 유대인으로 오스트리아의 빈대학교

에서 역사철학에 대한 연구로 박사 학위를 받은 다음 1875년부터 죽을 때까지 그라츠대학교(오스트리아)에서 공법을 가르쳤다. 그는 당시에 유행한 법학적 국가론을 거부하고 사회학적 국가론을 내세웠다. 그에 따르면, 국가는 한 인간집단이 다른 집단을 정복해 조직적으로 지배하기 시작할 때 나타난다. 국가는 집단들 간의 투쟁에서 승리한 집단이 패배한 자들에게 강요한 사회제도이다. 이때 지배자들은 자신들이 만든 법을 내세워 피지배자들을 다스린다. 이 과정에서 항상 소수인 지배자들은 엄격한 군사규율과 정신적 우월성으로 자신들의 수적 열세를 보완한다. 결국 국가란 다수에 대한 소수의 조직화된 지배관계이다. 이 지배의 목적은 지배자들이 피지배자들을 경제적으로 수탈하는 것이다. 국가의 또 하나의 보편적인 특징으로 지배계급과 피지배계급 사이에는 언제나 언어, 사고방식이나 생활양식, 관습 등에서 민족학적(즉 사회문화적인) 차이가 있다고 굼플로비치는 말하였다. 그런데 이러한 국가발생론은 새로운 것이 아니다. 이미 14세기의 이슬람 역사가 이븐 할둔(1332–1406)은 유목민들이 도시를 정복한 것에서 국가가 생겨났다고 주장한 바 있다.

프란츠 오펜하이머는 계몽주의 시대 이후의 많은 사상가들이 주장한 사회계약론적 국가관을 비현실적인 것으로 여기고, 그 대신에 굼플로비치의 국가정복설이 역사적 및 인류학적 자료에 의해 잘 뒷받침된다고 생각해 그의 논리를 받아들였을 뿐만 아니라 더욱 발전시켰다. 우선 오펜하이머는 인간이 부를 획득하는 데에는 두 가지

방법이 있다고 말한다. 한 가지 방법은 다른 사람의 생산물을 그의 동의 없이 차지하는 것이다. 이 방법은 그 다른 사람, 즉 생산자의 희생을 통해 이익을 얻는 것이다. 오펜하이머는 이 방법을 "정치수단"이라고 부른다. 또 하나의 방법은 자신이 직접 어떤 재화나 서비스를 생산해 갖거나, 이 생산물을 다른 사람의 생산물과 자발적으로 교환하는 것이다. 교환할 경우 이것은 자유시장의 방법으로 상호간의 이익을 추구한다. 오펜하이머는 이러한 부 획득 방법을 "경제수단"이라고 부른다.

정치수단에는 두 가지 종류가 있는데, 하나는 기본적인 정치수단이고 또 하나는 조직화된 정치수단이다. 앞의 것은 훔치거나 빼앗는 것이다. 그러나 이것은 인간만의 방식이 아니다. 동물이나 곤충도 남의 것을 훔치거나 빼앗는다. 벨기에의 문인인 모리스 마테르링크(1862-1949: 1911년 노벨 문학상 수상)에 따르면, 꿀벌들도 전염병으로 약해졌거나 여왕벌의 죽음으로 혼란에 빠진 이웃 꿀벌통을 공격하는 경우가 있다고 한다. 이 공격이 성공하면 그것들은 힘들게 꿀을 모으기 보다는 전문적으로 다른 벌집의 꿀을 훔치거나 빼앗는 약탈자가 된다.

인간의 경우 역시 다르지 않다. 인간은 끝없이 일해야만 자신의 욕구를 충족시키며 생존할 수 있다. 하지만 노동은 힘들며 인간은 고통을 피하려는 원초적인 성향이 있기 때문에, 그는 다른 사람의 재산이나 생산물을 훔치기도 하고 경우에 따라서는 강제로 빼앗는다.

과거에는 유목민들이 떼 지어서 이웃 마을이나 다른 부족을 습격해 대대적으로 약탈하는 경우가 자주 있었다. 처음에는 사람들을 죽이고 곡식이나 가축을 강탈했지만, 나중에는 사람들을 강제로 끌고 가 노예로 이용하였다. 노예제도가 생겨났다. 이러한 과정이 진화하면서 약탈은 점점 더 큰 규모로 또 조직적으로 행해져 마침내 국가가 탄생한다. 국가는 정복집단이 피정복집단에게 강요한 조직으로서, 그 목적은 정복자의 이익을 위해 피정복자들에게 세금을 부과하는 것이다. 그 결과 지배계급의 욕구는 최소의 노동으로 최대한 충족된다. 이러한 점에서 국가는 착취기구, 즉 조직화된 정치수단이다.

기본적인 것이든 조직화된 것이든 간에 정치수단을 사용할 수 없는 경우, 인간은 자신의 욕구 충족을 위해 경제수단을 사용한다. 이 경제수단에도 두 가지 종류가 있다. 하나는 직접적인 재화획득 방식으로서 인간 자신이 직접 노동하는 것이다. 국가가 생겨나기 이전의 시대, 즉 채취, 수렵, 어로, 괭이질의 시대에는 이 방식이 일반적이었다. 또 하나는 간접적인 재화획득 방식으로서 자신의 재화를 다른 사람의 재화와 교환하는 것이다. 이 방식은 평화적이며 교환 당사자 양쪽 모두에게 이익이 되기 때문에 생산을 확대시킨다. 정치수단이 부도덕하고 생산자의 노동에 기생하는 것인 반면에, 경제수단은 도덕적이고 창조적이다.

그런데 오펜하이머에 따르면, 국가는 보통 여섯 단계를 거쳐 나타난다(물론 모든 국가가 반드시 이 여섯 단계를 모두 거쳐 출현하는 것은 아니다. 이 여섯 단계 중 한두 단계를 건너뛴 경우도 종종 있다). 첫 번째 단계는 목축민 부족이나 바다 유목민들에 의한 농민 집단의 약탈이다. 이 단계에서는 침략자들이 가축이나 곡식을 강탈하고 성인 남자는 죽이고 부녀자는 강제로 끌고 가며, 집은 불태워버리는 경우가 흔하다. 농민들은 때로는 개인적으로 때로는 집단적으로 반항하지만 대부분의 경우 패한다. 농민들이 수많은 저항의 실패를 통해 길들여지고 자신들의 운명에 순응하며 모든 저항을 포기했을 때, 두 번째 단계가 나타난다. 이 두 번째 단계에서는 공격자들이 죽은 농민은 경작할 수 없고 불타버린 과일나무는 열매를 맺지 못한다는 것을 의식하기 시작한다. 따라서 그들은 전체적인 복종을 강제하는 데 필요한 한에서만 사람을 죽이고 집을 불태운다. 약탈자들은 순순히 복종하는 농민의 경우 그의 집, 농사 기구, 다음 번 수확 때까지의 양식은 남겨 놓고 그 나머지만을 빼앗는다. 굴복한 농민들이 여분의 생산물을 유목민들에게 정기적으로 공물로 바치면 세 번째 단계가 시작된다. 공물이라는 이 규정은 양쪽 모두에게 이득이 된다. 농민들은 예전의 난폭한 약탈에 따른 피해에서 벗어나는 반면에, 유목민들은 다른 농민 집단을 정복하는 데 시간과 정력을 더 많이 쏟을 수 있기 때문이다. 그리고 공물은 때때로 보호비 또는 보조금이라고 불리기도 한다. 네 번째 단계는 점령이다. 정복자집단과 피정복자집단 간의 영토 합병이 이루어진다. 원주민들의 반란이 예상되는 곳에는 정복자들이 야영지나 성 또는 도시를 세운다. 공간적으로 이웃해있다고 해서 두 집단이 단일조직 즉 국가공동체를 이룬 것은 아니다. 그런데 이 네 번째 단계에 도달하면 다섯 번째 단계로는 빠르게 넘어간다. 정복자집단이 피정복자들에 대해서 권력을 독점적으로 행사하기 시작한다. 이웃 사람들 간에 또는 인접한 마을들 간에 분쟁이 일어날 경우, 지배자들은 주민들이 폭력을 사용하며 싸우는 것을 허용하지 않는다. 폭력을 동원해 싸우게 되면 그들의 "공물 제공 능력"이 훼손되기 때문이다. 따라서 지배자들은 분쟁 해결에 중재인으로서 개입한다. 필요한 경우에는 자신들의 판결을 양측에 강제한다. 결국 그들은 각 마을이나 행정구역에 자신들이 임명한 대리인을 파견해 권력을 행사하게 한다. 대리인은 담당 구역과 관련된 모든 일(군대를 위한 성인 남자들의 징집, 세금 납부, 도로나 다리의 건설을 위한 부역 지시, 재판 등)을 감독한다. 피지배자들의 작업 능력과 공물 제공 능력을 손상시키지 않고 잘 보존하기 위해, 지배자가 개입하고 조정하고 처벌하고 강제할 필요성이 점점 더 늘어난다. 이렇게 하면서 마지막 여섯 번째 단계로 넘어간다. 즉 진정한 의미에서의 국가를 형성한다. 전에는 국제관계였던 정복자집단과 피정복자집단 간의 관계가 지금부터는 국내관계가 된다. 전에는 두 집단이 한 지역에 나란히 있었지만, 이제는 서로 뒤섞인다. 두 집단은 공간적으로 서로 침투하고 관습이나 풍습, 언어와 종교에서 하나의 통일체로 융합한다. 이 과정에서 피도 섞이면서 국민의식이 발전한다. 마침내 형식과 내용에서 원시국가가 완성된다.

원시국가가 그 다음에 어떻게 발전하든 그 기본적인 성질과 형식은 변하지 않는다고 오펜하이머는 주장한다. 원시국가에서 오늘날의 입헌국가에 이르기까지 모든 국가는 여전히 한 계급이 다른 계급의 경제적인 부를 착취하는 정치수단의 제도화이다. 국가의 발전은 두 개의 내부 변화를 가져오는데, 그것들의 방향은 서로 반대된다. 하나는 사회통합이다. 이 과정에서는 국가 내의 여러 집단들이 지닌 다양한 방언이나 신앙이 하나의 언어, 하나의 종교로 합쳐지는 것을 볼 수 있다. 게다가 외면적인 용모도 어느 정도 비슷해진다. 혈통이 다르다는 기억은 사라지고 공동귀속 감정이 점점 강해진다. 마침내 "국가의식", "국민의식"이라고 할 수 있는 공동체의식이 생겨난다. 또 하나는 사회분화이다. 자신들의 특수이익에 따른 강력한 집단감정이 형성되어 지배집단과 피지배집단은 제각기 "집단의식", 즉 계급의식을 발달시킨다. 이제부터는 두 집단이 집단적인 이익투쟁에 돌입한다. 그리고 집단투쟁은 국가의 국내정치를 움직이는 요인으로 작용한다. 국가 발전의 최종단계는 입헌국가이다. 이 입헌국가에서는 관리계급이 새로운 요소로 나타나 국가 운영의 중심 역할을 맡는다. 이들이 국가이익을 계급이익으로부터 어느 정도 지켜내지만, 입헌국가 역시 형식이나 내용에서 그 이전 단계의 국가들과 크게 다르지 않다. 관리들은 근본적으로 지배계급의 대리자로서 계급정치를 수행하기 때문이다.

미래에는 국가가 어떤 모습을 할까? 역사는 국가가 해체되는 방향으로 전개될 것으로 오펜하이머는 예상한다. 즉 국가는 더 이상 "조직화된 정치수단"이 아니라 자치에 의해 관리되는 사회인 "자유 시민사회"가 될 것이다. 형식면에서는 공동이익의 수호자로서 관리계급에 의한 행정이 펼쳐질 것이며, 내용면에서는 한 계급에 의한 다른 계급의 경제적 착취가 더 이상 행해지지 않을 것이다. 요컨대 계급국가가 사라지고 경제수단이 지배할 것이다. 국가의 미래에 대한 오펜하이머의 결론은 낙관적이다. 그렇지만 오늘날의 우리는 국가주의가 팽배한 시대에 살고 있고 게다가 전쟁이나 전체주의 국가의 경험으로 인해 오펜하이머의 낙관주의에 대해 전적으로는 공감하지 못하는 것도 사실이다.

그럼에도 불구하고 국가의 기원 및 발달에 대한 그의 분석은 설득력이 있다. 국가들의 발생 및 발전에서 정복이나 갈등(충돌)이 주요한 역할을 한 것은 역사적으로 부인할 수 없기 때문이다. 그의 국가론은 국가의 발생 및 본질에 대한 논의를 부활시켰다는 점뿐만 아니라, 정치수단과 경제수단을 구분함으로써 우리로 하여금 역사를 조금은 달리 보는 데 도움을 주었다는 점에서도 사상사적 중요성을 지니고 있다. 따라서 오펜하이머의 《국가》는 우리가 국가론의 고전이라고 불러도 전혀 모자람이 없다.

2017년 12월
이상률

국가

초판 1쇄 인쇄 2018년 12월 02일
초판 1쇄 발행 2018년 12월 11일

지은이 프란츠 오펜하이머
옮긴이 이상률

펴낸곳 이책
펴낸이 이종률
주소 (139-785) 서울시 노원구 동일로207길 18, 103-706(중계동, 중계그린아파트)
전화 02-957-3717
팩스 02-957-3718
전자우편 echaek@gmail.com
출판등록 2013년 2월 18일 제25100-2014-000069호

인쇄·제본 (주)상지사피앤비
종이 (주)에스에이치페이퍼

ISBN 979-11-86295-19-9 03300

이 도서의 국립중앙도서관 출판시도서목록(CIP)은 서지정보유통지원시스템 홈페이지(http://seoji.nl.go.kr)와 국가자료공동목록시스템(http://www.nl.go.kr/kolisnet)에서 이용하실 수 있습니다.(CIP제어번호: CIP2018037032)

잘못된 책은 구입하신 서점에서 바꾸어 드립니다.